NITZA VILLAPOL

COCINA CRIOLLA

EDICIONES ZOCALO, S. A.
MEXICO, D.F.

ISBN 968-000-01-X

CONTENIDO

EQUIVALENCIAS

EQUIVALENCIA DE PESO Y MEDIDA DE LOS INGREDIENTES MAS USADOS EN COCINA

Azúcar blanca granulada	1 lb.	2 tazas.
Azúcar en polvo XXXX	1 lb.	3½ taza (cernida).
Azúcar prieta	1 lb.	2½ tazas (medida apretada).
Mantequilla	1 lb.	2 tazas.
	½ lb.	1 taza.
	¼ lb.	½ taza.
	⅛ lb.	¼ taza.
	¼ lb.	8 cucharadas.
	⅛ lb.	4 cucharadas.
	1 oz.	2 cucharadas.
Queso patagrás	¼ lb.	1 taza (rallado).
Leche de vaca	1 litro	4 tazas.
Leche condensada	1 lata (15 oz.)	1⅓ taza.
Leche evaporada	1 lata (14½ oz.)	1¾ taza.
Leche en polvo	4 oz.	16 cucharadas.
Maní pelado	1 lb.	3½ tazas.
Almendras peladas	1 lb.	3½ tazas.
Nueces peladas	1 lb.	4 tazas.
Arroz crudo	1 lb.	2⅔ tazas.
Ajonjolí	1 lb.	2¼ tazas.
Arroz cocinado	1 lb.	7 tazas (aproximadamente).
Harina de todos los usos	1 lb.	4 tazas (cernida).
Harina para cakes	1 lb.	4½ tazas (cernida).
Pasas	1 pqte. (15 oz.)	3 tazas (enteras).
Ciruelas pasas (crudas con semillas)	1 lb.	2⅓ tazas.
Frijoles	1 lb. (aprox.)	2½ tazas (crudos).
	1 lb. (aprox.)	6 tazas (cocinados).
Col	1 lb.	3½ tazas (picadita).
Zanahoria	1 lb.	2 tazas (picadita).

Como preparar el Menú

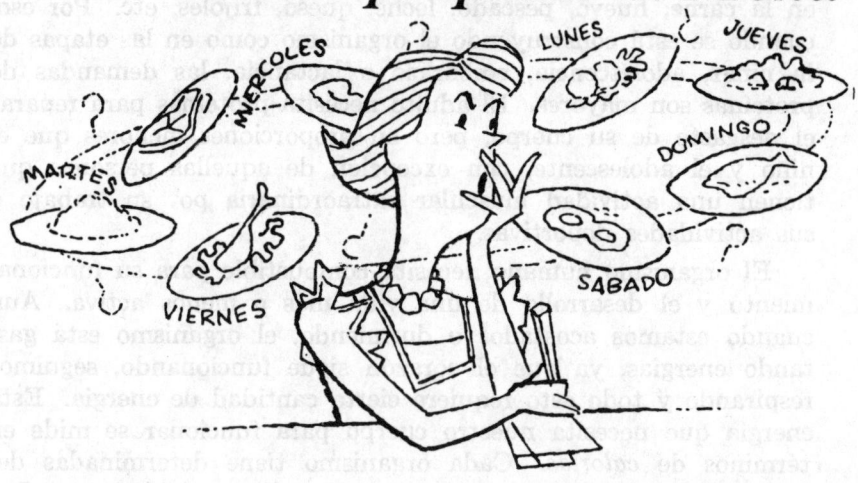

La comida seleccionada y preparada cuidadosamente, asegura a la familia una felicidad doble: la de comer sabroso y la de gozar de buena salud mediante una alimentación adecuada. Cada día se concede más importancia a la comida en relación con la salud y de ahí que toda obra culinaria o recetario de cocina moderna dedique por lo menos un capítulo a la nutrición. Cuando compramos un automóvil, una máquina de coser o un televisor nos interesamos por conocer su funcionamiento, cómo cuidarlo y obtener de él mejor rendimiento... ¿por qué no hacemos lo mismo con la máquina de nuestro cuerpo? Quizás sea porque no nos damos cuenta del valor que tiene. No comprendemos lo mucho que vale hasta que se descompone una de sus piezas o se altera su funcionamiento. A veces esto ocurre cuando ya no se puede remediar, ya que para esta máquina nuestra se puede decir que apenas hay piezas de repuesto.

La buena nutrición es importante para todos en todas las edades. Muchos piensan que sólo tenemos que cuidar que los niños coman de todo y se nutran bien, y olvidan que los adultos también necesitan una alimentación balanceada.

Del mismo modo que un automóvil requiere agua, gasolina aceite y de vez en cuando alguna reparación o pieza de repuesto, así nuestro organismo necesita, para estar en perfectas condiciones, distintos alimentos que le proporcionen los nutrimentos necesarios. El organismo humano construye sus propias piezas y hace sus propias reparaciones. Esto lo hace con unas sustancias llamadas *proteínas*. Las proteínas se encuentran principalmente en la carne, huevo, pescado, leche, queso, frijoles, etc. Por eso, cuando se está construyendo el organismo como en las etapas de la niñez, adolescencia, embarazo o lactancia, las demandas de proteínas son mayores. El adulto necesita proteínas para reparar el desgaste de su cuerpo, pero en proporciones menores que el niño y el adolescente, con excepción de aquellas personas que tienen una actividad muscular extraordinaria por su trabajo o sus actividades deportivas.

El organismo humano necesita combustible para su funcionamiento y el desarrollo de una vida más o menos activa. Aun cuando estamos acostados o durmiendo, el organismo está gastando energías, ya que el corazón sigue funcionando, seguimos respirando y todo esto requiere cierta cantidad de energía. Esta energía que necesita nuestro cuerpo para funcionar se mide en términos de *calorías*. Cada organismo tiene determinadas demandas de acuerdo con su sexo, edad, talla, actividad, etc. Los alimentos productores de mayor cantidad de calorías podemos llamarlos *energéticos*. Los principales son las grasas, los azúcares y las féculas.

Nuestro cuerpo tiene la propiedad de poder almacenar las calorías que no gasta en el día y esto lo hace generalmente en forma de grasa. Si usted pesa más de lo que debe, es casi seguro que usted está ingiriendo demasiados alimentos energéticos. Las calorías son producidas por los alimentos en mayor o menor proporción, y si usted consume alimentos que producen muchas calorías, su cuerpo almacenará en forma de grasa ese extra de calorías que está ingiriendo.

El cuerpo humano necesita también alimentos que regulen su funcionamiento y a ésos los llamaremos *alimentos reguladores*. Son considerados como principales alimentos reguladores los vegetales y las frutas.

Todos los alimentos que el cuerpo necesita han sido agrupados de acuerdo con los hábitos alimenticios, producción e importación de alimentos de cada país. Hasta hace poco tiempo, en Cuba seguíamos la clasificación en siete grupos básicos que se usa en Estados Unidos. Recientemente se ha hecho una nueva clasificación en cuatro grupos básicos de alimentos de los que debemos ingerir diariamente por lo menos dos de cada grupo. En este mismo capítulo hay una ilustración de estos cuatro grupos básicos de alimentos.

Al combinar el menú, debe pensarse en el día como una unidad, y escoger para todo el día alimentos de cada grupo y combinarlos de modo que resulten atractivos a la vista y sabrosos al paladar.

La tercera parte de nuestra alimentación diaria debemos ingerirla en el desayuno. Considere las horas que pasan de la comida anterior y verá por qué necesitamos un desayuno adecuado para empezar el día con las energías necesarias.

Todo desayuno debe incluir un jugo o fruta cítrica (preferiblemente naranja o toronja por ser más ricas en vitamina C); por lo menos media taza de cereal del tipo listo para comer como avena, farina, etc.; un vaso de leche, de la que podrá tomar una parte para el cereal; un huevo o algunas lascas de jamón, carne o queso y una rebanada de pan y mantequilla si la desea.

En Cuba, donde el almuerzo suele ser más fuerte y generalmente incluye un plato de proteínas, puede omitirse el huevo, carne o queso en el desayuno.

Para las comidas podemos seguir el siguiente patrón básico:

Aperitivo
Plato de proteínas
Plato de féculas
Vegetal crudo o cocinado
Pan y mantequilla
Postre
Café

Los aperitivos o entrantes pueden ser jugos de frutas, media toronja, coctel de frutas, mariscos, melón, sopas frías o calientes, consommés, etc. Para el uso diario, los jugos y las frutas, así como las sopas, son los más preferidos. Recuerde que el valor nutritivo de las sopas depende de sus ingredientes ya que los caldos claros o de "sustancia" tienen poco valor alimenticio.

El plato fuerte debe ser preferiblemente un plato proteico (carne, pescado, pollo, huevo, guiso de frijoles, etc.), y a la hora de combinar el menú es bueno escoger este plato primero para combinar los demás a su alrededor.

El plato acompañante será generalmente una fécula: arroz, macarrones, maíz en cualquier forma, vianda, etc.

En muchos menús se combina el plato fuerte y el acompañante, o sea, la proteína y la fécula, para hacer un solo plato. Por ejemplo: tamal en cazuela con pollo, macarrones con carne, paella, ajiaco, etc.

LOS CUATRO GRUPOS BASICOS DE LA NUTRICION

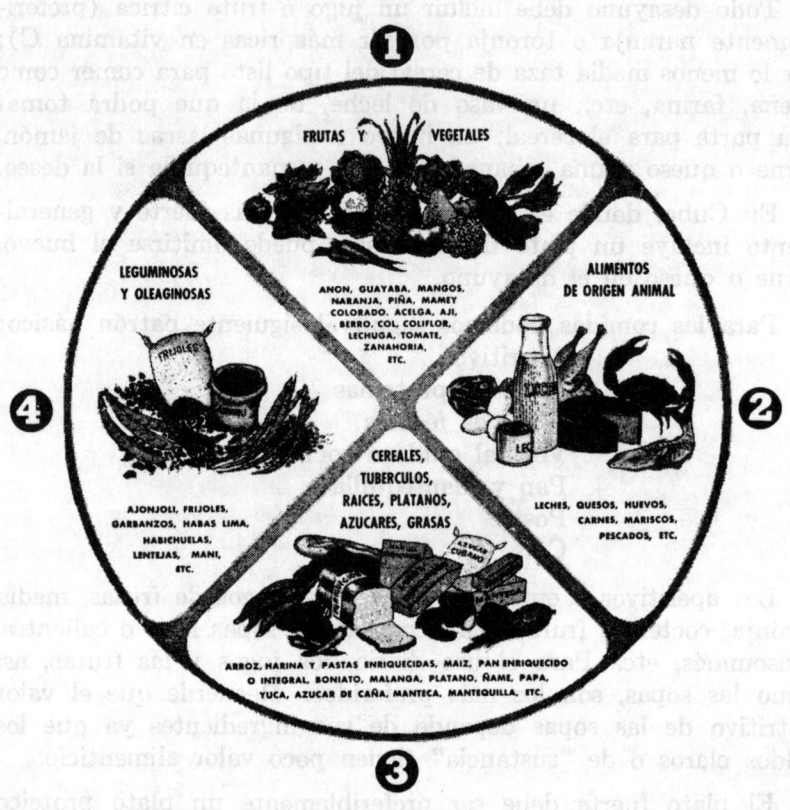

1 — FRUTAS Y VEGETALES
ANON, GUAYABA, MANGOS, NARANJA, PIÑA, MAMEY COLORADO, ACELGA, AJI, BERRO, COL, COLIFLOR, LECHUGA, TOMATE, ZANAHORIA, ETC.

2 — ALIMENTOS DE ORIGEN ANIMAL
LECHES, QUESOS, HUEVOS, CARNES, MARISCOS, PESCADOS, ETC.

3 — CEREALES, TUBERCULOS, RAICES, PLATANOS, AZUCARES, GRASAS
ARROZ, HARINA Y PASTAS ENRIQUECIDAS, MAIZ, PAN ENRIQUECIDO O INTEGRAL, BONIATO, MALANGA, PLATANO, ÑAME, PAPA, YUCA, AZUCAR DE CAÑA, MANTECA, MANTEQUILLA, ETC.

4 — LEGUMINOSAS Y OLEAGINOSAS
AJONJOLI, FRIJOLES, GARBANZOS, HABAS LIMA, HABICHUELAS, LENTEJAS, MANI, ETC.

Coma diariamente por lo menos un alimento de cada grupo.

El vegetal cocinado o crudo puede ser servido como ensalada o como vegetal caliente con mantequilla. Pero es recomendable que en cada comida se sirva algún vegetal crudo como tomate, berro, lechuga, pepino, col, zanahoria, etc.

El pan ocupa el lugar de una fécula en cada comida. A veces puede sustituirse por galleta o panecitos, pero siempre deben preferirse aquéllos que se elaboran con harina enriquecida, que además de calorías proporcionan vitaminas y minerales. En cada comida debe haber dos féculas solamente, y como se sirve pan o galleta, esto sólo deja lugar para una fécula más, ya sea arroz, pastas, viandas o harina de maíz. No sirva arroz y macarrones, ni arroz y viandas en una misma comida, a no ser que elimine el pan. Esto último no es recomendable ya que el pan de leche elaborado con harina enriquecida es un magnífico alimento.

A la hora de seleccionar el postre, tenga en cuenta el resto del menú y no repita ningún alimento, aunque sea en otra forma. Por ejemplo, si en la comida hubo arroz, el postre no debe ser arroz con leche, ni boniatillo, porque son féculas iguales. Si la comida tiene un buen plato de proteínas, como carne, pescado huevo, etc., el postre no debe ser flan de huevo. Pero si el plato proteico es de frijoles, que son proteínas de origen vegetal, entonces sí debe escoger como postre un alimento como flan de huevo o de leche que tiene proteína de origen animal.

Otro de los factores que es necesario tener en cuenta al planear el menú, es su costo, y para ello debemos observar ciertas reglas. Por ejemplo, debemos escoger vegetales y frutas de la estación, porque resultan más baratos; cocinar las cantidades necesarias para no desperdiciar nada y aprovechar lo que nos queda del día anterior. Al planear su menú busque variedad para evitar la monotonía. Escoja alimentos que establezcan contrastes de forma, color, textura, métodos de cocción y temperatura.

Evite servir alimentos de un mismo color. Por ejemplo, papas, col, piña y pescado frito son todos blancos y resulta una combinación poco atractiva. Por el contrario, si sirve papas, pescado con salsa de tomate, ensalada de berro y fruta bomba o melocotón, tendrá una bonita combinación de colores en su menú y eso lo hará más atractivo.

Los alimentos de un menú deben ser de distinta textura y formas de cocción. Por ejemplo, papas fritas, pescado frito, berenjenas rebozadas y buñuelos es una mala combinación, porque todo es frito y tiene la misma textura. Vea, en cambio, qué bien combina el pescado asado con las papas en puré, una ensalada de verduras frescas y los buñuelos.

Si sirve algún alimento de forma determinada como croquetas, procure que no haya otro igual como zanahorias o platanitos.

Todo esto parece al principio un poco complicado, pero con la práctica usted verá cómo le resulta más fácil, gasta menos y come mejor.

Por supuesto que para una buena alimentación todo esto no basta. Los procesos de conservación y preparación de los alimentos deben ser adecuados, para que sus elementos nutritivos no se pierdan.

En las introducciones a cada uno de los capítulos de este libro encontrará usted algunas reglas de conservación y preparación que la ayudarán a conservar el valor nutritivo de los alimentos.

A continuación encuentra usted quince menús que le servirán de guía en la preparación del menú diario. Es casi seguro que algunos de estos menús le parezcan que están incompletos y que son insuficientes. Pero recuerde que en cada comida sólo debe haber una fécula, ya que con el pan o galleta que siempre se sirve tendremos dos en el menú y será suficiente. Sólo es necesaria una proteína en cada comida. Si sirve huevo o pescado, no necesita carne.

Menú para dos semanas

PRIMERA SEMANA

LUNES

DESAYUNO

½ toronja
Huevo pasado por agua
Panecitos de arroz
Café con leche

ALMUERZO

Tajada de melón
Costillas de puerco con
Machuquillo
Ensalada de lechuga y tomate
Pan y galletas
Fruta fresca
Café

COMIDA

Fruta bomba
Bistec a la plancha
Soufflé de papas
Remolachas en escabeche
Pan o galleta
Peras con crema al ron
Café

MARTES

DESAYUNO

Tajada de melón
Hotcakes con melado
Café con leche

ALMUERZO

½ toronja
Picadillo
Arroz blanco
Ensalada de berros y zanahorias
Pan o galletas
Gelatina de fresas
Café

COMIDA

Sopa de plátanos
Pollo en cacerola
Ensalada mixta
Pan o galletas
Helado de caramelo
Café

MIERCOLES

DESAYUNO

Jugo de naranja
Biscuits con jamón
Café con leche

ALMUERZO

Cocktail de frutas
Ropa vieja
Arroz con vegetales
Ensalada de aguacates
Pan o galletas
Fruta fresca
Café

COMIDA

Melón Cantaloupe
Canelones rellenos
Ensalada de tomate
Galletas
Pudín de manzanas
Café

JUEVES

DESAYUNO

Jugo de tomate
Revoltillo
Tostadas con mantequilla
Café con leche

ALMUERZO

½ toronja
Guiso de papas con jamón
Ensalada de vegetales crudos
Pan o galletas
Flan de leche
Café

COMIDA

Sopa de papas
Carne asada con naranja
Zanahorias glaceadas
Ensalada de berro
Pan o galletas
Tartaletas con merengue
Café

VIERNES

DESAYUNO

Media toronja
Huevo poché
Tostadas
Café con leche

ALMUERZO

Jugo de tomate
Bacalao con garbanzos
Ensalada de vegetales crudos
Pan o galletas
Fruta fresca
Café

COMIDA

Coctel de frutas
Macarrones con camarones
Ensalada de tomate
Pan o galletas
Ciruelas con queso Patagrás
Café

SABADO

DESAYUNO

Jugo de ciruelas
Biscuits con queso
Café con leche

ALMUERZO

Coctel de fruta bomba
Carnero con vegetales
Tostones de plátano verde
Ensalada de lechuga y tomate
Pan o galletas
Helado de naranja
Café

COMIDA

Sopa crema de espinacas
Bistec empanizado
Puré de papas
Ensalada de tomate
Pan o galletas
Pudín diplomático
Café

DOMINGO

DESAYUNO

Ruedas de piña
Huevo pasado por agua
Pan de ciruelas
Café con leche

ALMUERZO

Media toronja
Pollo frito a la criolla
Arroz blanco
Ensalada de vegetales
Pan o galletas
Fruta fresca
Café

COMIDA

Pastel de carne enrollado
Ensalada de papas
Mameyes glacé
Leche fría

SEGUNDA SEMANA

LUNES

DESAYUNO

Jugo de naranja
Coffee cakes
Café con leche

ALMUERZO

Jugo de tomate
Hígado a la italiana
Arroz blanco
Ensalada de aguacate
Galletas de plátanos
Fruta fresca
Café

COMIDA

Consommé gelee
Pescado con queso
Espinacas salteadas
Ensalada de zanahoria
Pan o galletas
Manzanas Vermont
Café

MARTES

DESAYUNO

Media toronja
Arepas de arroz
Café con leche

ALMUERZO

Bolitas de melón de agua
Arroz con jamón y quimbombó
Plátanos en tentación
Ensalada mixta
Pan o galletas
Natilla
Café

COMIDA

Sopa de espárragos
Bistec relleno
Puré de calabaza
Ensalada de col cruda
Pan o galletas
Gelatina de fresas
Café

MIERCOLES

DESAYUNO

Jugo de tomate
Waffles con bacon
Café con leche

ALMUERZO

Media toronja
Huevos a la florentina
Tamal en cazuela
Ensalada
Pan o galletas
Gelatina de frutas
Café

COMIDA

Sopa de cebolla
Carne mechada
Soufflé de berenjena
Ensalada de tomate
Pan o galletas
Pudín de arroz
Café

JUEVES

DESAYUNO

Jugo de ciruelas
Cereal
Tostadas con jamón
Café con leche

ALMUERZO

Jugo de tomate
Arroz frito
Ensalada de piña
Pan o galletas
Rollo helado de chocolate
Café

COMIDA

Media toronja
Pastel de pollo y maíz
Ensalada mixta
Pan o galletas
Copas de frutas a lo flan
Café

VIERNES

DESAYUNO

Naranja en ruedas
Cereal
Tostadas
Café con leche

ALMUERZO

Fruta bomba
Bacalao aporreado
Arroz blanco
Ensalada de berro
Pan o galletas
Cascos de guayaba
Café

COMIDA

Bolitas de melón
Langosta Thermidor
Ensalada de vegetales crudos
Pan o galletas
Torta rápida alemana
Café

SABADO

DESAYUNO

Media toronja
Huevo pasado por agua
Biscuits con mantequilla
Café con leche

ALMUERZO

Cocktail de frutas
Macarrones con carne
Ensalada mixta
Pan o galletas
Mantecado
Café

COMIDA

Jugo de tomate
Rollo de jamón con piña
Boniato asado
Ensalada de berro
Pan o galletas
Pie de limón
Café

DOMINGO

DESAYUNO

Jugo de naranja
Waffles
Café con leche

ALMUERZO

Media toronja
Arroz con pollo a la jardinera
Platanitos fritos
Ensalada mixta
Pan o galletas
Manzanas rellenas
Café

COMIDA

Fiambre de ave
Ensalada de frutas
Galleticas de plátanos
Pudin de pan
Café

Como equipar su cocina

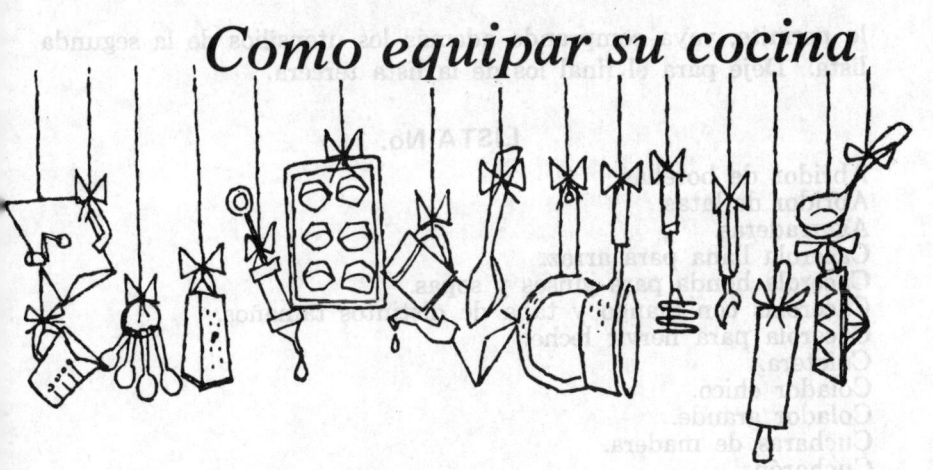

E l ama de casa que por primera vez va a equipar su cocina, debe tener en cuenta el tamaño de la cocina de la casa o apartamiento en que va a vivir, la cantidad de personas que integran la familia y su presupuesto.

Comprar un equipo completo y después no encontrar espacio en los estantes de la cocina para guardarlo, es botar el dinero, ya que cuando no podemos tener a mano un utensilio, casi nunca lo usamos. El tamaño y número de cacerolas, sartenes, etc., varía de acuerdo con cada familia. Serán más y mayores las de una familia numerosa que las de un hogar de recién casados.

Claro está que al planear el equipo de una cocina es muy importante comprar primero los utensilios más necesarios de acuerdo con el presupuesto que tengamos y luego, poco a poco, ir aumentando el número hasta tenerla completamente equipada. Pero es un grave error tratar de equipar completamente una cocina con un presupuesto corto, sacrificando la calidad de los utensilios por la cantidad que se pueda comprar. Si su presupuesto es pequeño, compre lo indispensable para empezar, pero compre siempre utensilios de primera calidad. Un equipo de cocina de buena calidad, tratado con el cuidado que requiere cada pieza, durará toda una vida.

A continuación le damos una lista de los utensilios que necesita una cocina ideal. Pero esto no quiere decir que todas las cocinas necesiten tener este equipo. Compre primero los utensilios relacionados en la primera lista y luego, si su presupuesto lo permite, vaya comprando además los utensilios de la segunda lista. Deje para el final los de la lista tercera.

LISTA No. 1

Abridor de botellas.
Abridor de latas.
Agarraderas.
Cacerola llana para arroz.
Cacerola honda para guisos y sopas.
Cacerolas con mango y tapa de distintos tamaños.
Cacerola para hervir leche.
Cafetera.
Colador chico.
Colador grande.
Cucharas de madera.
Cucharón.
Cuchara grande.
Cuchillo grande para carnes, aves, etc.
Cuchillo mediano.
Cuchillo chico.
Delantales.
Depósito para guardar basura.
Estropajos de aluminio.
Espumaderas.
Extractor de jugos.
Guayo.
Juego de tazas para medir sólidos.
Juego de cucharitas de medida.
Juego de tazas para medir líquidos.
Máquina de moler.
Mortero con su mano.
Paños para fregar y limpiar.
Pomos o latas para guardar harina, azúcar, etc.
Reverbero.
Sacacorchos.
Sartén.
Tenedor largo de cocina.

LISTA No. 2

Aplastador de viandas.
Batidor de huevos.
Cacerola para baño de María.
Cacerola para freír en grasa profunda.
Cernidor para harina.
Cepillo para lavar vegetales.
Cepillo chico para fregar guayos y moldes de forma irregular.
Cuchara colador.
Cuchillo para pan.
Cuchillo para frutas.
Depósito con tapa para guardar la grasa.

Escurridor de platos.
Espátulas de aluminio de distintos tamaños.
Estribo de pastelería.
Juego de tazas bolas de distintos tamaños.
Juego de moldes de 8 ó 9 pulgadas para cakes.
Juego de cortadores para galleticas, rosquillas, etc.
Juego de recipientes para guardar alimentos en el refrigerador.
Moldecitos individuales para gelatina, huevos, etc.
Molde cuadrado de 8 pulgadas.
Molde de 9 pulgadas para pasteles.
Molde para panquecitos.
Moldes Pyrex de distintos tamaños para soufflés, etc.
Molde de anillo.
Parrillas de alambre para refrescar galleticas y cakes.
Planchas para bisteques.
Paletas de goma.
Rodillo.
Rollo de papel encerado.
Tabla para picar.
Tarteras de aluminio para galleticas.
Tartera o molde para panetelas enrolladas y brazo gitano.

LISTA No. 3

Afilador para cuchillos
Asador con tapa para asados tapados.
Cacerola para huevos poché.
Cronómetro con timbre.
Estante para vegetales y viandas.
Estante para libros de cocina y recetas.
Jeringuilla para churros, galletas, eclairs, etc.
Juego de termómetros.
Libreta de notas con lápices para apuntes.
Molde para olla de presión.
Moldes con formas variadas como pescado, estrella, etc.
Mesita auxiliar.
Manga o jeringuilla para decorar.
Portapapeles de pared.
Portacuchillos.
Planchador para natillas.
Pesa.
Protectores de goma para la superficie del fregadero, cocina, etc.
Protector de goma para colocar la máquina de moler.
Rollo de papel de aluminio.
Rollo de papel toalla.
Reloj.
Repisas para especias.
Tartera con parrilla para asados destapados.
Toalleros para los paños de platos.
Triturador de hielo.

Como medir los ingredientes

Nuestras abuelas daban las recetas por poquitos y pizcas y usaban cualquier taza, jarro o cuchara para medir. No podemos negar que cocinaban bien, pero necesitaban tener una gran experiencia para lograr siempre buenos resultados. La mujer moderna no necesita esa gran competencia ni práctica especial para lograr éxito. Puede cocinar muy sabroso, si mide correctamente los ingredientes y sigue una receta ya probada como son todas las que aparecen en este libro.

La cocina es un arte y como tal tiene mucho del poder creador de la persona que la realiza. Para el que tiene experiencia, una buena receta suele ser un punto de partida para seguir su inspiración y darle el toque personal que una obra de arte tiene. Pero todo artista debe tener una buena base y la base de la cocina es fácil de adquirir, y hasta que no se domine, no deben intentarse las modificaciones porque se puede fracasar.

En la elaboración de una receta, el ama de casa moderna usa tazas y cucharitas de medida. Hay tazas para medir líquidos y tazas para medir sólidos. Las tazas de medida de líquido son de 8 oz., de 16 oz., que son tazas dobles, y de 32 oz. que equivalen a cuatro tazas. Las tazas de medir sólidos vienen en la medida de una taza, o sea, 8 oz., media, un cuarto y un tercio de taza.

Las siguientes equivalencias de medidas le serán útiles a la hora de medir:

| 3 cucharaditas | 1 cucharada | 4 cucharadas | 1/4 de taza | 16 cucharadas | 1 taza |

| 1 taza | 1/4 de litro | 2 tazas | 1/2 litro | 4 tazas | 1 litro |

Los ingredientes sólidos varían en relación de peso y medida. Por ejemplo una libra de mantequilla equivale a dos tazas, mientras que una libra de harina equivale aproximadamente a cuatro tazas.

Como la mantequilla viene cortada en piezas de un octavo, un cuarto o una libra, le será fácil usarla sin medir, si tiene en cuenta lo siguiente:

$\frac{1}{8}$ lb. de mantequilla = $\frac{1}{4}$ taza
$\frac{1}{4}$ lb. de mantequilla = $\frac{1}{2}$ taza
$\frac{1}{2}$ lb. de mantequilla = 1 taza
$\frac{1}{4}$ lb. de mantequilla = 8 cdas.

Para medir harina o azúcar en polvo, ciérnalas siempre antes de medir. Echelas en la taza de medir sólidos sin golpear ni sacudir la taza y pase luego una espátula por la superficie para obtener una medida rasa. Las tazas para medir sólidos permiten rasar perfectamente la superficie con una espátula.

Los demás ingredientes secos como azúcar, sal, especias en polvo, bicarbonato, crémor, etc., deben medirse del mismo modo. No hay que cernirlos, pero sí cuidar que no tengan pelotas como sucede a veces con el azúcar. Si esto ocurre, desbarátelas primero antes de medir. El único ingrediente que se mide apretando firmemente en la taza es el azúcar prieta. Las migas de pan fresco para pudines por ejemplo, deben medirse apretándolas ligeramente en la taza.

Los ingredientes líquidos se miden llenando la taza hasta la medida deseada. Sólo debemos cuidar que la taza esté sobre una superficie nivelada y mirar en ese nivel la medida, porque si miramos desde arriba o levantamos la taza hasta nuestra vista, la medida puede ser inexacta. Las grasas líquidas como el aceite o la mantequilla derretida se miden de este modo.

Las grasas sólidas como la manteca o la mantequilla deben

medirse apretándolas bien en la taza para evitar que queden espacios vacíos dentro de la taza. También pueden medirse por desplazamiento de líquido, poniendo en una taza la cantidad de líquido que equivale a la diferencia de medida con la cantidad deseada. Por ejemplo, si necesitamos medir ⅓ taza de mantequilla, pondremos ⅔ taza de agua e iremos echando mantequilla hasta que el agua llegue a la medida de una taza. Este método es muy exacto. Hay que cuidar siempre que toda la grasa esté sumergida para que desplace la misma cantidad de agua.

COMO AUMENTAR O DISMINUIR UNA RECETA

Para reducir una receta a la mitad:

Use exactamente la mitad de todos los ingredientes.

Si la receta completa requiere un huevo solamente o un número impar de ellos, para dividir ese huevo a la mitad: bátalo, mídalo por cucharaditas y use la mitad.

Los moldes para cake, pasteles, etc. deben seleccionarse de aproximadamente la mitad del tamaño indicado en la receta completa, entonces el tiempo y la temperatura de horneo serán iguales. Si se usa el mismo tamaño de molde para la mitad de la receta el tiempo de horneo será aproximadamente la mitad, pero esto no siempre es recomendable, ni asegura los mejores resultados. Lo mejor es usar un molde más chico.

Para duplicar una receta:

Use exactamente el doble de todos los ingredientes y proceda del mismo modo.

Si se trata de cakes o pasteles deberán usarse para más seguridad dos moldes del tamaño que indica la receta, pero si se desea podrá usarse un molde que tenga aproximadamente el doble de capacidad, cuidando el tiempo de horneo que será entonces posiblemente mayor y muy variable de acuerdo con el molde.

Al preparar recetas de carnes o aves en cantidades mayores debe calcularse un mayor tiempo de cocción, si las piezas son enteras, piernas, boliches, pavos, etc. Pero si se cortan en las porciones señaladas en la receta original, y se emplea una cacerola adecuada, el tiempo será aproximadamente el mismo.

Sopas

L as sopas tienen un lugar preferente en la mesa cubana, y si se preparan adecuadamente pueden tener un gran valor nutritivo. Pueden ser las sopas, claras o espesas. Las sopas y caldos claros como consommés, bouillón, etc., tienen poco valor nutritivo, y su papel en el menú es sólo estimular el apetito, ya que suelen ser muy sazonados. Ese caldo de sustancia tan valorado por nuestras abuelas, sólo tiene sabor a carne o pollo, porque las materias extractivas de la carne sí pasan al caldo, pero el verdadero alimento, o sea, las proteínas, se quedan en la falda o carne de la sopa. Esto seguramente asombrará a muchas amas de casa que diariamente botan la falda de la sopa, o a aquéllos que se niegan a comer ropa vieja o vaca frita porque creen que no alimenta.

Los caldos de sustancia con fideos o pastas, tienen valor nutritivo de acuerdo con la cantidad y calidad de los fideos que se empleen en su preparación. Como los fideos y pastas se preparan con harina, resultan más nutritivos los que se elaboran con harina enriquecida. Las sopas espesas a base de leche, viandas, puré de frijoles, garbanzos, etc., tienen un gran valor nutritivo y pueden ser un plato fuerte en cualquier comida.

Todos sabemos que después de un plato lleno de sopa espesa, a la mayoría de las personas le queda poco apetito para el resto de la comida. Por eso las sopas que se incluyen en un menú deben estar de acuerdo con los demás platos, y si el resto del menú es fuerte, la sopa debe ser ligera y servida en cantidades pequeñas.

Las sopas de crema suelen prepararse con una base de salsa blanca o bechamel. Las proporciones más usadas para estas sopas de crema son de una parte de vegetales cocinados por dos partes de salsa. Estas sopas se preparan en pocos minutos y resultan muy nutritivas. Ninguna sopa que se prepare con leche o crema debe dejarse hervir, ya que esto da lugar a que tomen un aspecto desagradable, porque se "corta" la leche. Como estas sopas, ya sean de latas o de preparación casera, se hacen con los ingredientes ya cocinados, sólo es necesario calentarlas, sin dejar que hiervan.

Como ya sabemos que los caldos tienen valor por su sabor, pero que no tienen gran valor nutritivo, creemos que el tiempo y gasto invertidos en la confección de caldos caseros es siempre mayor a los resultados obtenidos, y que la preparación de sopas caseras es mejor realizarla a base de sopas de crema, guisos espesos, etc. Con las ventajas de los caldos concentrados y enlatados, las amas de casa pueden obviar ese problema de preparar un caldo diariamente. Además los refrigeradores y congeladores permiten a aquellas personas que lo deseen, hacer un buen caldo, que después de colado y refrigerado, puede usarse durante varios días como base para sopas.

Las amas de casa modernas encuentran en las sopas de lata o deshidratadas un magnífico auxiliar. También los cuadritos de caldos concentrados resultan indispensables en cualquier despensa bien surtida. Existen en el mercado, además, varias marcas de extractos de carnes, vegetales y condimentos que se venden en forma líquida y que pueden usarse para condimentar los líquidos de los vegetales y convertirlos en ricos caldos para usar como aperitivos. Las sopas de lata pueden mezclarse en formas variadas y lograr nuevas y deliciosas combinaciones.

Una buena sopa debe tener bonito color, un olor apetitoso y un buen sabor. Debe estar a la temperatura adecuada y tener la consistencia correcta de acuerdo con la clase de sopa que sea. No debe tener exceso de grasa que flote en la superficie del plato y debe servirse en recipiente apropiado.

Las sopas pueden servirse calientes, o frías. Las sopas calientes guardan más el calor, si se enjuaga el plato o taza en que se van a servir en agua caliente antes de echarle la sopa. Del mismo modo, las sopas frías, como el Consommé Gelée, Borsch, Gazpacho, Vichyssoise, etc., que deben tomarse bien frías, se sirven en tazas o platos previamente enfriados en el refrigerador o enjuagados con agua helada.

Casi todas las sopas resultan más atractivas si se sirven con algún acompañante, como tostadas gratinadas, rueditas de limón, pedacitos de aguacate, almendra o galleticas. Muchas sopas resultan deliciosas si las gratinamos ligeramente antes de servirlas.

CALDO DE RES

½ lb. de falda.	3 tomates.
1 hueso para sopa.	3 ajíes.
6 tazas de agua.	1 macito de perejil.
1 cda. de sal.	1 cebolla.
3 dientes de ajo.	

Corte la carne en trozos de unas dos o tres pulgadas. Ponga todos los ingredientes en una cacerola. Déjelos en remojo durante media hora. Ponga la cacerola al fuego y cuando rompa el hervor baje la llama para que se cocine a fuego mediano durante dos horas aproximadamente. Debe mantenerse la cacerola bien tapada. Cuele el caldo. Da aproximadamente 4 tazas.

CALDO DE POLLO

Hágalo como el anterior sustituyendo la carne y el hueso por pollo o gallina.

CALDO DE PESCADO

Hágalo como el anterior sustituyendo la carne y el hueso por 2 libras de pescado o cabezas de pescado.

CALDO DE HUESOS DE PAVO O DE POLLO ASADO

En lugar de la falda y el hueso, use el carapacho de un pavo o varios pollos asados. Esos huesos de aves asadas dan un sabroso caldo.

A todos estos caldos puede añadírseles también zanahorias, nabos, apio, ajos puerros, etc.

SOPA DE PLATANO

Para cada taza de caldo use media taza de galleticas de plátano verde frito. Muela las galleticas hasta que esté bien triturado el plátano. Póngalo al fuego nuevamente hasta que esté bien caliente. Añádale limón a gusto.

SOPA DE PASTAS

Para cada taza de caldo use aproximadamente una cucharada de pasta. Eche la pasta en el caldo hirviendo y déjelo hervir durante 8 ó 10 minutos.

RECETA BASICA PARA SOPAS DE VEGETALES A LA CREMA

3 cdas. de mantequilla	1 cdta. de sal.
4 cdas. de harina.	1 taza de vegetal cocinado.
2 tazas de leche	

Derrita la mantequilla sin dejar que se queme. "Osterice" la harina con la leche y sal. Añádala a la mantequilla y cocínela a fuego lento o baño de María hasta que hierva y espese ligeramente. Añádale el vegetal cocinado y déjela a fuego lento aproximadamente dos o tres minutos más. Si desea conservarla caliente por más tiempo déjela al baño de María. Da 4 raciones.

Sopa de papas:

Use 1 taza de papas cocinadas o puré de papas.

Sopa de calabaza:

Use 1 taza de calabaza cocinada, en cuadritos o puré.

Sopa de zanahorias:

Use 1 taza de zanahorias cocinadas, en cuadritos o puré.

Sopa de espinacas o acelgas:

Use 1 taza de espinacas o acelgas crudas. Osterice las espinacas o acelgas crudas con la leche.

Sopa de tomates:

Use 1 taza de pulpa o jugo de tomate. Caliente primero el tomate y cuide que la sopa no hierva para evitar que se corte.

Sopa de espárragos:

Añada 1 taza de espárragos picaditos y ¼ taza del agua de los espárragos.

Sopa de remolacha:

Añádale 1 taza de remolachas cocinadas, en cuadritos o puré.

Sopa de vegetales mixtos:

Use 1 lata (N° 1) de vegetales mixtos. Use el agua de los vegetales como parte del líquido de la sopa.

Para aprovechar el agua de los vegetales en la preparación de la sopa: Use leche en polvo mezclándola con el agua de los vegetales, aumente la mantequilla a 4 cucharadas y emplee sólo 2 cucharadas de harina. Utilice las proporciones siguientes:

4 cdas. mantequilla	1 cdta. de sal.
2 cdas. de harina.	6 cdas. leche en polvo
1⅓ taza agua de los vegetales.	1 taza de vegetal cocinado.

Derrita la mantequilla. Osterice la harina con la leche en polvo, sal y agua de los vegetales. Proceda como en la receta básica.

Estas sopas a la crema pueden sazonarse a gusto con pimienta, nuez moscada, pimentón, sal de ajo, cebolla, etc. Si lo desea puede sofreír ligeramente dos cucharadas de cebolla picadita en la mantequilla antes de añadir la leche.

COMBINACIONES CON SOPAS DE LATA

Tomate con vegetales:

Mezcle dos latas de sopa de vegetales con 1 lata de sopa de tomate. Añada dos latas de agua. Póngala a calentar. Da 6 raciones.

Tomate con pollo:

Mezcle 2 latas de sopa de pollo con 1 lata de sopa de tomate. Añada dos latas de leche. Caliéntela sin dejar que hierva. Da 6 raciones.

Puré mongolé:

Mezcle 1 lata de sopa de tomate con 1 lata de sopa de chícharos. Añada 1 lata de leche y 1 lata de agua. Caliéntela sin dejar que hierva. Da 6 raciones.

Pollo con vegetales:

Mezcle 1 lata de sopa de vegetales con 1 lata de sopa de pollo. Añada 1½ lata de agua. Da 5 raciones.

Chícharo con vegetales:

Mezcle 1 lata de sopa de vegetales con 1 lata de sopa de chícharos. Añada 1 taza de agua y ¾ taza de leche. Caliéntela sin dejar que hierva. Da 6 raciones.

VICHYSSOIRE RAPIDO

1 ajo puerro.	1 taza de leche
½ cebolla chica.	
1 cda. de mantequilla	1 taza de crema de leche fresca.
1 lb. de papas.	1 cdta. de sal.
1½ taza de agua.	⅛ cda. de pimienta.
1½ taza de consommé	

Corte el ajo puerro y la cebolla en rueditas finitas. Debe dar aproximadamente ¾ taza de ajo puerro y ¼ taza de cebolla. Derrita la mantequilla y cocine en ella el ajo puerro y cebolla hasta que estén blanditos. Añádale las papas cortadas en ruedas finitas y el agua. Cocínelo durante 20 a 30 minutos hasta que las papas se ablanden. Añádale el consommé y déjelo a fuego mediano 10 minutos más. Ostericelo todo. Añádale la leche caliente y la crema. Sazónelo con sal y pimienta. Déjela en el refrigerador hasta que esté bien fría. Sírvala en tazas frías. Polvoréela con pedacitos de cebollinos o cebolla cruda. Da 6 raciones.

En las recetas que llevan sopas de lata, la medida de 1 lata de agua o leche se toma con la misma lata de sopa.

SOPA DE CEBOLLAS

2 tazas de cebolla cortadas en ruedas muy finitas.	1 taza de agua.
⅛ lb. de mantequilla	½ cdta. de salsa inglesa.
1½ taza de consommé	4 rebanadas de pan tostado.
	¼ taza queso parmesano rallado.

Caliente la mantequilla y cocine en ella la cebolla hasta que esté blandita. Añádale el consommé, agua y salsa inglesa. Déjela a fuego muy lento durante 25 minutos. Corte las tostadas en cuadritos y póngalos en cuatro cacerolitas individuales. Vierta la sopa sobre los cuadritos de pan y polvoréela con queso. Póngala al horno unos minutos bajo el gratinador para que se dore. Da 4 raciones.

Sopa de cebolla a la crema:

Use 1¾ taza de leche en lugar de agua. Disuelva una cucharada de harina en la leche para espesar la sopa. Revuélvala mientras se cocina.

SOPA DE CAMARONES A LA CREMA
(BISQUE DE CAMARONES)

⅛ lb. de mantequilla.	1 taza de caldo.
4 cdas. de harina.	1 rebanada de cebolla.
1 cdta. de sal.	2 ramitas de perejil.
⅛ cdta. de pimienta.	1 taza de camarones hervidos y
3 tazas de leche	pelados
	½ taza de crema de leche fresca.

Derrita la mantequilla. Añádale la harina "osterizada" con la leche, sal, pimienta, cebolla y perejil. Agregue el caldo y déjelo al fuego moviéndolo constantemente hasta que tenga espesor de crema ligera. "Osterice" los camarones con un poco de la crema y póngalo todo nuevamente al fuego unos minutos. Al momento de servirlo añádale el resto de la crema. Déjelo al fuego un minuto *sin dejar que hierva*. Sírvalo en platicos individuales con tostadas gratinadas.

Tostadas gratinadas:

> 4 rebanadas de pan de leche.
> 1 cdta. de mantequilla
> 4 cdtas. de queso

Quite la corteza al pan, corte cada rebanada en dos triángulos, úntelas de mantequilla y polvoréelas con el queso rallado. Póngalas al horno hasta que el queso se derrita.

Da 4 raciones.

SOPA TARTARA

2 pechugas de pollo.
6 tazas de agua.
2 cdtas. de sal.
1 ají grande.
1 cebolla.
3 dientes de ajo.

6 tomates.
Unas ramitas de perejil.
2 tallos o ramitas de apio.

¼ taza de arroz.
4 huevos

Ponga en una cacerola las pechugas de pollo con el agua, sal, cebolla, ají, ajo, tomates, perejil, apio y los menudos de pollo si los hubiera. Déjelo hervir a fuego mediano hasta que el caldo quede reducido a cuatro tazas. Cuele el caldo y añádale el arroz lavado dejándolo nuevamente al fuego hasta que el arroz esté cubierto y blando. Muela la masa de las pechugas y añádala al caldo sazonándolo si fuera necesario con un poco más de sal al gusto. Vierta esta sopa bien caliente en los platos y cacerolitas individuales donde previamente se ha puesto un huevo crudo o dos yemas.

Da 4 raciones.

En lugar de dos pechugas puede usar un pollo si lo desea.

GAZPACHO

12 galletas de soda de Siré.	⅓ taza de aceite de oliva.
2 ajíes de ensalada.	¼ taza de vinagre.
2 tomates de ensalada.	5 tazas de agua fría.
1 cebolla chica.	1 pepino de ensalada.
1 cda. de pimentón.	¼ lb. de jamón en dulce.
1 cda. de sal.	

"Osterice" las galletas de soda, la mitad de un ají, la mitad de un tomate y la cebolla. Añada la sal, el pimentón y revuélvalo hasta formar una pasta. Agregue poco a poco el aceite, el vinagre y el agua, el pepino cortado en ruedas muy finitas (el pepino no se pela), el resto del ají y del tomate cortados en pedacitos y el jamón molido. Déjelo enfriar bien y sírvalo como sopa fría.

Da aproximadamente 10 raciones.

Puede guardarse en el refrigerador de un día para otro.

Esta receta se puede variar echando en lugar de jamón, pescado, bacalao, mariscos y también puede añadir otros vegetales crudos o cocinados, tales como apio, zanahoria, guisantes, etc.

POTAJE DE LA REINA O SOPA REAL

1 pollo de 3 lbs.	1 zanahoria.
1 cebolla.	1 papa.
1 ají.	6 tazas de agua.
3 dientes de ajo.	1 cda. de sal.
1 taza de tomate al natural.	¼ cdta. de pimienta.
1 macito de perejil.	

Ponga todos estos ingredientes al fuego hasta que el caldo quede reducido a unas tres tazas y media. Cuele el caldo, muela la masa de pollo y prosiga:

1 taza migas de pan de leche.	1½ taza de leche
½ taza crema de leche.	3 cdas. mantequilla.
3 yemas de huevos duros.	2 cdas. de harina.

Remoje las migas de pan en la crema, añádale la masa de pollo molida, las yemas de huevos duros, la leche y la harina. "Ostericelo" todo. Añádale la mantequilla derretida y el caldo colado. Déjelo al fuego moviéndolo hasta que espese. Añádale más cantidad de sal a gusto.

Da 10 raciones.

PURE DE CHICHAROS

1 taza de chícharos pelados.
3 tazas de agua.
¼ lb. masa de jamón.
1 pastilla caldo
1 cebolla chica.

½ ají de ensalada.
1 taza de calabaza cortada en pedacitos.
2 cdas. mantequilla
½ cdta. de sal (aprox.)

Lave los chícharos y remójelos desde la noche anterior. A la mañana siguiente bote el agua del remojo. Añádales el agua fresca y el jamón cortado en trocitos. Cocínelos hasta que empiecen a ablandarse. Agregue los demás ingredientes. Déjelo a fuego lento hasta que la calabaza esté blanda. "Ostericelo" todo. Sírvalo inmediatamente o déjelo al baño de María. Da 6 raciones.

Si desea un puré o sopa más clara aumente la cantidad de agua a 4 tazas.

Sírvalo con tostadas gratinadas o pan frito.

La pastilla de caldo puede ser de res o pollo.

SOPA A LA MARINERA

¼ taza de aceite de oliva.
3 dientes de ajo.
1 cebolla.
1 ají.
½ lb. de camarones.
1 lb. de pargo.
1 lb. de serrucho.
1 ó 2 ramitas de perejil.
1 taza de tomate natural.

4 clavos.
1 hoja de laurel.
½ cdta. de curri.
1 cda. de sal.
1 lb. de papas.
4 tazas de agua hirviendo.
1 cdta. de azafrán.
¼ taza vino seco

Caliente el aceite. Sofría en él los dientes de ajo hasta que estén dorados. Saque los ajos. Sofría la cebolla y el ají cortado en tiras. Añádale los camarones pelados y sofríalos ligeramente. Agregue el pescado limpio, las papas cortadas en ruedas y todos los demás ingredientes, menos el vino seco y el azafrán. Ponga las hebras de azafrán sobre la tapa de la cazuela o en el horno hasta que estén tostaditas. Macháquelas y disuélvalas en un poquito del caldo. Unalo al resto del caldo y déjelo hervir a *fuego lento* durante 25 minutos. Cuide que las papas queden blandas y el pescado entero, sin desbaratarse. Añada el vino seco. Sírvala con tostadas o pan frito. Da 8 raciones.

AJIACO CRIOLLO

Carnes:

½ lb. tasajo.
½ gallina
1 lb. de falda.

1 lb. masa de puerco
1 lb. agujas de puerco.
7 litros de agua.

Viandas:

2 mazorcas de maíz.
½ lb. malanga amarilla.
2 plátanos verdes.
1 lb. de yuca.
1 lb. de boniato.

½ lb. malanga blanca
½ lb. de ñame.
2 plátanos maduros
2 limones.

Sofrito:

2 cdas de manteca.
1 cebolla grande.
3 dientes de ajo.

1 ají grande.
1 lata salsa de tomate
2 cdas. de sal (aprox.).

Bolitas de maíz:

1 lb. de maíz tierno molido.
1 cdta. de sal.
2 cdas. leche

2 cdas. de manteca.
2 dientes de ajo.

Corte el tasajo en tres o cuatro pedazos y póngalo a remojar desde la noche anterior. A la mañana siguiente bótele el agua.

En una cacerola grande ponga el tasajo remojado y la media gallina cortada en dos partes. Déjelo hervir aproximadamente una hora. Añádale la falda y la masa de puerco cortada en trozos. Si la masa de puerco tiene mucha grasa, debe aprovechar para sacar la manteca del sofrito y las bolitas de maíz. Añada también las agujas de puerco. Déjelo hervir durante una hora más aproximadamente. Cuando las carnes hayan hervido un rato, debe quitarle un poco de grasa y espuma al caldo.

Mientras se cocinan las carnes haga el sofrito y pele las viandas. Cuando ya las carnes estén blandas, añada las viandas en el mismo orden en que aparecen en la receta, cada vez que añada plátanos écheles jugo de limón para que el caldo no se oscurezca. Al empezar a echar las viandas eche también el sofrito de modo que todo se vaya cocinando a la vez. Ya cuando vaya a echar los plátanos maduros prepare también las bolitas de maíz para echarlas al final.

Mezcle el maíz molido con la sal, leche y manteca en la que se fríen dos dientes de ajo. Tome esta masa por cucharadas. Ponga las bolitas sobre las viandas en el caldo. Tápelo y déjelo cocinar a fuego lento aproximadamente una hora más. No lo revuelva hasta que no se cocinen las bolitas de maíz.

Para espesarlo, aplaste dos o tres pedazos de viandas en un poco de caldo. Da aproximadamente 12 raciones.

COCIDO ESPAÑOL

1 lb. de garbanzos.	1 lb. de papas.
5 litros de agua.	1 lb. de cebollas chicas.
1 lb. de falda.	1 ajo puerro.
1 hueso de sopa.	3 macitos de berza.
1 hueso de jamón.	1 nabo.
½ gallina	1 ají grande.
1 chorizo.	6 tomates de cocina.
¼ lb. de tocino.	Sal y pimienta al gusto.
½ lb. de jamón.	

Remoje los garbanzos durante un par de horas y luego enjuáguelos en agua fresca. Ponga a hervir los cinco litros de agua y cuando rompa el hervor añádale los garbanzos, falda, gallina, huesos, chorizo, jamón y tocino con una cebolla, ají y tomates (esto último, si se desea, se puede añadir en forma de sofrito cuando los garbanzos estén blandos). Cuando los garbanzos y la carne estén a media cocción, añada los demás ingredientes y déjelo a fuego lento hasta que todo esté blando. Debe cocinarse lentamente. Sírvalo en tres partes. El caldo colado, al cual se le añade pan, fideos o arroz al gusto, los vegetales y la carnes. Da unas 8 raciones.

MINESTRONE
(Sopa o cocido italiano)

1 lb. de falda.	1 taza de habas limas tiernas.
½ lb. de hueso para sopa.	1 taza de guisantes frescos.
½ lb. de judías.	1 taza de calabaza.
3½ litros de agua.	1 taza de papas.
1 cda. de sal.	1 taza de tomate natural.
3 cdas. de aceite	½ taza de apio.
2 dientes de ajo.	½ taza de pasta de tomate.
1 cebolla.	¼ cdta. de pimienta.
1 ají grande.	1 cdta. de sal.
¼ taza de perejil picado.	¼ lb. de macarrones
1 taza de zanahoria.	

Todos los vegetales deben estar cortados en cuadritos chiquitos. Lave la carne y el hueso. Corte la carne en trocitos de unas dos pulgadas y póngala al fuego en una cacerola con el hueso, agua, sal, y las judías previamente puestas a remojar. Deje todo esto al fuego hasta que la carne y las judías estén blandas. (Podrá hacerse en la olla de presión a 15 libras de presión durante 30 minutos). Caliente el aceite y sofría en él los dientes de ajo, la cebolla y el ají picaditos, añada esto al caldo con las judías y la carne, pero ya sin el hueso; añádale todos los demás ingredientes menos los macarrones, y déjelo cocinar a fuego mediano hasta que los vegetales estén blandos, aproximadamente 25 minutos; añádale entonces los macarrones cortados en trocitos de una pulgada y cocínelo unos diez minutos más o hasta que la pasta de los macarrones esté blanda pero sin dejar que se desbaraten.

Da 12 raciones.

BORSCH

2½ tazas de remolacha.   ½ cdta. de sal.
2 tazas agua de las remolachas. ⅓ taza de vinagre.
1½ taza de consommé.   1 taza de crema agria.
⅓ taza cebolla picadita.

Esta sopa se hace con las remolachas de lata. Debe comprar 2 latas de tipo picnic o una lata del tamaño Nº 2.

Ponga al fuego el agua de las remolachas con el consommé, cebolla, sal y vinagre. Cuando rompa el hervor, bájela y añádale las remolachas cortadas en ruedas o cuadritos. Viértala en una sopera, en un pomo de boca ancha o en un molde Pyrex con tapa. Guárdela en el refrigerador hasta que esté bien fría. Puede dejarla varios días.

Esta sopa puede servirse fría o caliente.

Sirva cada ración con dos cucharadas de crema agria. Da 8 raciones.

GUISO DE QUIMBOMBO CON POLLO Y BOLAS DE PLATANO

⅓ taza de aceite   ⅓ taza de vinagre.
1 pollo (2½ lbs.)   1 taza caldo de pollo
1 cebolla.   2 tazas vino seco
1 ají de ensalada.
2 dientes de ajo.   3 tazas de agua.
2 cdtas. de sal.   3 limones.
¼ cdta. de pimienta.   1 lb. de quimbombó.
1 lata salsa de tomate   2 ó 3 plátanos pintones.

Caliente el aceite y dore en él el pollo con la cebolla, ají y ajos machacados, añádale la sal, Ac'cent, pimienta, salsa de tomate, vinagre, caldo y vino seco. Cuando el pollo esté medio cocinado, añádale el quimbombó cortado en rueditas con el agua y jugo de limón. Déjelo todo al fuego hasta que el quimbombó esté blando. Añádale los plátanos hervidos, previamente reducidos a puré y en bolas.

NOTA: El quimbombó debe lavarlo entero, y al picarlo deben caer las rueditas en el agua con limón, sin mojarlo al cortarlo. Si desea un guiso más espeso añada al quimbombó escurriéndole de antemano el agua con limón. Da 6 raciones.

GUISO DE MAIZ TIERNO

¼ lb. de jamón.	1 cdta. de Ac'cent.
3 cdas. de aceite	⅛ cdta. de pimienta
1 cebolla.	2 tazas de agua.
1 ají grande.	1 taza de papas picadas en cuadritos.
3 dientes de ajo.	
½ taza salsa de tomate	1 taza de calabaza picada en cuadritos.
1 chorizo.	
2 cdas. de vino seco.	2 pqtes. de maíz congelado (2 tazas) ó 4 mazorcas de maíz tierno.
1 cdta. de vinagre	
1 cdta. de sal.	

Corte el jamón en pedacitos y sofríalo en el aceite con la cebolla, ají y ajos picaditos. Añádale la salsa de tomate, chorizo, sal, Ac'cent, pimienta, agua y las papas. Cuando las papas empiecen a ablandarse añádale la calabaza y el maíz. Déjelo a fuego lento aproximadamente 30 minutos. Si usa mazorcas de maíz, córtelas en rueditas finas o desgránelas.

Da 6 raciones.

GUISO DE PAPAS CON JAMON

1/2 taza de aceite	de los espárragos, petit pois y pimientos morrones).
1/2 lb. de jamón crudo	
1 cebolla	1-1/2 cda. de sal
1 ají	1-1/2 cdta. de Ac'cent
3 dientes de ajo	1/4 cdta. de pimienta
1 lata de salsa de tomate	2-1/2 lbs. de papas
1/2 taza de vino seco	1 latica de petit pois
1 cdta. de vinagre	1 lata de puntas de espárragos
2 tazas de agua (aprovéchese la	1 lata de pimientos morrones
	4 huevos duros

Caliente el aceite y fría el jamón cortado en cuadritos de una pulgada, añádale la cebolla molida, los ajos y el ají, también molidos. Cuando esté ligeramente seco añádale la salsa de tomate, vino seco, vinagre, agua, sal, Ac'cent, pimienta y las papas peladas y cortadas en cuadritos de una pulgada. Déjelo a fuego vivo hasta que rompa el hervor. Bájele la llama y déjelo a fuego lento hasta que las papas estén blandas. Aproximadamente 25 minutos. Sírvalo adornado con los petit pois, pimientos, espárragos y huevos duros. Da 6 raciones.

TAMAL EN HOJA

3 tazas de maíz molido.	½ taza salsa de tomate
1 taza de agua.	¼ taza vino seco
1 lb. masa de puerco.	1 lb. masa de puerco.
3 dientes de ajo.	1½ cda. de sal.
1 cebolla.	¼ cdta. de pimienta.
1 ají.	

Mezcle el maíz molido con el agua y cuélelo todo.

Sofría las masas de puerco y en la grasa que sueltan haga un sofrito con ajo, cebolla, ají, tomate y vino seco. Añada todo esto al maíz. Sazónelo con sal y pimienta. Ponga la mezcla en hojas o en moldecitos para tamales. Cocínelos en agua hirviendo durante una hora. En olla de presión a 15 libras de presión durante 10 ó 15 minutos. Da aproximadamente 8 tamales.

TAMAL EN CAZUELA

1 lb. masa de puerco.	⅓ taza salsa de tomate
2 dientes de ajo.	¼ taza vino seco
1 limón.	2 tazas maíz molido.
¼ taza aceite	3 tazas de agua.
1 cebolla.	1 cda. de sal (aprox.).
1 ají.	¼ cdta. de pimienta.

Corte la carne en trocitos y adóbela con ajo y limón. Sofría la carne y de acuerdo con la grasa que suelte añádale aceite suficiente para hacer un sofrito con la cebolla, ají, tomate y vino seco. Mezcle el maíz con el agua. Cuélelo y agréguelo a la carne con el sofrito. Cocínelo aproximadamente una hora, revolviéndolo de vez en cuando para que no se pegue. Sazónelo a gusto con sal y pimienta. Da 4 raciones.

HARINA CON CANGREJOS

6 cangrejos.	1 cda. de vinagre.
⅔ taza aceite.	3 tazas harina de maíz gruesa.
2 cebollas.	18 tazas de agua.
4 dientes de ajo	2 cdas. sal (aprox.).
1 ají grande.	½ cdta. pimienta.
1 lata salsa tomate	

Compre los cangrejos vivos. Después de matar los cangrejos, separe las muelas y las patas. Limpie bien el cuerpo del cangrejo y córtelo en dos. Lave bien las muelas y las patas.

Caliente el aceite, sofría las cebollas, ajo, ají, tomate. Añádale el vinagre y los cangrejos ya limpios y picados. Añádale la harina, agua, sal y pimienta. Déjelo cocinar aproximadamente dos horas. Antes de servirlo rectifique el punto de sal. Da aproximadamente 8 raciones.

TAMBOR DE MAIZ

⅔ taza aceite	¼ cdta. de pimienta.
1 cebolla grande picadita.	2 lbs. maíz tierno molido.
3 dientes de ajo machacados.	2 tazas de leche
1 ají grande picadito.	
⅔ taza salsa tomate	8 yemas de huevo.
2 cdas. azúcar blanca	2 tazas de picadillo.
1 cda. de sal.	

Caliente el aceite, sofría la cebolla, ajo y ají. Añada el puré de tomate, azúcar, sal y pimienta. Mezcle el maíz con la leche y cuélelo. Añádale las yemas y el sofrito. Cocínelo a fuego mediano revolviendo constantemente hasta que espese y se vea el fondo de la cacerola. Ponga la mitad del maíz en un molde Pyrex con capacidad para 2 litros, ligeramente engrasado. Cúbralo con el picadillo y póngale por encima el resto del maíz. Hornéelo a 350°F. hasta que se vea doradito. Aproximadamente 40 minutos. Da 8 raciones.

Puede hacerse también con fricasé de   o o con enchilado de mariscos en lugar de picadillo.

ALBONDIGAS DE MAIZ

Sofrito:

¼ taza de aceite
1 cebolla.
1 diente de ajo.

1 ají.
1 cda. de perejil.
½ taza salsa de tomate

Albóndigas:

1 lb. de maíz molido.
½ taza de agua.
2 cdas. del sofrito.
2 huevos de

1 cdta. de sal.
⅛ cdta. de pimienta.
¼ taza de harina.

Salsa:

El resto del sofrito.
2 tazas de agua.
1½ cdta. de sal.

⅛ cdta. de comino.
⅛ cdta. de orégano.
2 cdas. vino seco

Caliente el aceite y sofría en él la cebolla picadita, el ajo machacado y el ají también picadito. Déjelo sofreír unos minutos y añada el perejil y la salsa de tomate. Déjelo a fuego lento unos minutos.

Mezcle el maíz con la media taza de agua y páselo por un colador para quitarle la paja al maíz. Añádale al maíz ya colado las dos cucharadas de sofrito, los huevos ligeramente batidos, sal y pimienta. Cocínelo a fuego mediano, revolviendo hasta que espese. Deje enfriar un poco el maíz para que sea más fácil hacer las albóndigas. Coja el maíz por cucharadas, forme las albóndigas y envuélvalas en harina.

Al resto del sofrito, échele los demás ingredientes de la salsa. Cuando empiece a hervir, eche las albóndigas una a una y déjelo cocinar todo a fuego mediano, bien tapado aproximadamente 30 minutos. Da 4 raciones.

GARBANZOS CON BACALAO

1 lb. de garbanzos.
1 lb. de bacalao sin espinas.
½ taza de aceite
1 cebolla grande.
2 dientes de ajo.
1 ají grande.
⅓ taza de perejil.

1 lata salsa de tomate
1 lata de pimientos morrones.
1 hoja de laurel.
1 cdta. de pimentón.
¼ taza vino seco
½ cdta. de sal (aprox.).

Remoje los garbanzos con el bacalao durante un par de horas. Bote el agua del remojo. Separe el bacalao de los garbanzos.

Cubra los garbanzos con aproximadamente 4 tazas de agua y póngalos al fuego hasta que se ablanden. Esto será aproximadamente 1 hora. Puede ablandarlos en olla de presión siguiendo las instrucciones del fabricante de la olla. Cuando ya los garbanzos estén blandos, caliente el aceite y añádale la cebolla y los ajos molidos. Déjelos sofreír unos minutos, añádales el ají molido y déjelos unos minutos más. Agregue a este sofrito la salsa de tomate, los pimientos morrones molidos con el agua que traen, el perejil también molido, laurel, pimentón y vino seco. Vierta todo esto en una cacerola grande con el bacalao, los garbanzos ya blandos y aproximadamente una taza del agua que queda de la cocción de los garbanzos. Cocínelo todo a fuego lento bien tapado durante aproximadamente ½ hora. Sírvalo con pan frito y más pimientos morrones. Da aproximadamente 8 raciones.

La cantidad de sal es variable porque depende del bacalao.

FRIJOLES COLORADOS CON PUERCO

1 lb. de frijoles colorados.	¼ cdta. de comino.
4 tazas de agua.	1 naranja agria.
1 lb. de masa de puerco.	½ taza de aceite
3 dientes de ajo.	1 cebolla grande.
1½ cda. de sal.	1 lata salsa de tomate
¼ cdta. de pimienta.	1 lata de pimientos morrones.
¼ cdta. de orégano.	¼ taza vino seco

Remoje los frijoles en las cuatro tazas de agua aproximadamente dos horas. Corte la masa de puerco en trozos de unas dos pulgadas. Machaque los dientes de ajo con la sal, pimienta, orégano y comino. Añádale el jugo de naranja agria. Cubra la masa de puerco con este adobo.

Cuando ya los frijoles estén hinchados cocínelos en la misma agua del remojo aproximadamente tres cuartos de hora o hasta que empiecen a ablandarse. Ponga la masa de puerco en una cacerola con el adobo y déjela cocinar hasta que se seque el adobo. Caliente el aceite y sofría la cebolla picadita, luego añada el ají también picadito. Déjelo sofreír unos minutos más. Agregue la salsa de tomate, los pimientos morrones molidos con el líquido que traen y el vino seco. Mezcle los frijoles (con el agua que les queda), la carne de puerco y el sofrito. Déjelos cocinar a fuego lento, bien tapados aproximadamente media hora. Da 8 raciones.

FRIJOLES NEGROS

1 lb. de frijoles negros.	1 ají grande.
10 tazas de agua.	

⅔ taza aceite de oliva.	½ cdta. de pimienta.
1 cebolla grande.	¼ cdta. de orégano.
4 dientes de ajo.	1 hoja de laurel
1 ají grande.	2 cdas. azúcar blanca
4 cdtas. de sal.	

2 cdas. de vinagre.	2 cdas. aceite de oliva.
2 cdas. vino seco	

Lave los frijoles y póngalos a remojar con el agua y un ají. Cuando estén bien hinchados póngalos a cocinar en esa misma agua hasta que se ablanden (aproximadamente 45 minutos). En una sartén caliente el aceite. Sofría la cebolla picadita, ajo machacado y luego el ají también picadito o molido. Eche aproximadamente una taza de frijoles en la sartén y aplástelos bien. Echelo todo en la cazuela con el resto de los frijoles. Añádales sal, pimienta, orégano, laurel y azúcar. Déjelos hervir aproximadamente una hora más. Añádales luego el vinagre, vino seco y cocínelos a fuego lento durante otra hora para que queden bien cuajaditos. Si ve que todavía tienen mucho caldo déjelos destapados para que espesen. Al momento de servirlos añádales las dos cucharadas de aceite. Da aproximadamente 8 raciones.

FRIJOLES NEGROS A LO VALDES FAULY

2½ lbs. de frijoles negros.	2 tazas de aceite de oliva.
1½ lb. de ajíes.	⅓ taza de vinagre.
1½ lb de cebollas.	2 cdtas. azúcar blanca
2 latas de pimientos morrones.	Sal y pimienta al gusto.

Cocine los frijoles en agua suficiente para cubrirlos bien. Haga esto el día anterior. Al día siguiente:

Muela las cebollas y los ajíes guardando el líquido que suelten al molerlos. Ponga todo esto a cocinar hasta que el líquido se consuma, añádale una lata de pimientos morrones molidos y la mitad del aceite. Sofríalo bien y añádale todo a los frijoles. Sazónelos de sal, pimienta y azúcar y déjelos cocinar a *fuego muy lento* unas tres horas para que espesen bien. Durante este tiempo termíneles de añadir el aceite, agregue el vinagre y la otra lata de pimientos cortados en pedazos y el agua de éstos. Da 15 ó 20 raciones. Pueden guardarse después de cocinados en el refrigerador.

FRIJOLES NEGROS REFRITOS

Cuando sobran frijoles negros, quedan muy sabrosos si se pasan por un colador para reducirlos a puré. Luego, en una sartén, ponga una cucharada de aceite y cocine el puré de frijoles revolviéndolo constantemente hasta que se despegue de los lados de la sartén y esté como una pasta bien espesa. Sírvalos polvoreados con huevo duro picadito; también con queso rallado resultan deliciosos.

JUDIAS CON PUERCO

2 lbs. de judías.	4 cdtas. de vinagre.
¾ lb. bacon o tocino.	1 cdta. de mostaza.
1 cebolla chica.	¼ taza catsup.
1 cda. de sal.	¾ taza melado de caña.
2 cdas. azúcar blanca	2½ tazas de agua de las judías (aproximadamente).

Remoje las judías aproximadamente dos horas. Cámbieles el agua y hiérvalas hasta que empiecen a ablandarse. Escurra las judías. Guarde el agua en que se cocinaron. En una cacerola Pyrex con tapa y capacidad para 2½ a 3 litros ponga camadas alternas de judías y bacon. Coloque la cebolla pelada en el centro enterrada entre las judías y el bacon. Mezcle los demás ingredientes con una taza del agua en que se cocinaron las judías (debe mantenerse al fuego para que esté hirviendo), échelo todo por encima y añádale más agua hasta que se llene la cacerola. Tápelas y cocínelas en el horno a 250°F. aproximadamente 7 a 8 horas. Añádale más agua hirviendo si las viera secar demasiado. Durante la última hora que las tenga en el horno quítele la tapa a la cacerola para que se tueste la superficie. Da aproximadamente 10 raciones.

Carnes

L a carne es un alimento principal alrededor del cual gira la comida en la mayor parte de los hogares. Y es que la carne es una de nuestras principales fuentes de proteína. Por carnes entenderemos, desde luego, las de res, ternera, puerco, carnero, etc

Las carnes frescas o congeladas requieren cuidado al conservarlas para que estén en las mejores condiciones al usarlas. Las carnes frescas deben conservarse en la parte más fría del refrigerador, después de quitarles el papel que las envuelve, y si lo desea, puede envolverlas nuevamente en papel encerado. Las carnes congeladas deben guardarse inmediatamente en el congelador para evitar que se descongelen parcialmente, porque entonces puede ser peligroso congelarlas de nuevo.

Si deseamos guardar carne fresca en el congelador para utilizarla durante la semana, debemos hacerlo en paquetes pequeños que se utilicen en un solo día. Tampoco deben lavarse las carnes para congelarlas. Los paquetes deben cerrarse herméticamente con papel engomado en el cual anotaremos lo que contiene cada uno, ya que una vez congelado resulta difícil determinar qué contiene cada paquete. La carne molida puede congelarse del mismo modo que la carne en piezas, pero sí debe limpiarse antes de molerla.

Las carnes no deben lavarse bajo el chorro de agua, porque esto las desangra y pierden valor nutritivo. Es mucho mejor limpiarlas con un paño húmedo. Desde luego que lamentablemente, todavía en muchas carnicerías cubanas se sigue la costumbre poco higiénica de envolver las carnes en papel periódico, cosa que toda ama de casa debe vigilar y exigir que no se lleve a cabo. Además comprendemos que muchas veces las condiciones poco higiénicas del establecimiento donde se compra la carne obligan al ama de casa a lavarla de un modo exagerado, pero siempre que se pueda evitar, ganaremos en el valor alimenticio de la carne que comemos.

La carne se compra por libras o por piezas, pero no siempre una libra de carne da el mismo número de raciones. Depende de la clase de carne que compremos y del corte. Una libra de carne sin hueso da cuatro raciones. Por carne sin hueso entenderemos carnes molidas, filete, bistec de palomilla, hígado, boliche, etc. Una libra de carne con una pequeña cantidad de hueso como las costillas de riñonada, da tres raciones.

Las carnes de corte tipo americano que desde hace algún tiempo se pueden obtener en muchas buenas carnicerías de La Habana, tienen mayor cantidad de huesos y dan aproximadamente dos raciones por libra.

Para cocinar carnes debemos preferir temperaturas medianas o bajas a fin de reducir al mínimo el porcentaje de encogimiento y resequedad. Asimismo siempre que sea posible, deben condimentarse con sal después de doradas o cocinadas parcialmente, para que conserven mejor su condición jugosa. Los cortes de carnes menos blandas pueden mejorarse mucho con un ablandador de carne.

Al cocinar carnes congeladas debemos tener en cuenta que las carnes que se descongelan antes de cocinarse se cocinan con más uniformidad que las que se cocinan sin haberlas descongelado previamente. Por la misma razón que no debemos lavar las carnes frescas bajo el chorro de agua, tampoco debemos lavar ni remojar las carnes para descongelarlas.

Para asar carnes, como pierna de puerco, rosbif, etc., resulta muy útil el termómetro para carnes. Hay que insertarlo en el centro de la pieza, sin tocar el hueso y con cuidado para que no quede en la parte de grasa. Así el termómetro nos indicará el grado de cocción y podremos obtener la carne a nuestro gusto.

Cuando el termómetro marque la temperatura requerida, la carne estará cocinada. A continuación encuentra usted un cuadro con los grados de cocción indicados para cada tipo de asado.

Carne de res bien cocinada (a la española)	170°F.
Carne de res rosada (término medio)	160°F.
Carne de res roja (a la inglesa)	140°F.
Puerco	185°F.
Carnero	180°F.
Jamón	150°F.
Ternera	180°F.
Aves	185-190°F.

Para asados use temperatura de 325°F. en el horno.

BISTEC A LA PLANCHA

1 lb. filete del centro cortado en tres bisteques.	2 cdas. mantequilla
1 naranja agria.	2 dientes de ajo.
	1 cebolla.

Limpio el filete cúbralo con el jugo de naranja agria, ajo y cebolla y déjelo en el refrigerador aproximadamente una hora. Caliente la mantequilla en la plancha y dore el bistec por ambos lados. Polvoréelo con sal y déjelo unos minutos más de cada lado de acuerdo con el gusto. Da 3 raciones.

La palomilla o las costillas se preparan en la misma forma, pero antes de adobarlas deben pincharse con un tenedor y polvorearlas con ablandador de carne por ambos lados.

Saltee las cebollas en la plancha, o a la hora de servirlo cúbralo con cebolla cruda y perejil picadito.

BISTEC DE JAMON

1 bistec de jamón.	1 cda. mostaza.
2 ruedas de piña en conserva.	1/8 cdta. clavo molido.
1/4 taza de azúcar prieta.	

Mezcle el azúcar con la mostaza y clavo. Unte esta mezcla por ambos lados del jamón. Póngalo bajo el dorador del horno o en una plancha caliente. Cocínelo aproximadamente 10 minutos o hasta que se vea el azúcar derretida. Ya al final dore también las ruedas de piña con un poco del mismo azúcar que suelta el jamón.

BISTEC EMPANIZADO

1 lb. de bistec de palomilla.	½ cdta. de sal.
2 dientes de ajo.	1 taza de galleta molida.
1 cebolla.	¼ cdta. de pimienta.
½ naranja agria.	
2 huevos	

Corte la libra en seis bisteques finitos. Límpielos y macháquelos bien. Cúbralos con ajo machacado, cebolla y la pimienta molida. Añádale el jugo de naranja agria y guárdelos bien tapados en el refrigerador durante una hora por lo menos. A la hora de hacer los bisteques, bata los huevos con media cucharadita de sal. Escurra bien los bisteques y páselos por el huevo batido y la galleta molida dos veces. Fríalos en el aceite caliente (375°F.) hasta que estén doraditos. Da 6 raciones.

BISTEC ASADO EN CAZUELA

6 bisteques de palomilla.	1 cdta. de sal.
2 dientes de ajo.	¼ cdta. de pimienta
1 naranja agria.	1 hoja de laurel.
1 cebolla.	¼ taza salsa de tomate
1 ají grande.	½ taza vino seco
3 cdas de aceite	

Machaque los bisteques y adóbelos con el ajo machacado y el jugo de naranja agria. Cúbralos con el ají y la cebolla cortados en ruedas, tápelos y guárdelos en el refrigerador, por lo menos media hora.

Caliente el aceite, dore ligeramente los bisteques en el aceite, añada luego la cebolla y el ají y cuando la cebolla y el ají estén un poquito cocinados, écheles el líquido del adobo y los demás ingredientes. Tape bien la cacerola y cocínelos a fuego lento hasta que estén blandos, aproximadamente treinta minutos. Da 6 raciones.

BISTEC A LA HAMBURGUESA

1 lb. carne de res molida.	2 cdas. de leche.
1 huevo de	1 cda. vino seco
1 cdta. de sal.	⅔ taza galleta molida (aprox.).
1 diente de ajo.	
1 cda. de cebolla molida.	4 tiras de bacon.

Mezcle la carne con los demás ingredientes menos el bacon.

Divida esta masa en cuatro partes y forme unas tortas que tengan aproximadamente ¾ pulgada de espesor.

Corte cada tira de bacon en dos y ponga los cuatro pedazos en una sartén sin grasa. Deje freír el bacon hasta que esté tostadito y suelte la grasa. Quite los pedacitos de bacon. En la grasa que soltó el bacon fría los cuatro bisteques hasta que estén doraditos. Baje la llama y déjelos a fuego mediano aproximadamente 10 minutos para que queden bien cocinados dentro. Vírelos una o dos veces más. Sírvalos con un pedacito de bacon encima de cada uno. Da 4 raciones.

ROPA VIEJA

2 lbs. de falda real (cocinada de antemano en el guiso o sopa).	1 lata salsa de tomate
⅓ taza de aceite	1 cdta. de sal.
1 cebolla.	1 hoja de laurel.
2 dientes de ajo.	½ taza vino seco
1 ají grande.	1 lata de pimientos morrones.

Separe la carne en hilachas o hebras finas.

Corte la cebolla en rueditas finas y el ají en tiritas. Machaque los dientes de ajo y sofríalos en el aceite caliente con la cebolla, añada después el ají y sofríalo un poco. Añada los demás ingredientes y déjelo cocinar tapado a fuego lento durante unos 15 ó 20 minutos, revolviéndolo ocasionalmente para que no se pegue. Los pimientos morrones pueden añadirse picaditos, molidos o usarse para adornar. Sírvalo con arroz blanco y una buena ensalada fresca. Da 8 raciones.

PICADILLO

¼ taza de aceite	¼ lb. de jamón molido.
1 cebolla.	¾ taza de alcaparrado.
1 ají grande.	1 cdta. de sal.
1 diente de ajo.	⅛ cdta. de pimienta.
½ lb. de carne de res molida.	½ taza salsa de tomate
½ lb. de carne de puerco molida.	¼ taza vino seco

Caliente el aceite y sofría en él la cebolla picadita, el ajo machacado así como el ají también picadito. Agregue las carnes y el jamón y cocínelo todo durante unos minutos revolviéndolo para que no se pegue. Añádale los demás ingredientes y déjelo cocinar a fuego mediano durantes unos veinte minutos. Da 6 raciones.

CARNE ASADA CON NARANJA

3 lbs. de boliche.
1 cdta. de ablandador de carne.
1 cebolla.
1 ají.
2 dientes de ajo.
¼ cdta. de pimienta.
1 naranja agria.
6 ciruelas pasas.

⅛ lb. de jamón dulce.
_____
2 tiras de bacon.
1 diente de ajo.
1 cdta. de sal.
½ taza vino seco
3 ó 4 naranjas de china.

Limpie el boliche, pínchelo con un tenedor, polvoréelo con el ablandador de carne y perfórelo con un cuchillo por varios lados abriéndole seis huecos en los cuales se colocan las ciruelas pasas sin semillas envueltas en el jamón. Haga un mojo con el ajo machacado, la pimienta y la naranja agria, cubra con esto el boliche añadiéndole las ruedas de cebolla y ají. Déjelo en esta preparación por lo menos tres horas (puede hacerse desde la víspera).

Caliente una cacerola de buena tapa y sofría las tiras de bacon hasta que suelten toda la grasa. Escurra bien el boliche y dórelo en esta grasa con el ajo y cuando esté bien doradito añada el vino seco y el jugo de dos naranjas, cocínelo *bien tapado y a fuego lento* hasta que esté blando, añadiendo jugo de naranja según sea necesario para que no se pegue. Da 8 raciones.

CARNE MECHADA

1 boliche de 3 libras.
1/4 lb. de jamón
1 lasca de bacon
1 naranja agria.
1/2 cebolla.
1 diente de ajo.
3 cdas. de aceite.

2 cdas. de vino seco
1 ají grande.
1 ramita de perejil
3 hojas de laurel
2 cdtas. de sal.
1/2 cdta. de pimienta.
1 cdta. de Ac'cent.

Limpie bien la carne. Déle unos cortes con un cuchillo bien afilado. Corte el jamón en tiras gruesas e introduzca el jamón y el bacon en los cortes hechos en el boliche. Adóbela durante una hora con la naranja agria, la cebolla cortada en ruedas, el perejil, el ají, las hojas de laurel y la pimienta. Dore la carne en el aceite caliente y agréguele el vino seco, la sal, Ac'cent y los ingredientes del adobo. Cocínela a fuego lento, bien tapada la cacerola, por espacio de hora y media.

ALBONDIGAS

1½ lb. de carne de res molida.	1 taza de galleta molida.
2 cdas. de cebolla molida.	1 cdta. de mostaza.
2 cdas. de ají molido.	1 cdta. de sal.
2 huevos de	⅛ cdta. de pimienta.
¼ taza de leche	

Una todos los ingredientes y déle forma de albóndigas. Páselas por harina y sofríalas en aceite caliente hasta que estén doraditas. Quite las albóndigas del aceite y prepare la siguiente salsa:

¼ taza de aceite	⅓ taza de salsa catsup.
2 dientes de ajo.	1 cdta. de sal.
1 cebolla.	1 cdta. azúcar blanca
1 ají.	½ taza vino seco
1 lata salsa de tomate	

Sofría el ajo, cebolla y ají picaditos en el aceite caliente, añádale los demás ingredientes y revuélvalo todo bien. Coloque las albóndigas en la salsa y cocínelas a fuego lento durante 30 minutos. Da 8 raciones.

ALBONDIGAS A LA MILANESA

Albóndigas:

1 lb. carne de res molida.	¾ taza de galleta molida.
½ lb. carne de puerco molida.	¼ taza de leche
¼ lb. jamón molido.	
¼ lb. queso	2 huevos de
rallado.	
2 cdas. de cebolla molida.	½ taza de harina.
1 diente de ajo.	⅓ taza de aceite
¼ cdta. de pimienta.	

Salsa:

1 cebolla.	1 cdta. azúcar blanca
2 latas salsa de tomate	¼ taza vino seco
½ taza de pasta de tomate.	1 hoja de laurel.
1 cdta. de sal.	¼ cdta. de pimienta.

Mezcle todos los ingredientes de las albóndigas, déles forma y páselas por la harina. Fríalas en el aceite caliente hasta que estén doraditas. Quite las albóndigas del aceite y fría la cebolla .

de la salsa bien picadita. Añada los demás ingredientes de la salsa mezclándolo todo bien. Cuando la salsa empiece a hervir añada las albóndigas y cocínelo todo bien tapado y a fuego lento durante unos 25 minutos, aproximadamente. Sírvalas con arroz blanco, macarrones o spaguettis y queso parmesano rallado. Da 8 raciones.

CARNERO CON VEGETALES

1½ lb. de carnero.
1 cdta. de jugo de limón.
2 dientes de ajo.
½ taza de aceite
1 cebolla.
1 ají grande.
1 lata salsa de tomate
1 lata de tomate natural.

1½ cdta. de sal.
½ taza vino seco
1½ lb. de papas chicas.
½ lb. de zanahorias.
½ lb. dé cebollitas blancas.
¼ cdta. de pimienta.
1 taza de petit pois.

Corte el carnero en trocitos de unas dos pulgadas cada uno. Adóbelo con el ajo machacado y el jugo de limón. Déjelo en esta preparación durante una hora. Caliente el aceite y sofría en él la cebolla cortada en rueditas y el ají. Añada la carne y cuando esté dorada agregue el tomate natural colado, la salsa de tomate, vino seco, sal, las papas peladas, las zanahorias cortadas en trocitos, las cebollitas y la pimienta. Déjelo a fuego mediano bien tapado durante 30 minutos. Añada los petit pois y cocínelo durante 15 minutos más o hasta que la carne esté blanda. Da 8 raciones.

CARNERO ESTOFADO

2 lbs. de masa de carnero.
3 dientes de ajo.
1 cda. de sal.
¼ cdta. de pimienta.
¼ cdta. de pimentón.
¼ cdta. de comino.
¼ cdta. de orégano.

1 naranja agria.
2 cdas. vinagre
1 taza vino seco
1 ají grande.
1 cebolla grande.
¼ taza de harina.
½ taza aceite

Limpie la masa de carnero y córtela en trozos de unas dos pulgadas aproximadamente. Machaque los dientes de ajo con la sal, pimienta, pimentón, comino y orégano. Añádale el jugo de naranja agria, vinagre y vino seco. Viértalo todo sobre el carnero y cúbralo con las ruedas de cebolla y ají. Déjelo bien tapado en el refrigerador por lo menos dos horas. Escurra la masa de carnero y polvoréelo con la harina. Dore la masa de carnero en el aceite caliente y añádale todos los ingredientes del adobo. Déjelo a fuego lento bien tapado durante una hora aproximadamente o hasta que se ablande. Da 6 raciones.

FILETE ASADO CON SALSA BARNESA

1 filete entero de unas 6 libras.	2 limones.
3 dientes de ajo.	6 tiras de bacon.

Limpie el filete y córtele las puntas de manera que sólo quede la parte del centro. Adóbelo con ajo machacado y el jugo de limón dejándolo en esta preparación una hora. Enróllelo en las tiras de bacon y cocínelo al horno a 325°F. aproximadamente tres cuartos de hora si le gusta a la inglesa, y una hora si le gusta más cocinado. Sírvalo con salsa barnesa. (Ver receta en el capítulo de salsas).

FILETE MIGNON

1 lb. de filete.	1 cebolla.
1 diente de ajo.	1 cdta. de sal.
1 limón.	¼ cdta. de pimienta.
4 tiras de bacon.	¾ taza vino seco.
———	1 cda. de harina.
2 cdas. mantequilla	1 taza de champignons.

Corte el filete en cuatro bisteques. Adóbelos con el ajo machacado y el jugo de limón. Envuelva cada uno en una tira de bacon y sujétela con un palillo de madera.

Caliente la mantequilla y dore en ella los bisteques. Añada la cebolla picada en rueditas finitas, la sal y la pimienta. Cuando la cebolla esté dorada, disuelva la harina en el vino seco y añádalo a los filetes. Cocínelo a fuego lento durante 15 minutos. Varios minutos antes de retirarlo del fuego agregue las setas o champignons. Da 4 raciones.

BISTEC RELLENO

1½ lb. de palomilla.	1 ají grande.
3 dientes de ajo.	1 lata salsa de tomate
1 naranja agria.	½ taza vino seco
½ lb. de jamón dulce.	1 cdta. de sal.
¾ taza de alcaparrado.	¼ cdta. de pimienta.
½ taza de aceite	1 hoja de laurel.
1 cebolla.	

Corte la carne en bisteques, macháquela con el mazo de madera y adóbela con el ajo machacado y el jugo de la naranja agria. Deje la carne en esta preparación durante una hora aproximadamente. Extienda cada bistec y coloque sobre él una lasca de jamón y dos cucharadas de alcaparrado. Enróllelos como brazo gitano y amárrelos con un pedazo de hilo o cordel fino. Caliente el aceite y dore en él los rollos de carne, agregue la cebolla y el ají picaditos y cuando esté sofrito, añada el puré de tomate, vino seco, sal, pimienta y laurel dejándolo cocinar bien tapado a fuego lento hasta que la carne esté blanda, aproximadamente 30 minutos. Da 8 raciones.

FRITAS

1 lb. de carne molida.	1 cda. de salsa catsup.
¼ taza de leche	2 cdtas. de sal.
	½ cdta. de pimentón.
½ taza de migas de pan.	½ cdta. de salsa inglesa.
1 cda. de cebolla molida.	¼ cdta. de pimienta.
1 huevo	

La carne puede ser toda de res o de res y puerco en la proporción de ¾ lb. de res y ¼ lb. de puerco.

A la carne molida añádale las migas de pan mojadas en la leche, el huevo batido y los demás ingredientes, únalo todo bien y déle forma de pequeñas bolitas. Salen 16. Déjalas reposar en el refrigerador un par de horas para que todos los ingredientes impregnen bien la carne. Fríalas en una plancha o sartén caliente untado de poca grasa. Sírvalas en panecitos con papitas fritas a la Juliana, mostaza y salsa catsup o chili.

NOTA: Si no desea freírlas todas, puede guardar las restantes en el congelador bien envueltas en papel encerado. Descongélelas antes de freírlas.

ROLLO DE JAMON CON PIÑA

1 lb. de jamón de cocina.	¾ taza de leche
1 lb. de carne de puerco magra.	
2 huevos	2 cdas. de catsup.
¾ taza de migas de pan.	8 ruedas de piña en conserva.

Muela la carne de puerco y el jamón, añádale los huevos batidos, el pan remojado en la leche y el catsup. Déle forma de nueve albóndigas aplastadas y colóquelas en un molde Pyrex alargado, alternándolas de manera que quede una parte de carne alternando con una de piña. Empezando y terminando con carne. Hornéelo 30 minutos a 325°F. y después cúbralo con la siguiente salsa y hornéelo durante una hora más:

Salsa:
1 taza de azúcar prieta.
¼ taza del almíbar de las piñas.

1 cda. de vinagre.
1 cda. vino seco
1 cdta. de mostaza.

Unalo todo y viértalo sobre el rollo. Mientras se hornea con la salsa debe rociarse con la misma salsa cada viente minutos. Da 8 raciones

RIÑON SAUTE

2 riñones de res.
1 ají grande.
1 cebolla grande.
2 dientes de ajo.
2 cdtas. de sal.
2 cdtas. de Ac'cent.
¼ cdta. pimienta

1 hoja de laurel
½ taza de aceite
½ taza de vinagre
½ taza de vino seco.
2 cdas. harina
1 cdta. de Kitchen Bouquet.

Limpie bien los riñones y córtelos en pedacitos chicos. Lávelos bien varias veces en agua con sal. Escúrralos bien. Echele la cebolla y el ají cortados en tiritas, los ajos machacados, sal, Ac'cent, pimienta, laurel, aceite, vinagre y vino seco. Déjelo en esta mezcla aproximadamente media hora. En una sartén caliente aproximadamente una cucharadita de aceite. Eche el riñón *bien escurrido* con las cebollas y ají en la sarten caliente. Saltéelo unos minutos. Deslía la harina en el líquido del adobo. Añádale el Kitchen Bouquet. Vierta la salsa sobre el riñón y cocínelo unos minutos más hasta que espese. No lo cocine demasiado porque se endurece. Sírvalo con arroz blanco. Da 6 raciones.

COSTILLAS DE PUERCO CON MACHUQUILLO

6 costillas de puerco.
3 dientes de ajo.
1 cdta. de sal.
¼ cdta. de pimienta
½ naranja agria.
1 cebolla.
½ taza de agua.
¼ taza de vino seco.

5 plátanos verdes.
3 tazas de aceite
½ taza de chicharrones.
4 cdas. de grasa de puerco.
2 cdtas. de sal.

Limpie las costillas de puerco y quíteles parte de la grasa. Corte la grasa en pedacitos y fríala para sacar los chicharrones. Machaque los dientes de ajo con la sal y pimienta, agregue el jugo de naranja agria y viértalo todo sobre las costillas de puerco. Cúbralas con las ruedas de cebolla y déjelas durante una hora en el adobo. Escurra las costillas y póngalas en la sartén con el agua y el vino seco. Cocínelas hasta que estén doraditas. Aproximadamente media hora. En lo que se cocinan las costillas de puerco fría los plátanos verdes en forma de tostones o chatinos y después páselos por la Osterizer para molerlos en pedacitos. Cuando ya las costillas de puerco estén doraditas separe cuatro cucharadas de la grasa de puerco y póngala en una cacerola o sartén con los chicharrones. Agregue los plátanos molidos, polvoréelos con la sal y cocínelos unos minutos revolviéndolos constantemente para que no se peguen. Sirva las costillas de puerco sobre el machuquillo. Da 6 raciones.

PIERNA DE PUERCO ASADA A LA CRIOLLA

1 pierna puerco (6 lbs. aprox.)	2 cdtas. de comino
1 cabeza de ajo.	½ cdta. de pimienta
¾ taza jugo naranja agria.	2 cdas. de sal.
1 cda. de orégano	1 lb. de cebollas.

Limpie la pierna y perfórela en varias partes con la punta de un cuchillo. Machaque los ajos, agregue la sal, orégano, comino, pimienta y el jugo de naranjas agrias. Unte bien la pierna con este mojo. Cúbrala con las cebollas cortadas en ruedas y déjela reposar doce horas por lo menos. Hornéela a 325°F. durante cuatro horas aproximadamente. Si utiliza termómetro de asados debe esperar a que éste marque 185°F. Da 8 a 10 raciones.

PIERNA RELLENA A LO COMAS

1 pierna de puerco de 8 lbs	2 zanahorias hervidas
2 naranjas agrias	3 huevos duros
6 hojas de laurel	8 lascas de bacon
4 dientes de ajo	1/2 lb. de jamón
2 cdas. de pimentón	1 taza de ciruelas pasas
2 cdtas. de pimienta	2 tazas de azúcar prieta
2 cdas. de sal	1 botella de Malta

Corte la pierna a lo largo, quítele el hueso y hágale varios cortes más hasta extender toda la carne en forma plana que permita enrollarla después. Si la pierna tiene mucha manteca, quítele un poco para que pueda dorarla mejor. Perfore la carne con la punta del cuchillo para mecharla. Adóbela durante doce horas por lo menos con la naranja agria, los ajos, las hojas de laurel, pimienta y pimentón. Méchela con las lascas de jamón y extiéndale arriba los huevos duros enteros, las ciruelas pasas, las lascas de bacon y las tiritas de zanahoria. Enrolle bien la carne con cuidado para que no se salga el relleno. Amárrela fuertemente con un cordelito. Cúbrala con el azúcar prieta y póngala en una tartera al horno. Rocíela con la mitad del contenido de una botella de Malta Hatuey. Hornéela a 325°F. durante una hora. Entonces vírela, vuélvala a rociar con el resto de la Malta Hatuey y hornéela una hora más. Déjela enfriar bien y córtela en lascas finas. Sírvala acompañada de salsa de manzana o de naranja. Da 16 raciones.

CARNE A LA FILIPINA

3 lbs. de palomilla.	1 cdta. de Ac'cent.
2 dientes de ajo.	¼ cdta. pimienta
1 cdta. de sal.	1 limón.

½ lb. de masa de puerco.	¼ taza de aceitunas negras.
½ lb. de jamón.	1 cda. de salsa de soya.
¼ taza queso Patagrás	2 huevos duros.
1 huevo	¼ cdta. de sal.
¼ taza pepinillos picaditos.	

½ taza aceite	⅛ cdta. orégano
1 cebolla.	¼ taza vinagre
3 dientes de ajo.	½ taza salsa de tomate
2 cdtas. de sal.	2 tazas de agua.
¼ cdta. pimienta	1 hoja de laurel

La carne debe ser cortada en forma de un solo bistec grande que permita enrollarla como un brazo gitano. Además de palomilla puede usarse punta de paleta o cualquier otra parte de la res que suela usarse para bistec. Adobe la carne con los ajos machacados, sal, Ac'cent, pimienta y limón. Déjela en esta preparación por lo menos una hora.

Muela la carne de puerco y el jamón. Añádale el queso rallado o molido, el huevo batido, pepinillos, aceitunas picaditas, y la salsa de soya. Mézclelo todo bien y ponga esto sobre la carne (como quien unta una pasta sobre un pan para hacer bocaditos). Pique los huevos duros en pedacitos y polvoréelos con la sal. Póngalos sobre el picadillo crudo. Enrolle la carne como un brazo gitano. Amárrela fuertemente con cordeles y cosa las esquinas con hilo para que no se salga el relleno.

Dore el rollo de carne en el aceite caliente. Agregue la cebolla cortada en ruedas. Luego los ajos machacados con la sal, pimienta y orégano, vinagre, salsa de tomate, laurel y agua. Déjela cocinar a fuego mediano tapada, aproximadamente una hora o hasta que se ablande. Debe virarse dos o tres veces mientras se está cocinando. Puede servirse fría o caliente. Si la sirve caliente acompáñela con la misma salsa en que se cocinó. Da 8 raciones.

HIGADO A LA ITALIANA

1 lb. de hígado.	1 diente de ajo.
1 cebolla.	½ cdta. de sal.
1 ají de ensalada, grande.	¼ cdta. de pimienta.
⅓ taza de vinagre.	1 hoja de laurel.
1 cda. de harina.	2 cdas. de aceite
½ taza vino seco	

Limpie el hígado y córtelo en trocitos. Cúbralo con la cebolla cortada en ruedas, el ají en tiritas y la hoja de laurel. Mezcle el vinagre, vino seco, sal, ajo, pimienta y harina. Viértalo todo sobre el hígado. Tape el recipiente y guárdelo en el refrigerador por lo menos una hora. Casi al momento de servirlo, caliente en la sartén el aceite y añada el hígado y todos los ingredientes. Cocínelo a fuego mediano revolviéndolo constantemente para que se cocine por todos los lados durante unos diez minutos solamente. Si se cocina demasiado queda duro. Da 4 raciones.

PULPETA

½ lb. carne de res.	1¼ taza de galleta molida.
½ lb. carne de puerco.	3 huevos de
1 latica de jamón del diablo.	½ taza de aceite
1 cdta. de sal.	1 diente de ajo.
¼ cdta. de pimienta.	1 cebolla.
1 cebolla molida.	1 hoja de laurel.
2 huevos de	½ cdta. de orégano.
¾ taza galleta molida (aprox.).	1 taza vino seco
2 huevos duros.	

Muela las carnes de res y puerco. Unalas bien con el jamón del diablo. Añada la cebolla molida, sal, pimienta y si lo desea una cucharada de mostaza. Agregue los huevos batidos y la galleta molida hasta que tenga consistencia. Póngale los huevos duros en el centro y déle forma de cilindro. Envuélvala dos o tres veces en huevo batido y galleta molida. Caliente el aceite, dore en él un diente de ajo y después eche la pulpeta y vírela varias veces para que se dore por todos los lados. Añada la cebolla cortada en ruedas, la hoja de laurel, el orégano y el vino seco. Cocínelo a fuego lento unos 40 minutos. Puede servirla fría o caliente. Da 6 a 8 raciones.

CARNE CON PAPAS

2 lbs. de carne de res.	3 dientes de ajo.
½ taza de aceite	1 ají.
1 cda. de sal.	1 lata salsa de tomate
1 cdta. de pimentón.	1 taza vino seco
½ cdta. de pimienta.	1 taza de agua.
1 hoja de laurel.	2 lbs. de papas.
1 cebolla.	1 taza de alcaparrado.

Corte la carne en cuadraditos. Sofríala en el aceite caliente. Cuando esté ligeramente dorada, añada la sal, pimentón, pimienta, laurel, la cebolla picadita, los ajos machacados y el ají picadito. Y cuando esto se dore ligeramente, añada la salsa de tomate, vino seco y agua. Déjelo al fuego hasta que la carne esté medio cocinada y entonces agregue las papas cortadas en cuadraditos y el alcaparrado. Déjelo cocinar hasta que las papas estén blandas y la carne cocinada. Si fuera necesario para terminar la cocción añada un poco mś de agua y vino seco. Da 6 a 8 raciones.

CARNE FRIA PRENSADA

1 lb. de carne de res molida.	¼ cdta. nuez moscada.
1 lb. de masa de puerco molida.	2 cdas. cebolla molida.
1 lb. de jamón molido.	1 diente de ajo machacado.
1 latica de foi-grás de 8 oz.	5 huevos batidos.
1 cda. de sal.	1 taza de galleta molida.
¼ cdta. de pimienta.	⅛ lb. mantequilla

6 litros de agua.	3 hojas de laurel.
2 cdas. de sal.	1 cebolla.
½ cda. de pimienta en grano.	3 dientes de ajo.

Mezcle bien las carnes con el jamón, foi-grás,, sal, pimienta, nuez moscada, ajo, huevos y galleta molida. Dele forma de salchichón y envuélvala en un paño bien untado con mantequilla.

Amarre bien los extremos del paño y cosa la orilla. Cocínela en el agua hirviendo con sal, pimienta, hojas de laurel, cebolla y ajo, aproximadamente tres horas. Al quitarla del agua colóquela, sin quitarle el paño, entre dos tablas y prénsela con un peso fuerte durante doce horas por lo menos. Sírvala bien fría. Da aproximadamente 25 raciones.

CARNE FRIA

1 lb. de carne de res.	1 cdta. de salsa inglesa.
1 lb. de carne de puerco.	⅛ cdta. de pimienta.
½ lb. de jamón.	⅛ cdta. de nuez moscada.
1 cebolla chica.	⅛ cdta. de comino.
2 dientes de ajo.	⅛ cdta. de orégano.
1 cda. de sal.	4 huevos
1 cda. de mostaza.	1 taza de galleta molida.

Para empanizar:

6 huevos.	1 taza de galleta molida.

Para cocinarla:

1 cebolla.	1 cdta. de pimienta en grano
1 cda. de sal.	1 cdta. de comino.
2 dientes de ajo.	1 cdta. de orégano.
1 hoja de laurel.	

Agua suficiente de acuerdo con la olla.

Muela las carnes, jamón, cebolla y ajo. Añádale sal, mostaza, salsa inglesa, las especias molidas, los huevos batidos y la galleta molida. Amáselo todo bien y haga tres cilindros o rollos de carne. Envuélvalos dos veces en huevo y galleta. Envuelva cada rollo de carne en un pedazo de tela húmeda. Amarre bien los extremos y cosa la orilla de la tela para que no se abra. Ponga los rollos de carne en el agua hirviendo con cebolla, ajo, sal, etc., y déjela hervir dos horas. Quítele la tela mientras esté todavía caliente. Déjela enfriar bien antes de cortarla en ruedas.

Para cocinarla en olla de presiónsólo tiene que poner una taza de agua en la olla y cocinarla a 15 lbs. de presión durante 25 minutos. Da 15 raciones.

LADRILLO DE CARNE FRIA

2 lbs. de masa de puerco.	1 cda. de sal.
1 lb. de masa de jamón en dulce.	½ cdta. de pimienta.
1 latica foie gras trufado.	¼ cdta. de nuez moscada.
2 huevos	3 huevos duros pelados.

Encienda el horno a 350°F. Pese las carnes después de limpiarlas de grasa y pellejo. Mezcle bien las carnes con el foie gras trufado. Bata los huevos y únalos a las carnes. Agregue la sal, pimienta y nuez moscada y únalo todo bien. Ponga la mitad de la mezcla en un molde Pyrex de 9x5x3 pulgadas, coloque sobre esto los huevos duros y cúbralo con el resto de la mezcla. Hornéelo al baño de María durante hora y media. Déjela enfriar, desmóldela y adórnela como desee.

Puede preparar esta receta suprimiendo los huevos duros. Da aproximadamente 15 raciones.

PATE FOIE GRAS

3 lbs. higado de pollo u otra ave.	1 hoja de laurel.
¼ lb. mantequilla	½ taza de caldo.
½ lb. de cebollas.	1 taza de crema para batir.
¾ lb. de bacon.	3 huevos batidos.
1 cda. de sal.	2 cdas. maicena.
½ cdta. de pimienta.	¾ taza vino seco
⅛ cdta. de clavo.	2 cdas. mantequilla.
⅛ cdta. de tomillo	

Caliente la mantequilla y sofría en ella la cebolla cortada en ruedas. Añádale los hígados, el bacon cortado en pedazos, sal, pimienta, clavo, tomillo, laurel y caldo. Déjelo cocinar a fuego lento aproximadamente dos horas. Páselo todo por la cuchilla fina de la máquina de moler y luego por un colador. Añádale la crema, huevos batidos y la maicena disuelta en el vino· Viértalo en un molde Pyrex (con capacidad para 2 litros) engrasado con mantequilla. Cocínelo tapado al baño de María en el horno a 350°F. aproximadamente 1½ hora o hasta que al introducirle un palillo en el centro salga seco. Untele por encima la mantequilla y déjelo enfriar antes de guardarlo en el refrigerador. Da 20 raciones.

Si lo desea puede añadirle una trufa picadita. Puede hacerse sustituyendo una tercera parte por hígado de res o puerco. En lugar de bacon también puede usar empella de puerco.

JAMON ENROLLADO CON PIÑA

1 piña de la tierra.	3 cdas. almíbar de las piñas.
1½ taza azúcar blanca	1 cdta. de vinagre.
½ taza de agua.	½ cdta. de mostaza.
1 lb. jamón prensado.	⅛ cdta. de clavo.
½ taza azúcar prieta fina.	

Pele la piña, córtela en pedacitos chicos y pásela por agua con sal. Escurra bien los pedacitos de piña y cocínelos en el agua con azúcar hasta que el almíbar pegue ligeramente a los dedos y la piña se vea cristalina. Déjela enfriar. Escúrrale bien el almíbar.

El jamón debe estar cortado en lascas de un octavo pulgada de espesor. Corte cada lasca de jamón en dos tiras. Coloque una cucharada de piña en el extremo de cada tira de jamón. Enróllela como brazo gitano y préndale un palillo. Mezcle los demás ingredientes y vierta esta mezcla por cucharadas sobre los rollitos de jamón colocados en una tartera ligeramente engrasada. Hornéelos a 375°F. aproximadamente 45 minutos o hasta que se vean doraditos. Mientras se hornean, abra el horno dos o tres veces para echarles por encima un poco de la misma salsa que va escurriéndose en la tartera. Salen aproximadamente 14 rollitos. Adórnelos con trocitos de piña y guindas.

LOMO MAR DEL PLATA

3 lbs. de filete.	½ taza de consommé.
3 cdas. mantequilla	1 cebolla grande.
4 tiras de bacon.	1 hoja de laurel.
2 yemas de huevo duro.	1½ cdta. de sal.
2 cdas. perejil picadito.	4 cdas. de harina.
2 cdas. aceite	½ taza champignons.
¼ cdta. de tomillo.	4 cdas. queso parmesano.
⅛ cdta. de pimienta.	2 cdas. galleta molida.
1 taza vino blanco.	

Limpie el filete (en una sola pieza) y dórelo en la mantequilla caliente. Ponga las tiras de bacon en el fondo de un molde Pyrex. "Osterice" las yemas con el perejil, aceite, tomillo, pimienta, vino y consommé. Viértalo todo por encima del filete. Cúbralo con las ruedas de cebolla y el laurel. Hornéelo a 350° F. aproximadamente 30 minutos. Vírelo polvoréandolo con sal. Hornéelo aproximadamente 40 minutos más. Para servirlo cuele la salsa, añádale la harina y los champignons y cocínela revolviendo constantemente hasta que espese. Corte el filete en lascas de una pulgada. Colóquelo sobre una tartera engrasada y polvoréelo con queso y galleta. Póngalo unos minutos bajo el dorador. Sirva los filetes gratinados cubiertos con salsa o sirva la salsa aparte. Da 6 raciones.

Pescados y mariscos

L os pescados y los maríscos son una magnífica fuente de proteinas, vitaminas y minerales. Por eso toda ama de casa debe incluírlos en el menú por lo menos dos veces a la semana.

En Cuba no reconocemos todavía el extraordinario valor nutritivo del pescado, y sólo consumimos un promedio de diez libras por persona al año, cifra insignificante para una isla como la nuestra que está rodeada de mares llenos de peces comestibles. Además, limitamos nuestro consumo de pescado a muy pocas especies como el pargo, serrucho, cherna y aguja, cuando en el mercado podemos comprar una extensa variedad de pescados de tan buen sabor y mejor precio que los anteriores. El lebrancho, el pez perro, la lisa y el pámpano son muy sabrosos y nutritivos. En los mares que rodean a Cuba hay también gran cantidad de atún y de bonito.

Nuestros pescados y mariscos enlatados son de primera calidad y compiten favorablemente con los de más prestigio en el mercado mundial.

Al comprar pescado fresco debemos siempre procurar que esté en buen estado y eso se podrá determinar por la carne que es firme, los ojos brillantes y el olor característico de pescado fresco, que resulta difícil de describir, pero que conoceremos en seguida.

El pescado congelado dará iguales resultados que el pescado fresco, sólo debemos cuidar que al comprarlo esté completamente congelado y una vez que se descongele no debemos congelarlo nuevamente, sino cocinarlo en seguida.

Los mariscos congelados crudos resultan muy conveniente para trabajar, sobre todo para aquellas personas que les tienen miedo o les resulta desagradable trabajarlos vivos. Al comprar mariscos congelados debemos seguir la misma regla anterior: *no congelarlos nuevamente una vez descongelados*. Deben cocinarse y entonces, si se desea, pueden congelarse nuevamente.

El pescado se compra por libras. Una libra de pescado, masa limpia o rueda es suficiente para cuatro raciones. Si se compra el pescado entero, rinde mucho menos, aproximadamente dos o tres raciones por libra. Los cangrejos y las langostas se calculan generalmente uno por ración cuando tienen un tamaño mediano, aunque cocinados en salsa suelen rendir más; y los camarones rinden de 4 a 5 raciones por libra. Estos últimos pueden comprarse congelados, sin cabeza y entonces podemos obtener más por una libra.

Cuando compre pescado, aunque ya lo hayan escamado en el mercado, es conveniente revisarlo bien, pasándole un cuchillo por si acaso le han dejado algunas escamas.

Al preparar pescado, en cualquier forma, debe cocinarlo sólo el tiempo necesario, porque si se cocina demasiado se desbarata.

Las langostas y los cangrejos deben matarse y cocinarse junto con los ingredientes de la receta, para que den mejor sabor al plato. No es buena costumbre sancocharlos primero en agua hirviendo para matarlos, a no ser que la receta requiera mariscos sancochados, como en el caso de las ensaladas.

Una de las formas más sabrosas de comer el pescado o los mariscos es frito, asado o hervido con sal y limón y acompañado de una sabrosa salsa fría o caliente.

En el capítulo de salsas encontrará varias recetas de salsas para servir con pescados o mariscos.

No espere al viernes para incluir pescado en su menú, sírvalo cualquier día y más de una vez por semana, ya que tanto los pescados como los mariscos son una magnífica fuente de proteínas, vitaminas y minerales como el yodo, el calcio y el fósforo.

Para freír pescado, lo mismo rueda que parguito, se limpia y se sazona con sal, ajo y jugo de limón. Aproximadamente una cucharadita de sal y un limón grande para cada libra de pescado. Puede freírlo solo o envuelto en harina. El aceite deberá estar caliente, pero no demasiado para evitar que el pescado se queme por fuera y quede crudo por dentro. Fríalo hasta que esté doradito sin moverlo demasiado para evitar que se desbarate.

Para hacer pescado empanizado se prefieren generalmente los filetes de pescado o las minutas, que son pescaditos chiquitos a los cuales se les quita la cabeza y se abren en dos. Adóbelos de antemano del mismo modo que el pescado frito y páselos dos veces por huevo y galleta antes de freírlos. Fríalos en aceite caliente hasta que estén doraditos. Los filetes deberán cortarse finitos, pues no se pueden machacar como la carne empanizada.

El pescado perlán es parecido al pescado empanizado, sólo que los filetes se cortan en tiras de aproximadamente un dedo de grueso. Generalmente se sirven con mayonesa, salsa tártara o vinagreta.

PESCADO EN SALSA VERDE

1½ lb. de filetes o ruedas de pescado.

Salsa verde:

1 diente de ajo.	1 cdta. de sal.
1 taza de aceite	2 cdas. de vinagre
1 rueda de cebolla.	½ taza vino seco
1 taza de perejil.	

Osterice todos los ingredientes de la salsa. Coloque los filetes o ruedas de pescado en una sartén y cúbralos con la salsa. Cuando la salsa empiece a hervir tape bien la sartén y déjelo cocinar a fuego lento unos 15 minutos. Da 6 raciones. Sírvalo con papas o arroz blanco.

PESCADO CON QUESO

1 cebolla.	1½ cdta. de salsa inglesa.
½ lb. queso	1 cdta. de mostaza.
2 lbs. de filetes de pargo.	1 cdta. de sal.
1 cda. mantequilla	½ cdta. de pimienta.
1 taza de leche	

"Osterice" la cebolla y el queso por separado. Lave bien los filetes de pargo y séquelos con un paño o papel absorbente. Engrase un molde "Pyrex" llano con la mantequilla y coloque en el fondo la mitad de la cebolla y el queso, póngale encima los filetes de pargo, cúbralos con el resto de la cebolla y el queso. "Osterice" la leche con la salsa inglesa, mostaza, sal y pimienta; vierta esto por encima del pescado y hornéelo todo a 350°F. durante aproximadamente 45 minutos. Da 6 raciones.

FILETES DE PESCADO A LA CREMA

1½ lb. de filetes de pescado.	⅛ cdta. de pimienta.
½ limón.	1 taza champignons en lascas.
¼ taza de agua.	5 cdas. mantequilla
1 cebolla.	2 yemas.
1 diente de ajo.	¾ taza crema de leche.
1 cdta. de sal.	3 cdas. de queso rallado.

En una cacerola llana ponga los filetes de pescado con el jugo de limón, agua, ajo y cebolla cortada en ruedas, sal y pimienta. Cúbralo con un pedazo de papel encerado, tápelo bien con la tapa de la cacerola y cocínelo a fuego mediano durante unos diez minutos. Caliente dos cucharadas de mantequilla y dore en ella los champignons. En otra cacerolita aparte derrita el resto de la mantequilla, añádale las yemas ligadas de antemano con la crema y el queso, cocínelo a fuego lento moviéndolo constantemente hasta que espese, luego agregue los champignons y el líquido que quedó de la cocción del pescado. Coloque los filetes de pescado en un molde "Pyrex" llano, cúbralos con la salsa y dórelos unos minutos al horno. Da 6 raciones.

FILETES DE PESCADO A LO PLAZA ATHENE

1 lb. de camarones.	1 lb. de filetes de pargo.
⅛ lb. mantequilla	1 cdta. de sal.
1 cda. de cebolla molida.	¼ cdta. de pimienta.
1 latica de champignons.	¼ taza agua de los camarones.
1 cda. de perejil picadito.	½ taza crema de leche.
1 latica de tomate al natural.	2 yemas de huevo.

Pele los camarones y cocínelos en agua con sal hasta que estén rojos, aproximadamente 20 minutos.

En una cacerola llana como las de hacer arroz, caliente la mantequilla, sofría ligeramente la cebolla, añádale los champignons, perejil y tomates sin semillas. Coloque sobre esto los filetes de pargo, polvoréelos con sal y pimienta, añádale el agua y déjelo al fuego bien tapado durante unos 10 ó 15 minutos, hasta que el pescado esté cocinado *pero sin dejar que se desbarate.*

Quite los filetes de pescado y los camarones de la cacerola y deje que la salsa se consuma hasta aproximadamente la mitad. Bata las yemas de huevo con la crema, añádale un poco de la salsa y únalo todo poniéndolo nuevamente al fuego hasta que se caliente, *sin dejar que hierva.*

Vierta esta salsa sobre los filetes de pescado y los camarones, sírvalos adornados con perejil y con ruedas de pan frito y limón. Da 6 raciones.

PARGO RELLENO

1 pargo de 8 a 10 lbs.	2 limones.
4 dientes de ajo.	2 cebollas.
2 cdtas. de sal.	2 ajíes.
2 cdas. de pimienta.	

Relleno:

2 lbs. de camarones.	2 cdas. jugo de limón.
2 langostas.	¼ taza catsup.
1 lb. de jamón.	¼ taza vino seco.
¼ lb. mantequilla	1 cdta. salsa inglesa.
2 cebollas.	2 cdas. de harina.

Limpie el pargo. Abralo por la mitad para quitarle el espinazo. Sazónelo con ajo machacado, sal, pimienta y jugo de limón. Cúbralo con ruedas de cebolla y ají. Déjelo en ese adobo por lo menos dos horas. Hierva los camarones y las langostas. Muela la masa de los mariscos con el jamón. Sofría la cebolla picadita en la mantequilla caliente. Añádale el picadillo de mariscos y jamón. Sofríalo todo unos minutos. Agregue los demás ingredientes del relleno y revuélvalo todo para que no se pegue. Déjelo refrescar.

Rellene el pargo. Cóyalo bien o ciérrelo con agujetas. Coloque el pargo sobre una tartera bien engrasada o sobre ruedas de papas. Cúbralo con las ruedas de cebolla y ají del adobo. Hornéelo a 375°F. aproximadamente 1½ hora. Mientras lo esté horneando bróchéelo frecuentemente con mantequilla o aceite. Da aproximadamente 8 raciones.

FILETES DE PARGO CON CAMARONES A LA CREMA

1 lb. de filetes de pargo.
3 dientes de ajo.
1 limón.
1 cdta. de sal.
¼ cdta. de pimienta.
2 huevos
1 taza de galleta molida.

2 tazas de aceite
1 taza de camarones hervidos y
pelados.
3 cdas. mantequilla
2 cdas. de cebolla picadita.
1 cda. de jugo de limón.
⅛ cdta. nuez moscada.

Salsa:

1 taza de leche
2 cdas. de harina.
2 cdas. de agua.

¼ lb. queso
½ cdta. de sal.
2 cdas. vino seco

Limpie los filetes de pargo y sazónelos con el ajo machacado, sal, pimienta y jugo de limón. Déjelos en esta preparación durante media hora por lo menos. Envuélvalos en huevo batido y galleta y fríalos en el aceite caliente.

Caliente la mantequilla y saltée en ella las cebollas y los camarones.

Ponga al baño de María la leche con la harina disuelta de antemano en el agua, revuélvalo constantemente hasta que espese, añádale el queso rallado, vino seco, jugo de limón, sal y nuez moscada. Agregue los camarones salteados y viértalo todo sobre los filetes de pargo.

Adórnelo con ramitas de perejil o algún vegetal verde y rueditas de limón. Da 4 raciones.

PARGO ALMENDRINA

1 lb. de filetes de pargo.
1 limón.
2 dientes de ajo.
⅛ cdta. de pimienta.

1 cdta. de sal.
1 taza de harina.
½ lb. mantequilla.

Salsa:

½ taza mantequilla derretida.

½ taza de vino blanco.

1 cebolla.
2 cdas. de harina.
½ taza de almendras tostados.

Limpie el pescado y adóbelo con el ajo machacado, sal, jugo de limón y pimienta. Envuélvalo en harina y fríalo en la mantequilla caliente.

En la media taza de mantequilla derretida (la misma en que se fríe el pescado puede utilizarse) sofría la cebolla picadita o molida, añádale la harina disuelta en el vino y déjelo al fuego unos minutos hasta que espese. Añádale las almendras picadas o enteras y cubra el pescado con esta salsa. Si desea una salsa menos espesa añada al vino blanco sólo una cucharada de harina. Sírvalo caliente. Da aproximadamente 4 raciones.

PARGO CON CAMARONES EN CACEROLA

1½ lb. de filetes de pargo.	½ taza salsa de tomate
1 lb. de camarones.	½ taza de catsup.
2 dientes de ajo.	½ taza vino seco
¼ cdta. de pimienta.	1 cda. de vinagre
¼ taza de jugo de limón.	1 cdta. de salsa inglesa.
_____	1 cdta. de sal.
1 lb. de papas.	1 hoja de laurel.
1 cebolla grande.	1 lata de pimientos morrones
1 ají grande.	1 latica de petit pois.
⅓ taza de aceite	1 latica de aceitunas aliñadas.

Limpie los filetes de pargo y los camarones y cúbralos con ajo, pimienta y jugo de limón. Déjelos en esta preparación (bien tapados y en el refrigerador) durante una hora por lo menos.

En una cacerola llana coloque las papas cortadas en ruedas de modo que cubran todo el fondo. Coloque los filetes de pargo y los camarones sobre las papas. Cubra el pescado y los camarones con la cebolla y el ají cortados en tiritas. Mezcle el aceite, salsa de tomate, catsup, vino seco, vinagre, salsa inglesa, sal y agua de los pimientos. Vierta este líquido sobre el pescado, camarones, etc. y coloque en la cacerola la hoja de laurel. Tape bien la cacerola y colóquela al fuego. Baje el fuego una vez que la salsa esté hirviendo para que todo se cocine a fuego muy lento durante unos 45 minutos. Añada los pimientos cortados en tiritas, los petit pois y las aceitunas y déjelo al fuego destapado durante unos 15 minutos más. Da 10 raciones.

PESCADO A LA LUSITANA

1 lb. de filete de pargo.	½ cdta. de sal.
2 lbs. de papas.	¼ cdta. de pimienta.
2 cdas. mantequilla.	5 cdas. queso
3 cdas. de leche.	⅛ lb. mantequilla
2 yemas de huevo.	1 cda. de jugo de limón.

Corte el pescado en lascas muy finas. Cocine las papas y redúzcalas a puré añadiéndoles leche, mantequilla, sal y pimienta. Añádale las yemas y el queso. Coloque las lascas de pescado en una tartera bien engrasada con mantequilla y cubra los pedazos con el puré, untándolo repetidas veces con la mantequilla derretida y el limón. Hornéelo a 350°F. unos diez o quince minutos. Da 6 raciones.

PESCADITOS BONITOS

1 lb. de filete de pescado.	6 granos de pimienta.
1 taza de leche	1 cdta. de sal.
	½ taza de clara de huevo.
1 hoja de laurel.	1 cda. de jugo de limón.
¾ taza mayonesa	

Corte los filetes de pescado en forma de óvalos de unas 4 pulgadas de largo por dos de ancho. Póngalos en una cacerola llana, cúbralos con la leche, añádales la sal, pimienta y laurel y póngalos al fuego unos minutos hasta que la leche hierva y el pescado esté cocinado, pero sin dejar que se desbarate.

Coloque los pedazos de pescado en una tartera engrasada con mantequilla. Bata las claras a punto de nieve, añádales la mayonesa y el jugo de limón. Cubra con esta mezcla los pedazos de pescado. Póngalos al horno en el broiler a una temperatura de 450°F. hasta que estén dorados. Sírvalos calientes adornándolos con pedacitos de limón y aceitunas que simularán los ojos, agallas y cola del pescadito. Da aproximadamente 4 raciones.

EMPANADA DE PESCADO

Masa de la empanada:
2 tazas de harina.
4 cdtas. de polvos
1 cdta. de sal.
⅓ taza mantequilla
1 taza queso rallado.

2 cdas. de pimientos morrones
           picaditos.
½ taza de leche
2 cdas. vino seco.

Relleno:
1 lata de bonito en aceite
¼ taza mayonesa
1 huevo duro picadito.
2 cdas. de pepinillos picaditos.
2 cdas. de pimientos morrones
           picaditos.
2 cdtas. de ají verde picadito.
2 cdtas de cebolla cruda picadita.

Encienda el horno a 425°F. Cierna la harina con la sal y el Royal. Añada la mantequilla, queso y pimientos cortándolos con el estribo hasta que todo esté como boronilla fina. Añada la leche y vino seco y revuelva hasta que esté unido. Extienda la masa sobre una tabla polvoreada con harina, coloque la mezcla de los ingredientes del relleno/y doble la masa como una empanada. Selle los bordes humedeciéndolos con agua y márquelos con un tenedor. Barnice la empanada con huevo batido y hágale unas incisiones en la parte superior para que no se reviente al hornearse. Colóquela sobre una tartera de aluminio engrasada con mantequilla y hornéela aproximadamente 25 minutos. Da 8 raciones.

PUDIN DE PESCADO

1 lb. de pescado.	5 huevos
1 lb. de camarones.	1 latica de anchoas.
1 lb. de papas.	1½ cdta. de sal.
1 cebolla.	¼ cdta. de pimienta.
1 latica de pimientos morrones.	1 taza de migas de pan.
2 cdas. mantequilla	⅓ taza de leche
1 limón.	
	¼ taza catsup.

Cocine el pescado en agua con sal, pimienta y una cebolla. Hierva las papas y los camarones. Desmenuce el pescado para quitarle las espinas y la piel si las tuviera, pele las papas y los camarones. Pase estos tres ingredientes por la máquina de moler con la cuchilla mediana. Muela también las anchoas y los pimientos. Caliente la mantequilla y sofría en ella la cebolla hasta que esté ligeramente dorada. Añádale el jugo de limón y los ingredientes molidos. Sofríalo todo unos minutos, revolviéndolo para que no se pegue. Bájelo del fuego y añádale los huevos batidos, las migas de pan remojadas en la leche, la sal, pimienta y salsa catsup. (Al añadirle la sal, pruébelo antes porque algunas latas de anchoas traen más sal que otras y pudiera quedar demasiado salado). Unalo todo bien y viértalo en un molde de forma de pescado, engrasado con mantequilla. Hornéelo a 350°F. hasta que al introducirle un palito, éste salga seco. Aproximadamente 1 hora, depende de la forma y tamaño del molde que se emplee. Sírvalo caliente con salsa bechamel, o frío con salsa mayonesa y adórnelo con pimientos y aceitunas. Da 12 raciones.

SOUFFLE A LA MARINERA

3 cdas. mantequilla
1 taza de leche
¼ taza de harina.
1½ cdta. de sal.
¼ cdta. de pimienta.
_____
1 cda. de vino seco

1 cdta. de salsa inglesa.
4 yemas.
1½ taza masa de pescado hervido
1 taza masa de langosta o cangrejo hervida.
_____
4 claras de huevos de
1 cdta. de polvos Royal.

Encienda el horno a 350°F. Engrase un molde Pyrex (con capacidad para dos litros) con 1 cucharadita de mantequilla. Derrita el resto de la mantequilla al baño de Maria. "Osterice" la leche con la harina, sal, pimienta y Ac'cent, añádala a la mantequilla derretida y cocinelo todo al baño de María, revolviendo constantemente hasta que espese. Bata las yemas y añádale poco a poco la salsa revolviendo constantemente, agregue el vino seco, vinagre, salsa inglesa, pescado y langosta o cangrejo. Deje refrescar la mezcla a la temperatura ambiente. Bata las claras a punto de nieve, polvoréelas con el Royal cuando ya esté terminando de batirlas y por último añádale la mezcla de salsa, pescado, etc. envolviéndolo todo suavemente sin batirlo. Viértalo inmediatamente en el molde y hornéelo al baño de María aproximadamente 40 minutos. Sírvalo inmediatamente. Da 6 raciones.

SALMON DE ESPARRAGOS CHANTILLY

1 lata (15 oz.) de salmón.
Leche cantidad suficiente para completar dos tazas con el liquido del salmón).
1/4 taza de harina.
1/8 lb. de mantequilla.
1 cda. de cebolla picadita.
1 1/2 cdta. de sal.

1 cdta. de mostaza.
1/4 cdta. de pimienta.
2 cdas. de mayonesa.
2 cdas de perejil picadito.
1 cda. de vino seco.
3 huevos duros.
1 paquete de espárragos congelados.

Desmenuce el salmón quitándole la piel y las espinas. Derrita la mantequilla, dore en ella la cebolla y añádale la harina "osterizada" con la leche, el líquido del salmón, la mostaza, la sal y la pimienta. Déjelo todo al fuego moviéndolo constantemente hasta que tenga espesor de crema, añádale la mayonesa, perejil, vino seco, los huevos duros picaditos, el salmón y los espárragos cortados en trocitos. Viértalo todo en un molde Pyrex con capacidad para litro y medio y hornéelo a 350 ° F. durante 30 minutos. Sírvalo caliente y adornado con ruedas de limón. Da 8 raciones.

ESCABECHE

3 lbs. de serrucho.
1 taza de harina.
1 taza de aceite de oliva.
2 cebollas.
2 ajíes.

1 taza de aceitunas aliñadas.
½ taza de alcaparrado.
1 cda. de sal.
½ cdta. de pimienta.
½ cdta. de pimentón

Aceite de oliva y vinagre a partes iguales para cubrirlo.

Corte el serrucho en ruedas. Envuelva las ruedas en harina y fríalas en el aceite caliente. Después de freír el pescado, sofría ligeramente en el mismo aceite las cebollas cortadas en ruedas y los ajíes cortados en tiritas. Ponga el pescado frito, las cebollas, ajíes, aceitunas, alcaparrado, sal, pimienta y pimentón en un recipiente de loza o barro que tenga tapa. Cúbralo todo con partes iguales de aceite y vinagre. Déjelo en salmuera durante 7 días por lo menos. Da de 10 a 12 raciones.

BACALAO APORREADO

1 lb. de bacalao sin espinas.
½ taza de aceite
1 cebolla.
1 ají grande.
2 dientes de ajo.
1 lata salsa de tomate

1 cdta. de sal aproximadamente.
¼ cdta. de pimienta.
1 hoja de laurel.
1 latica de pimientos morrones.
3 cdas. vino seco
6 huevos

Remoje el bacalao en agua desde la noche anterior. A la mañana siguiente, bótele el agua del remojo, añádale una taza de agua fresca y cocínelo unos quince o veinte minutos hasta que empiece a ablandarse. Bótele el agua y desmenúcelo en pedacitos chiquitos. Caliente el aceite en una sartén grande, sofría la cebolla picadita con los dientes de ajo machacados. Añada el ají también picadito y cocínelo todo junto unos dos o tres minutos, revolviéndolo para que no se pegue. Añada la salsa de tomate, sal, pimienta, laurel, vino seco, la mitad de los pimientos molidos con el agua de los mismos y el bacalao. Cocínelo todo a fuego lento aproximadamente veinte minutos. Casi al momento de servirlo añádale los huevos batidos y cocínelo a fuego lento, revolviéndolo para que no se pegue, hasta que cuaje. Adórnelo con el resto de los pimientos y unas ruedas de pan frito. Sírvalo con arroz blanco y acompáñelo con una cerveza Hatuey bien fría. Da aproximadamente 6 raciones.

BACALAO AZCARATE

1 lb. de filetes de bacalao.	1 cdta. de pimienta.
4 huevos	1 cdta. de sal.
2 cdas. de harina.	1 lb. de aceite

Salsa:

1 ramita de perejil.	¾ taza vino seco
1 lb. de cebolla.	1 cdta. de vinagre.
2 dientes de ajo.	½ lata de salsa de tomate
3 tallos de apio.	¼ taza de aceite
½ pimiento verde.	Sal y pimienta al gusto.
1 lata de pimientos morrones.	

Adorno:

Pimientos morrones.	1 latica de petit pois.
Puntas de espárragos.	1 huevo duro.

Remoje el bacalao desde el día anterior en agua, para desalarlo bien. Córtelo en pedazos cuadrados como de dos pulgadas. Bata las claras a punto de merengue, luego añádale las yemas, harina, sal y pimienta. Pase por esta mezcla los trozos de bacalao y sofríalos en el aceite caliente hasta que se doren, luego póngalos sobre un papel absorbente para que recoja la grasa.

Del mismo aceite en que se frió el bacalao tome un cuarto de taza para la salsa.

Muela juntos el perejil, cebollas, ajos, apio, pimientos morrones y verde; únalo bien con una cuchara de madera. Caliente el aceite en una olla de barro y cocine en ella durante cinco minutos todo lo molido, luego añada el vino seco, el agua de los pimientos y de los petit pois, sal y pimienta al gusto. Coloque en la salsa los trozos de bacalao ya fritos y cocínelos a fuego lento por espacio de media hora. Se sirve en la misma olla de barro y se adorna al gusto con los pimientos, petit pois, espárragos y el huevo duro pasado por un colador.

La salsa no debe moverse con cuchara sino dándole unas sacudidas a la olla, de lo contrario se corta. Da 8 raciones.

BACALAO A LA VIZCAINA

1 lb. de bacalao sin espinas.
1 lb. de papas.
1 cebolla grande.
1 ají de ensalada grande.
3 dientes de ajo.
⅓ taza de aceite

⅓ taza de agua.
⅓ taza vino seco
1 cdta. de vinagre.
1 lata salsa de tomate
1 latica de pimientos morrones.

Remoje el bacalao desde la noche anterior; al día siguiente cámbiele el agua y póngalo al fuego hasta que esté blando. Bótele el agua y desmenúcelo en pedazos grandes.

En una cacerola plana de las que se usan para hacer arroz ponga en el fondo las papas cortadas en ruedas, cúbralas con el bacaleo, la cebolla en ruedas, los ajos machacados, el ají en tiras, el agua, vino aceite, salsa de tomate y pimientos molidos con su líquido. Déjelo a fuego mediano hasta que las papas estén cocinadas. Sírvalo con pan frito y adornado con pimientos morrones. Da 8 raciones.

BACALAO A LO CAROLINA

1 lb. bacalao sin piel ni espinas.
1½ lb. de papas.
1 cda. de cebolla picadita.
1 cda. mantequilla

1 cda. de perejil picadito.
2 huevos.
1 taza de galleta molida.
2 tazas de aceite

Salsa:

4 huevos duros picaditos.
1 cda. de aceite de oliva.
1 cda. de vinagre.

2 cdas. de pepinillos picaditos.
2 cdtas. de mostaza.
1 cdta. de sal.

Remoje el bacalo desde la víspera. A la mañana siguiente cámbiele el agua y déjelo hervir hasta que se ablande. Desmenuce el bacalao. Salcoche las papas y reduzcalas a puré. Sofría la cebolla en la mantequilla y mézclela con el bacalao y las papas, agregue el perejil y pruébelo de sal por si tuviera que añadirle un poquito. Haga unas bolas con esta masa y envuélvalas en la galleta molida y fríalas en el aceite caliente hasta que estén doraditas. Sírvalas con la salsa por encima de cada bola de bacalao.

Deben servirse las bolas de bacalao acabaditas de freír y la salsa fría.

Para hacer la salsa mezcle todos los ingredientes.

Da 4 raciones.

CAMARONES ENCHILADOS

2 lbs. de camarones.
½ taza de aceite
1 cebolla.
3 dientes de ajo.
1 ají grande.
½ taza de perejil (un macito).
1 lata salsa de tomate
1 lata de pimientos morrones.

½ taza salsa de tomate catsup.
½ taza vino seco
1 cda. de vinagre.
1 hoja de laurel.
1½ cdta. de sal.
1 cdta. de pimienta en grano.
1 cdta. de salsa inglesa.
1 cdta. de salsa picante.

Limpie y lave los camarones, fríalos en el aceite caliente; cuando estén rosados añádales la cebolla molida, los ajos machacados y el ají molido, deje que todo esto se sofría un poco. Agregue el perejil bien picadito, los pimientos molidos con el agua que traen en la lata, la salsa de tomate, el catsup, laurel, vino seco, la sal, la pimienta machacada, la salsa inglesa y la picante. Déjelos a fuego lento durante unos 25 ó 30 minutos. Da 6 raciones.

LANGOSTA ENCHILADA

La langosta enchilada se hace igual que los camarones enchilados, sustituyendo los camarones por cuatro o cinco langostas, de acuerdo con el tamaño. Separe las colas de las langostas lávelas y quíteles el cristal. Corte las colas en trocitos de aproximadamente una y media pulgada. Si le deja el carapacho, el enchilado le quedará más sabroso. Para cortar el carapacho y que queden dentro los pedacitos de masa de langosta, déle un golpecito seco con un hacha o un cuchillo grande. Da 6 raciones.

CANGREJO ENCHILADO

Para hacer cangrejo enchilado, en lugar de camarones, use cinco o seis cangrejos, de acuerdo con el tamaño. Mate y limpie los cangrejos. Lávelos bien bajo el chorro de agua. Desprenda las muelas, quíteles el carapacho, y machaque ligeramente las muelas con la mano del mortero. Corte la masa en trozos y si las muelas son muy grandes, puede dividirlas a la mitad. Sofríalos en el aceite, y proceda como indica la receta de camarones enchilados. Da 6 raciones.

ENCHILADO A LA MARINERA

El enchilado a la marinera se hace igual que los camarones enchilados, usando dos langostas, dos cangrejos, media libra de camarones y media libra de almejas. Da 6 u 8 raciones.

CAMARONES SALTEADOS EN SALSA

1 lb. de camarones.	1 cda. de jugo de limón.
4 cdas. mayonesa	½ cdta. sazonador de mariscos
2 cdas. de salsa catsup.	

Hierva y pele los camarones.

Caliente la sartén y sin añadirle grasa saltée en ella los camarones unos minutos hasta que se calienten moviéndolos constantemente para que no se peguen. Añada los demás ingredientes y siga moviéndolo todo hasta que la salsa esté caliente. Sírvalos con vegetales, como aperitivo con galleticas o en copitas de cocktail de mariscos. Da aproximadamente 6 raciones.

LANGOSTA O CANGREJO SALTEADO EN SALSA

Hágase como la receta anterior, usando masa de cangrejo o langosta hervida en lugar de camarones. A cualquiera de estas recetas puede añadirle salsa picante especial para cocktail de mariscos si desea que quede más picante.

CAMARONES AL HORNO

3 lbs. de camarones.	¼ lb. mantequilla
2 cdtas. de sal.	6 dientes de ajo.
¼ cdta. de pimienta.	6 cdas. de perejil picadito.
½ taza de consommé.	1½ taza de pan tostado y molido.
2 cdas. vino seco	

Limpie los camarones crudos, quitándoles bien la venita de atrás. Lávelos y después séquelos con un papel absorbente o un paño. Polvoréelos con sal y pimienta. Repártalos en seis tarteritas "Pyrex" individuales engrasadas con mantequilla y écheles por encima el consommé y el vino. Ponga en una cacerola al fuego el ajo con la mantequilla hasta que éste se dore. Quítele los dientes de ajo y añádale a la mantequilla el pan molido y el perejil revolviéndolo hasta unirlo todo. Polvorée esta mezcla sobre los camarones y hornéelos a 400°F. durante 15 minutos. Da 6 u 8 raciones.

LANGOSTA CON QUESO

2 cdas. mantequilla	1 taza queso
2 cdas. de aceite	1 cda. de mostaza.
½ taza de ají picadito.	1 taza de langosta hervida
½ taza de cebolla picadita.	1½ taza de tomate al natural.
½ taza de harina.	2 cdtas. de salsa inglesa.
1 taza de leche	½ cdta. de sal.
	1 cda. vino seco

Derrita la mantequilla, añádale el aceite y sofría la cebolla y el ají. "Osterice" la harina con la mostaza, leche y queso rallado. Añádala a la cebolla y al ají y hornéelo a fuego lento revolviéndolo constantemente hasta que espese. Agréguele el tomate, vino seco, salsa inglesa y sal. Osterícelo todo nuevamente. Agregue la masa de langosta picadita y póngalo en una cacerola al fuego durante unos minutos hasta que esté caliente. No lo deje hervir porque se corta. Da 4 raciones.

LANGOSTA THERMIDOR

6 langostas.	1½ cdta. de salsa inglesa.
2 cdas. mantequilla	1 cdta. de jugo de limón.
1 cda. de cebolla picadita.	½ cdta. de sazonador de mariscos.
2 cdas. vino seco	

Salsa:

4 cdas. mantequilla	⅛ cdta. de nuez moscada.
1 cdta. de sal.	3 yemas.
⅛ cdta. de pimentón.	
4 cdas. de harina.	6 cdtas. de queso parmesano
2 tazas de leche	rallado.

Hierva las langostas. Separe las colas con cuidado para que el carapacho no se rompa. Lave bien la parte sucia de la masa y corte las partes oscuras. Vire a cola, con una tijera de cocina corte toda la parte de abajo del carapacho, saque la masa, quítele el cristal y vuelva a lavar el carapacho por dentro.

Corte la masa en pedacitos de aproximadamente una pulgada, y mida tres tazas de masa picadita, que será aproximadamente la de cuatro langostas. El resto de la masa hervida puede guardarla en el refrigerador para hacer ensalada u otro plato de langosta hervida, ya que como el relleno lleva otros ingredientes, si se usa toda la masa de langosta, no cabe el relleno en los seis carapachos.

Derrita en la sartén las dos cucharadas de mantequilla, cocine la cebolla en la mantequilla hasta que esté ligeramente doradita, sin dejar que se queme. Añada la langosta, vino seco, salsa inglesa, jugo de limón y sazonador de mariscos. Revuélvalo bien y déjelo bien tapado a *fuego muy lento*, no para que se cocine, sino para que se mantenga caliente.

Derrita la mantequilla de la salsa y añádale la leche osterizada con la harina, sal, pimentón y nuez moscada. Cocine la salsa a fuego lento o a baño de María, revolviendo constantemente con una cuchara de madera hasta que espese. Tome aproximadamente media taza de esta salsa, añádala a las yemas batidas, revuélvala bien y vuélvala a poner al baño de María con el resto de la salsa dos o tres minutos más, siempre revolviéndola.

Añada la salsa a la langosta. Revuélvalo todo bien y llene con esta mezcla los carapachos de langosta. Polvorée cada uno con una cucharadita de queso. Póngalas en una tartera y hornéelas a 450°F. o póngalas bajo el dorador o broiler hasta que estén doraditas. Da 6 raciones.

LANGOSTA A LO NEWBURG

2 cdas. mantequilla	2 cdas. vino seco
3 tazas de langosta hervida.	1 cdta. de salsa inglesa.
	1 cdta. de jugo de limón.

Salsa:

4 cdas. mantequilla	⅛ cdta. de pimienta.
2 tazas de leche	⅛ cdta. de nuez moscada.
3 cdas. de harina.	⅛ cdta. de pimentón.
1 cdta. de sal.	3 yemas de huevo.

Derrita las dos cucharadas de mantequilla y caliente en ella la masa de langosta con el vino seco, salsa inglesa y el jugo de limón.

Osterice las cuatro cucharadas de mantequilla con la leche, harina, sal, pimienta, nuez moscada y pimentón. Cocine esto a fuego lento o a baño de María, revolviéndolo constantemente hasta que espese. Tome aproximadamente media taza de esta salsa y añádala a las yemas batidas, revuélvalo todo bien y vuélvalo a mezclar con el resto de la salsa. Cocine la salsa dos o tres minutos más siempre a fuego lento o a baño de María, revolviéndola constantemente.

Añada la salsa a la langosta caliente. Sírvala inmediatamente sobre tostadas o en tartaletas hechas con masa de pastel y horneadas previamente. Da 6 raciones.

CANGREJOS MORNAY

2 tazas masa de cangrejo hervido.	6 cdas. queso rallado
2 tazas de salsa Mornay.	6 cdas. galleta molida.

Mezcle la masa de cangrejo con la salsa. Viértala en conchas de mariscos o en moldecitos individuales. Polvoréelos con queso y galleta. Hornéelos a 375°F. o gratínelos bajo el dorador hasta que se vea dorada la superficie. Da 6 raciones.

Vea receta de salsa Mornay en el capítulo de salsas.

CONCHAS DE MARISCOS

1 lb. de filetes de pargo.	1 ají chico.
1 lb. de camarones.	1 cdta. de sal.
2 colas de langosta.	⅛ lb. mantequilla
2 cangrejos grandes ó 4 chicos.	1 taza de leche
4 hojas de laurel.	
1 cdta. de pimienta.	4 cdas. de harina
1 cebolla mediana.	1 lata de sopa de champignons.
3 cdas. vino seco	½ lb. queso patagrás
2 cdas. de jugo de limón.	

Limpie los mariscos y el pargo, córtelos en pedazos y colóquelos en una cacerola. Corte la cebolla en ruedas y échesela por arriba a los mariscos, junto con la pimienta, hojas de laurel, ají picadito, sal y vino seco. Tape bien la cacerola y póngala a fuego lento durante unos diez minutos o hasta que los mariscos estén blandos. Retírela del fuego. Prepare una bechamel derritiendo primero la mantequilla con la harina y cuando esté hecha una pasta vaya agregándole la leche poco a poco y la sopa de champignon sin diluir. Agréguele la mitad del queso rallado. Si la salsa está muy espesa, añádale un poco del agua que han soltado los mariscos al hervir.

Quítele a los mariscos las hojas de laurel, escúrralos bien y viértales la salsa por arriba. Mézclelos bien con la salsa y colóquelos por cucharadas en tarteritas individuales. Polvoréeles por arriba la otra mitad de queso rallado y diez minutos antes de servirlos colóquelos en el gratinador para que el queso se derrita. Adorne los bordes con puré de papas. Da 10 raciones.

CALAMARES EN SU TINTA

2 lbs. calamares frescos.	1 taza vino tinto.
½ taza aceite de oliva.	1 cdta. de vinagre.
3 dientes de ajo.	2 cdtas. de sal.
2 tazas cebolla picadita.	⅛ cdta. de pimienta.
1 taza perejil picadito.	

Limpie los calamares, quitándoles las bolsitas de tinta. Pique los calamares en trocitos y sofríalos en el aceite con el ajo y la cebolla. Añada el perejil y los demás ingredientes. Tome un poco de la salsa y añádala a las bolsitas de tinta machacadas. Cuele la tinta y añádala a los calamares. Déjelos cocinar bien tapados y a fuego lento aproximadamente una hora. Da 6 raciones.

PICADILLO DE BONITO

¼ taza de aceite	2 pimientos morrones.
¼ taza de cebolla picadita.	¼ taza vino seco
¼ taza de ají picadito.	3 huevos duros.
2 latas de bonito	¼ taza de aceitunas picaditas.
½ taza salsa de tomate	½ cdta. de sal.

Caliente el aceite y sofría la cebolla. Añada el ají y el bonito desmenuzado con el aceite de las latas. Déjelo sofreír unos minutos. Agregue la salsa de tomate, los pimientos morrones molidos, el agua de los pimientos, y el vino seco. Déjelo a fuego lento unos cinco minutos. Añada los huevos duros picaditos y las aceitunas y la sal. Cocínelo destapado a fuego vivo unos dos o tres minutos más revolviéndolo constantemente para que no se pegue. Da 6 raciones.

PUDIN DE PESCADO

2 lbs. de pescado.	3 rebanadas de pan de leche.
1 cebolla.	½ taza de leche
1 hoja de laurel.	

---

1 lb. de papas.	1 cda. de perejil.
2 cdas. de cebolla.	5 huevos
3 cdas. mantequilla	1 cda. de sal.

Salcoche el pescado con la cebolla y la hoja de laurel. Déjelo refrescar y desmenúcelo quitándole la piel y las espinas. Salcoche las papas y redúzcalas a puré. Mezcle las papas con el pescado. Añádale el pan remojado en la leche. La cebolla sofrita en la mantequilla, el perejil picadito y la sal. Viértalo en un molde de forma de pescado y hornéelo a 350°F. aproximadamente hora y media. Sírvalo frío cubierto con mayonesa y adornado al gusto. Da 10 raciones.

LANGOSTA A LA AMERICANA

2 tazas salsa Marinara.	1 diente de ajo machacado.
½ taza salsa Española Rápida.	1 hoja de laurel.
4 cdas. mantequilla	¾ taza vino seco
1 cebolla chica.	6 langostas.

Sofría la cebolla picadita y el ajo en la mantequilla caliente. Añada la hoja de laurel, el carapacho de una langosta, un cuarto taza de vino seco y las dos salsas. Déjelas cocinar a fuego lento aproximadamente media hora. Cocine las masas de langosta en el resto del vino durante 10 a 15 minutos. Añádales la salsa colada y déjelas al fuego unos 10 minutos más. Da 4 raciones.

LANGOSTA A LA MEXICANA

5 colas de langosta.	⅓ taza crema de leche.
4 cdas. mantequilla	1 cdta. de sal.
4 cdas. cebolla picadita.	⅛ cdta. de pimienta.
1 taza tomate natural	5 cdas. queso gruyere rallado.
1 lata maíz en granos (8 oz.)	

Cocine las colas de langosta y prepárelas como indica la receta de Langosta Termidor. Separe dos tazas de masa de langosta picadita (el resto lo puede congelar para usarlo otro día). Sofría la cebolla picadita en la mantequilla caliente, añada el tomate colado y el maíz. Déjelo cocinar unos diez minutos a fuego lento. Bájelo del fuego. Sazónelo con sal y pimienta. Añada la crema y la masa de langosta picadita. Rellene los carapachos y polvoréelos con queso. Póngalos bajo el dorador hasta que el queso se derrita y se vea tostada la superficie. Sírvalas calientes adornadas con tiritas de pimientos. Da 5 raciones.

CIOPPINO

¼ taza aceite de oliva.	1 taza de agua.
2 dientes de ajo.	1 taza de vino blanco.
1 taza cebolla picadita.	1 lb. aguja, peto o emperador.
1 taza de ají picadito.	1 lb. almejas.
1 lb. tomate natural.	1 lb. camarones.
1 lata salsa de tomate	1 lb. masa de langosta o
1 hoja de laurel.	cangrejo.
¼ cdta. de orégano.	1 cda. de sal.
1 ramita de albahaca.	¼ cdta. de pimienta.

La langosta y los camarones deben limpiarse crudos y añadirlos crudos, *no hervidos*. Las almejas y la langosta deben añadirse con las conchas y carapachos. El pescado debe echarse en trozos grandes.

Caliente el aceite y sofría los ajos machacados, cebolla y ají. Añada salsa de tomate, laurel, orégano, albahaca y agua. Déjelo cocinar a fuego muy lento y tapado durante una hora. Añada vino, pescado y la langosta cortada en trozos. Cocínelo 10 minutos y luego añada camarones y almejas. Sazónelo a gusto con sal y

Aves

Al igual que la carne, el pescado y los huevos, las aves son proveedoras de proteínas. Pueden comprarse vivas o acabadas de matar. Si se compran congeladas, deben cocinarse después de descongeladas.

Para conservar aves frescas en el congelador, límpielas primero, séquelas bien y envuélvalas enteras o por porciones en papel encerado. Los menudos, una vez limpios, pueden congelarse con el ave entera, dentro de la cavidad de la misma o por separado.

Al calcular la cantidad de ave que debemos comprar para una comida, hay que tener en cuenta el tamaño del ave. Por ejemplo, pollos chicos, para freír, de menos de tres libras, pueden calcularse de ¼ a ½ pollo por persona. Los pollos de más de tres libras se calculan de ¾ a 1 libra por persona. Los pavos de ½ a ¾ libra para cada comensal. Desde luego, estos pesos son de aves ya limpias.

Para que la carne de las aves quede más jugosa, deben sazonarse de sal después de dorarlas o cocinarlas ligeramente. Se ha probado también que las aves horneadas a bajas temperaturas resultan de carnes más jugosas y se encogen menos.

El tiempo de horneo sólo puede calcularse aproximadamente, ya que varía de acuerdo con la calidad del ave. Cuando ya el muslo puede moverse con facilidad y la carne de los muslos se siente blanda, el ave estará bien horneada. El termómetro para asados también sirve para determinar el grado de cocción de las aves. El termómetro debe insertarse en la parte más gruesa del ave, entre el muslo y la pechuga, y cuando marque 190°F. le indicará que ya está cocido. Siempre hay que tener en cuenta que la temperatura ideal del horno es de 325°F. a 350°F.

Como la carne de la pechuga es más tierna que la de los muslos, ésta demorará más en cocinarse, por eso el termómetro se inserta en la parte que une al muslo con la pechuga.

Si usted compra las aves vivas, déjelas reposar unas horas en el refrigerador después de limpias antes de hornearlas.

Aunque el pavo puede hornearse sin rellenar, la mayoría de las personas prefieren el pavo relleno. Cuando usted compre un pavo para rellenar, pida en la pollería que se lo preparen especialmente. El relleno puede prepararse con algunas horas de anticipación, pero siempre debe conservarse en el refrigerador, en un recipiente aparte, y sólo rellenar el ave cuando ya se vaya a hornear. Antes de rellenarla, frótela con sal por dentro.

La cantidad de relleno que lleva un pavo depende, lógicamente, de su tamaño. En este capítulo encontrará una tabla con las cantidades aproximadas. Al rellenarlo, mueva el pavo para acomodar el relleno. No lo aplaste para apretarlo, porque el relleno al hornearse siempre crece y si está muy apretado se sale. Cósalo con cuidado, después de relleno, y pásele un cordón o cinta alrededor.

Si después de terminar la comida ha sobrado ave y relleno, vuelva a poner el relleno en un recipiente aparte para guardarlo. No guarde el ave con el relleno dentro.

Al comprar un pavo tenga en cuenta el tamaño de su horno y así evitará que cuando ya todo esté listo, el horno resulte chico. Los pavos muy grandes pueden hornearse en menos tiempo si se envuelven en papel de aluminio. En esa forma pueden hornearse en un horno más caliente (450°F.) calculando 15 a 20 minutos por libra. Esto puede hacerse con pavos que se asan sin relleno y si queremos que queden más tostaditos deben destaparse durante los últimos 30 minutos de horneo.

El pato puede hornearse igual que el pollo o el pavo a 325°F., pero si desea una masa más tostadita hornéelo a 350°F.

Los pavos resultan más jugosos si se espera 30 minutos después que estén horneados para servirlos. Este tiempo también debe entrar en el cálculo de la hora.

A continuación usted encontrará una tabla con el tiempo y temperatura requeridos para cocinar las distintas clases de aves de acuerdo con su peso.

Ave	Peso	Temperatura	Tiempo
Pollo	De 3 a 4 lbs.	325°F.	30 min. por lb. (aprox.)
Pato	De 3 a 4 lbs.	325°F.	30 min. por lb. (aprox.)
Guinea	De 3 a 4 lbs.	325°F.	30 min. por lb. (aprox.)
Pavo	De 8 a 10 lbs.	325°F.	De 20 a 25 min. por lb.
Pavo	De 10 a 16 lbs.	325°F.	De 18 a 25 min. por lb.
Pavo	De 17 a 25 lbs.	325°F.	De 15 a 18 min. por lb.

Observe que mientras mayor sea el ave, el promedio de tiempo de cocción por libra será menor. Si el ave ha estado guardada en el refrigerador hasta el momento de hornearla debe calcularse unos quince o treinta minutos más al tiempo total de horneo que si el ave se pone en el horno estando a la temperatura ambiente. Antes de ponerlo en el horno, úntelo bien con mantequilla. Coloque el pavo en la tartera con la pechuga hacia arriba y déjelo en esa posición mientras esté en el horno. Cuide que el pavo tenga siempre grasa mientras se hornea. Para ello puede envolverlo en un paño fino, embarrado en grasa o puede untarle mantequilla con una brocha de vez en cuando. Si lo cubre con un paño, quíteselo una hora antes de terminar de hornearlo para que se dore bien.

RECETA PARA RELLENO DE PAVO

Para usar esta tabla de ingredientes busque en la primera línea el peso que corresponde al ave que usted quiere rellenar. Lea hacia abajo por esa misma columna las cantidades correspondientes a los distintos ingredientes y proceda como se indica más abajo.

A esta receta básica pueden añadirse otros ingredientes como jamón, apio, etc. en sustitución de parte o algunos ingredientes que aparecen en la receta básica. Sus recursos y el gusto de la familia le permitirán adaptar esta receta de muchos modos.

Peso del pavo ya limpio	4 a 6 lbs.	6 a 8 lbs.	8 a 10 lbs	10 a 12 lbs.	12 a 20 lbs.
Mantequilla	¼ taza	⅓ taza	½ taza	⅔ taza	1 taza
Cebolla	2 cdas.	¼ taza	⅓ taza.	½ taza	¾ taza
Pan	¼ lb.	½ lb.	1 lb.	1¼ lb.	2 lbs.
Leche	⅓ taza	⅔ taza	1 taza	1⅓ taza	2 tazas
Sal	1 cdta.	1¼ cdta.	1½ cdta.	2 cdtas.	3 cdtas.
Pimienta	⅛ cdta.	¼ cdta.	½ cdta.	¾ cdta.	1 cdta.
Sazonador	1 cdta.	1¼ cdta.	1½ cdta.	2 cdtas.	3 cdtas.
Pasas	½ taza	⅔ taza	¾ taza	1 taza	1½ taza
Nueces o almendras	½ taza	⅔ taza	¾ taza	1 taza	1½ taza
Manzana picadita	½ taza	⅔ taza	¾ taza	1 taza	1½ taza

Sofría la cebolla picadita en la mantequilla caliente. Remoje el pan picadito en la leche. Mezcle todos los ingredientes. Añádale la molleja y el hígado ya cocinados y molidos si 'lo desea.

Variaciones de la receta básica para relleno de pavo

Relleno de manzana:

Añádale 2 manzanas picaditas.

Relleno de castaña:

Añádale 1 lb. de castañas. Hierva las castañas a fuego lento aproximadamente 15 minutos. Escúrralas, pélelas y córtelas en pedacitos chiquitos o muélalas.

Relleno de huevo:

Añádale de 1 a 4 huevos batidos a los ingredientes del relleno.

Relleno de ciruela:

Añádale de ½ a 1 lb. de ciruelas pasas previamente cocinadas y sin semillas. Use jugo de ciruelas en lugar de leche.

Relleno de jamón:

Añádale de ½ a 1 lb. de jamón molido. Pruébelo antes de añadirle la sal.

Relleno de boniato y naranja:

Use boniatos hervidos en lugar de pan y jugo de naranja en lugar de leche. Añádale 2 yemas de huevo batidas por cada libra de boniato.

POLLO FRITO A LA CRIOLLA

1 pollo de 2 lbs.	1 cebolla.
3 dientes de ajo.	1 cdta. de sal.
1 cdta. de orégano.	¼ cdta. de pimienta.
1 cdta. de comino.	½ taza aceite
1 naranja agria.	

Limpie el pollo y córtelo en cuartos o en octavos. Machaque los dientes de ajo con el comino y orégano, añádale el jugo de naranja agria. Unalo todo y adobe bien los pollos con esta mezcla. Déjelos en el refrigerador algunas horas cubiertos con las ruedas de cebollas. Caliente el aceite y dore en él los pedazos de pollo. Cuando estén dorados, añádales el resto del adobo, polvoréelos de sal y pimienta y fría con ellos las cebollas. Déjelo tapado a fuego lento unos 25 minutos. Da 4 raciones.

POLLO FRITO A LA AMERICANA

1 pollo (2½ lbs.)	¼ cdta. de pimienta.
¾ taza de harina.	2 cdtas. de sal.
1 cda. de pimentón.	1 cdta. de sal de ajo.

Corte el pollo en octavos. Ponga los demás ingredientes en un cartucho y sacúdalos para que se mezclen. Eche dos o tres pedazos de pollo en el cartucho. Sacuda el cartucho para que se cubran bien los pedazos de pollo con la harina y los demás ingredientes. Repita esto hasta cubrir todos los pedazos de pollo con harina. Coloque los pedazos de pollo sobre una rejilla y déjelos unos minutos para que se saque la harina. Ponga en una sartén grande aceite sufiente para que quede aproximadamente un cuarto pulgada de aceite. Caliente el aceite. Ponga los pedazos de pollo en la sartén empezando por las partes de más masa como pechuga y muslos. Dore todos lo pedazos de pollo virándolos para que el color quede parejo. Aproximadamente 20 minutos. Baje la llama y *déjelo a fuego lento, bien tapado*, durante 30 minutos. Si la tapa no ajusta bien a la sartén añada una cucharada de agua. Quite la tapa a la sartén y déjelo 10 minutos más destapado para que quede tostadito. Da 4 raciones.

Si quiere que la parte de afuera quede todavía más tostadita puede añadir a la harina media taza de pan viejo rallado.

POLLO FRITO A LA MILANESA

1 pollo (2½ lbs.)	1 taza de galleta molida.
3 dientes de ajo.	½ taza de queso parmesano
1 limón.	rallado.
1 cdta. de sal.	2 huevos
¼ cdta. de pimienta.	1 lb. de aceite

Salsa:

¼ lb. mantequilla	1 lata de pimientos morrones
1 cebolla.	molidos.
1 diente de ajo.	¼ taza vino seco.
½ ají de ensalada.	1 cda. de vinagre.
1 lata salsa de tomate.	½ cdta. de sal.
½ taza pasta de tomate.	¼ cdta. de pimienta.

Corte el pollo en octavos. Adóbelo con el ajo, limón, sal y pimienta. Déjelo por espacio de una hora en esta preparación. Mezcle la galleta molida y el queso rallado. Bata los huevos y empanice los pedazos de pollo pasándolos dos veces por huevo y galleta. Fríalos en aceite caliente.

Sofría en la mantequilla la cebolla, el ajo y el ají picaditos. Cuando empiecen a dorarse, échele los demás ingredientes y bájele el fuego. Cocínela durante quince minutos más.

Sirva el pollo empanizado cubierto con la salsa. Adórnelo con petit pois. Da 4 raciones.

POLLO EN CACEROLA

1 pollo de 2½ lbs.	½ lb. de zanahorias cortadas en
1 limón.	bolitas.
¼ lb. mantequilla	½ lb. de habichuelas cortadas en
1 cdta. de sal.	pedacitos de 1 pulgada.
¼ cdta. de pimienta.	1 cda. de vinagre.
½ lb. de cebollas blancas chiqui-	½ taza caldo de pollo.
tas, enteras.	½ taza de petit pois.
1 lb. de papas cortadas en bolitas.	½ taza de champignons cortados
	a la mitad.

Adobe el pollo con limón y dórelo en la mantequilla caliente; cuando esté dorado polvoréelo de sal y pimienta. Añádale las cebollas y cuando estén doraditas añada las papas, zanahorias, habichuelas, vino seco, vinagre y caldo. Cuando esto rompa el hervor, bájele la llama y déjelo a fuego mediano *bien tapada la cacerola* hasta que el pollo esté blando, aproximadamente 25 minutos. Añádale los champignons y petit pois. Déjelo unos minutos para que éstos se calienten· Sírvalo en cacerolitas individuales poniendo un cuarto de pollo en cada una, rodeando el pollo de vegetales y salsa. Da 4 raciones.

FRICASE DE POLLO

2 pollos (2 lbs. c/u)	⅓ taza aceite
3 dientes de ajo.	½ taza de alcaparrado.
1 naranja agria.	2 cdtas. de sal.
1 ají grande.	¼ cdta. de pimienta.
1 cebolla grande.	1 taza vino seco
1 lata salsa de tomate	1 lb. de papas.

Corte los pollos en cuartos y adóbelos con ajo machacado, naranja agria y la cebolla y el ají cortados en ruedas. Caliente el aceite y dore en él los cuartos de pollo. Añádales la cebolla, ají y jugo de naranja en que estuvieron anteriormente, y después agregue la salsa de tomate, alcaparrado, vino seco, agua, sal y pimienta. Cuando esté a medio cocinar, añada las papas y termínelo de cocinar todo. Al momento de servirlo, agregue, si lo desea, una taza de petit pois extrafinos. Da 8 raciones.

POLLO A LA KING

1 lata sopa crema de pollo.	3 pimientos morrones.
1 lata sopa de champignons.	2 cdas. vino seco
1 taza de leche o crema.	6 lascas de pan tostado.
2 yemas.	4 aceitunas.
2 tazas masa de pollo cocinada.	

Ponga al fuego las dos sopas con la crema o leche. Cuando esté caliente, pero sin dejar que hierva, añada un poco a las yemas e incorpórelas a la sopa con la masa de pollo y dos pimientos picaditos. Déjelo a fuego lento unos minutos más revolviéndolo para que no se pegue y sin dejar que hierva. Bájelo del fuego, añádale el vino seco y viértalo sobre las tostadas untadas de mantequilla si lo desea.

Adórnelo con tiritas de pimientos y rueditas de aceitunas. Sírvalo caliente. Da 6 raciones.

POLLO CON CEBOLLA Y VINO BLANCO

¼ lb. mantequilla	¼ cdta. de pimienta.
2 pollos (cortados en octavos).	½ cdta. de sal de ajo.
1½ lb. de cebollas blancas.	1½ taza de vino blanco.
1 cda. de sal.	

Caliente la mantequilla y dore en ella los pedazos de pollo. Polvoréelos con la sal, pimienta y sal de ajo. Coloque las cebollas peladas pero enteras los pedazos de pollo. Agregue el vino. Tape bien la cacerola y cocínelos a fuego mediano aproximadamente 40 minutos. Da 6 a 8 raciones.

Si desea una salsa más espesa envuelva ligeramente los pedazos de pollo en harina antes de dorarlos en la mantequilla.

POLLO A LO TETTRAZINI

¼ lb. spaguettis	1 cda. de sal.
4 tazas de agua hirviendo.	1 cda. de aceite

1 taza de caldo de pollo.	⅛ cdta. de pimienta.
1 taza de leche	⅛ cdta. de nuez moscada.
	4 cdas. mantequilla
6 cdas. de harina.	1 cda. vino seco
1 cdta. de sal.	⅓ taza crema de leche.

2 cdas. mantequilla	2 tazas masa de pollo cocinado.
½ taza champignons.	⅓ taza queso parmesano.

Cocine los spaguettis en el agua hirviendo con la sal y el aceite durante aproximadamente 10 minutos. Osterice el caldo con la leche, harina, sal, pimienta y nuez moscada. Añádale la mantequilla derretida y cocínelo al baño de María o a fuego lento revolviendo constantemente hasta que espese. Añádale el vino seco y la crema y bájelo del fuego. Ponga los spaguettis en un molde engrasado con mantequilla. Cúbralos con la salsa mezclada con los champignons salteados en la mantequilla y la masa de pollo. Polvoréelo todo con el queso rallado y hornéelo a 400°F. aproximadamente 20 minutos o hasta que estén doraditos. Da 6 raciones.

POLLOS RELLENOS

2 pollos (2 lbs. c/u)	½ cdta. de sal de ajo.
1 naranja agria.	

Relleno:

3 cdas. mantequilla	½ cdta. de especias para hornear
3 cdas. de cebolla picadita.	aves.
1½ taza migas de pan.	½ lb. de jamón molido.
½ taza de leche	½ taza de pasas sin semillas.
	1 huevo
½ cdta. de sal.	
⅛ lb. mantequilla	½ cdta. de sal de ajo.

Polvorée los pollos por dentro con sal de ajo. Exprímale por encima la naranja agria. Déjelos en el refrigerador aproximadamente 1 hora.

Prepare el relleno.

Sofría la cebolla en la mantequilla. Remoje las migas de pan en la leche. Mezcle todo y añádale los demás ingredientes del relleno. Rellene los pollos. Ciérrelos con agujetas o cósalos con hilo y aguja. Unte los pollos con mantequilla. Colóquelos en un molde llano y hornéelos a 350° F. aproximadamente 1 hora 15 minutos. A la mitad del tiempo de horneo polvoréelos con el resto de la sal de ajo. Da 8 raciones.

POLLO GRILLE

2 pollos (2 lbs.)	¼ lb. mantequilla
1 diente de ajo.	1 cdta. de sal.
1 limón.	¼ cdta. de pimienta.

Corte los pollos en mitades o cuartos, adóbelos con ajo y jugo de limón. Déjelos en esta preparación durante una hora. Unte los pollos con la mantequilla y cocínelos bajo el dorador o gratinador unos 20 minutos de cada lado. A la mitad de la cocción, cuando estén comenzando a dorarse, polvoréelos con sal y pimienta. Da 4 raciones.

POLLO GUISADO A LA AMERICANA

Pollo y caldo:

1 pollo de 4 lbs.
1 cebolla grande.
1 ají de ensalada.
2 dientes de ajo.
Unas ramitas de perejil.
4 tallos de apio con sus hojas.
2 cdtas. de sal.
¼ cdta. de pimienta en grano.

Salsa:

2 cdas. de harina.
½ taza de leche

1 taza de caldo.
½ cdta. de sal.
2 cdas. mantequilla
2 yemas de huevo.
1 cda. vino seco
½ cdta de vinagre.

Vegetales:

1 lb. de papas cortadas en bolitas o trocitos.
1 lb. de zanahorias cortadas en bolitas o trocitos.
1 lb. de cebollitas blancas chiquitas.

Biscuits:

2 tazas de harina.
3 cdtas. de polvos Royal.
1 cdta. de sal.
⅓ taza de leche
⅓ taza de aceite

Ponga en una cacerola grande el pollo con los menudos, ají, cebolla, dientes de ajo, perejil, apio y agua suficiente para cubrirlo bien (unas 5 ó 6 tazas); cuando haya hervido unos 30 minutos añádale la sal y pimienta, déjelo hervir lentamente hasta que el pollo esté blando. Cuando el pollo esté casi cocinado añádale los vegetales. Cuando los vegetales estén blandos sepárelos del caldo, desmenuce el pollo en pedazos grandes y cuele una taza de caldo.

En un molde engrasado ponga los vegetales y el pollo y cúbralos con la siguiente salsa:

"Osterice" la harina con el caldo, leche y sal, añádale la mantequilla derretida y póngalo al fuego revolviéndolo hasta que tenga ligero espesor de crema, vierta un poco sobre las yemas batidas, incorpórelo a la mezcla nuevamente y póngalo otra vez al fuego unos minutos revolviéndolo constantemente, añádale el vino seco y el vinagre al bajarlo del fuego y viértalo sobre el pollo con vegetales.

Biscuits:

Cierna los ingredientes secos, añádales el aceite con la leche de una sola vez, revolviéndolo hasta que esté unido. Amáselo ligeramente. Extiéndalo con el rodillo hasta que tenga un espesor aproximado de media pulgada. Córtelo en redondeles de unas dos pulgadas de diámetro. Coloque los biscuits sobre el pollo con vegetales y la salsa. Hornéelo todo a 475°F. unos 10 ó 15 minutos.

Sírvalo caliente. Da unas 6 raciones.

POLLO AL ESTILO ARMENIO

2 pollos de 2 lbs.
cada uno cortados en octavos.   ½ taza salsa de tomate
¼ lb. mantequilla   1 cdta. de pimentón.
1 cebolla.   1 cdta. de sal.
½ taza vino seco   ¼ cdta. de pimienta.
    1 taza de caldo de pollo.

Derrita la mantequilla y dore en ella los pedazos de pollo. Separe el pollo y póngalo en una tartera o molde llano. Dore en la misma mantequilla la cebolla cortada en ruedas. Viértalo todo sobre los pollos, añádale el vino seco, salsa, pimentón, sal y pimienta, y el caldo de pollo hecho con los menudos. Hornéelo a 400°F. destapado durante media hora de cada lado y luego 15 minutos más. Total de tiempo al horno: 1 hora 15 minutos. Sírvalo con arroz Pilaff. Da 6 raciones.

CHOW MEIN DE POLLO

2 pollos (2½ lbs. c/u)
3 dientes de ajo.
1 limón.
1 pechuga de pollo (adicional).
½ taza de aceite
1 cebolla.
1 ají.
½ taza salsa de tomate
1½ taza vino seco
1 cda. de vinagre.
1 cdta. de sal.
¼ cdta. de pimienta.
2 cdas. mantequilla

2 tazas de masa de pollo cocinado y cortado en tiritas.
1 taza de apio picadito a lo largo en tiritas.
1 cebolla grande cortada en tiritas.
1 ají grande cortado en tiritas.
2 tazas de caldo de pollo.
2 cdas. de maicena.
1 taza de champignons.
2 ó 3 cdas. de salsa de soya.
3 tazas de fideos chinos para Chow Mein (2 latas medianas).

Adobe los pollos y la pechuga con ajo y limón. Cocine los pollos, dorándolos primero en el aceite con la cebolla y el ají. Añádales después, sal, pimienta, vinagre, salsa de tomate y vino seco. Déjelos a fuego mediano hasta que estén blandos. Separe enteras las masas de las pechugas (deben quedar 6 mitades) y el resto desmenúcelo para hacer el Chow Mein. Con los menudos y pescuezos haga las dos tazas de caldo sin sal.

En la mantequilla caliente, cocine la cebolla, apio y ají; agregue el caldo y hiérvalo durante 20 minutos; añada masa de pollo, champignons, salsa de soya y la maicena disuelta en un poco de caldo frío o agua (⅓ taza). Déjelo al fuego unos diez minutos, revolviéndolo hasta que esté espeso.

Sírvalo sobre los fideos tostados al horno (350°F., 5 minutos). Colóquele encima las seis mitades de pechuga. Da 6 raciones.

POLLO CON ALMENDRAS

1 pollo (2½ lbs.)
1 cebolla.
1 ají de ensalada.
2 tazas de agua.
½ cdta. de sal.
2 cdas. de aceite
¾ taza de apio picadito.

1 cebolla.
½ taza de champignons.
1 taza de jamón dulce picadito.
1 cda. de maicena.
3 cdas. salsa de soya.
1 taza de caldo.
1 taza de almendras.

Ponga los primeros cinco ingredientes al fuego hasta que el pollo esté blando y el caldo quede reducido a una taza.

Desmenuce el pollo y cuele el caldo. Pele las almendras, tuéstelas y córtelas a lo largo. Corte en tiritas el apio, la cebolla y el jamón. Caliente el aceite y dore en él la cebolla y el apio unos dos minutos, añádale el pollo desmenuzado, jamón y los champignons. Déjelo al fuego unos cinco minutos más, revolviéndolo para que no se pegue. Añádale la maicena disuelta en el caldo y la salsa de soya. Déjelo al fuego unos minutos más revolviéndolo hasta que la salsa cuaje, añádale las almendras y sírvalo caliente con arroz blanco. Da aproximadamente 6 raciones.

POLLO A LO MARENGO

2 pollos (2 lbs. c/u)	2 dientes de ajo
3 cdas. de aceite	1 taza vino seco
3 cdas. mantequilla	1 lata salsa de tomate
1 cda. de sal.	1 lata pimientos morrones.
½ cdta. de pimienta.	½ taza de champignons.
¼ cdta. de nuez moscada.	1 cda. de perejil picadito.
3 cdas. de harina.	8 huevos
1 cebolla.	8 ruedas de pan.

Limpie los pollos y córtelos en cuartos. Caliente la mantequilla y el aceite y eche los pollos para que se doren. Una la sal, pimienta, nuez moscada y harina y polvorée esta mezcla por encima de los pollos mientras se doran, virándolos para que queden todos impregnados de esta sazón. Añádale la cebolla y los ajos machacados. Cuando todo esté ligeramente dorado, añádale el vino seco. Déjelo tapado a fuego mediano hasta que el pollo esté blando. Añádale los pimientos morrones molidos, la salsa de tomate y los champignons. Déjelo al fuego unos 10 minutos más. En ese tiempo, fría los huevos y el pan. En una fuente grande, sirva al centro el pollo cubierto con la salsa y el perejil picadito y rodeado de los huevos y pan frito. Da 8 raciones.

POLLO A LO VILLEROY

Pollo asado:

1 pollo (3 lbs.)	¼ lb. mantequilla
1 naranja agria.	1 cebolla.
2 dientes de ajo.	1 cdta. de sal.
1 taza vino seco	¼ cdta. de pimienta.

Salsa:

¼ lb. mantequilla	¼ cdta. de pimienta.
2 tazas de leche	1 cdta. jugo de limón.
	2 cdas. vino seco
8 cdas. de harina.	1 cdta. de sal.

Empanizado:

4 huevos	Aceite para freir (por lo
2 tazas de galleta molida.	menos una libra.)

Limipie el pollo, adóbelo con ajo machacado y jugo de naranja agria. Déjelo una hora por lo menos en esta preparación.

Corte la cebolla en ruedas. Caliente la mantequilla y sofría en ella el pollo con las ruedas de cebolla. Cuando esté dorado, polvoréelo con la sal y pimienta y añádale el vino seco. Tápelo y déjelo a fuego mediano hasta que esté blando. Quite los huesos al pollo y procure que la masa quede en pedazos grandes, casi enteros.

Prepare la salsa. Derrita la mantequilla, «osterice» la leche con la sal, pimienta y harina, añádala a la mantequilla derretida y póngalo al fuego, revolviéndolo constantemente hasta que tenga espesor de crema bien doble. Si al comenzar a espesar, la salsa parece querer hacer grumos, bátala con más rapidez y quedará completamente suave. Cuando se vea bien el fondo de la cacerola al revolver la salsa, bájela del fuego y añádale el vino seco y jugo de limón. Vierta la mitad de la salsa en una fuente o plato llano, coloque sobre esta crema las masas del pollo y cúbralas con el resto de la salsa. Déjelo enfriar bien, hasta que la crema esté bien dura. Tome los pedazos de pollo bien envueltos en la salsa, páselos dos veces por huevo batido y galleta y fríalos en la manteca caliente (375ºF.). Sírvalo caliente con rueditas de limón y adornado con ramitas de perejil. Da 6 raciones.

MOUSSE DE POLLO

2 cdas. de gelatina granulada sin sabor.	1 cdta. pimentón.
	1 cdta. cebolla picadita o rallada.
1/2 taza de agua.	2 tazas de masa de pollo cocinada.
2 tazas de caldo de pollo.	1/2 taza de apio picadito.
1 cdta. de sal (aprox.).	1/4 taza de ají picadito.
1/8 cdta. pimienta.	1 taza de crema de leche.

Remoje la gelatina en el agua durante unos minutos. Añádale el caldo caliente y revuelva hasta que la gelatina se disuelva. Añada la sal, pimienta, pimentón y cebolla. Póngalo en el refrigerador hasta que empiece a cuajar. Añada la masa de pollo, apio, ají y crema batida. Mézclelo todo bien y viértalo en un molde engrasado con aceite. Déjelo enfriar hasta que cuaje completamente.. Sírvalo con mayonesa y alguna verdura como lechuga, berro o escarola y ruedas de tomate de ensalada. Da 8 raciones.

PECHUGA DE POLLO EN GELATINA

3 pechugas de pollo	¼ cdta. de pimienta.
2¼ tazas de agua.	1 hoja de laurel.
1 cdta. de sal.	1 rueda de cebolla.
2 cdas. mantequilla	1 sobre gelatina sin sabor.
3 cdas. de harina.	¼ taza de agua.

1 lata consommé con gelatina.	1 trufa.
1 macito de berro.	

Ponga desde el día anterior la lata de consommé en el refrigerador. Corte las pechugas a la mitad para sacar los dos filetes. Coloque los filetes de pechuga en una cacerola llana. Cúbralos con agua, sal, pimienta, laurel y cebolla. Deje hervir las pechugas durante aproximadamente 20 minutos. Cuele el caldo y quítele la piel a los filetes de pechuga. Remoje la gelatina en un cuarto taza de agua. Derrita la mantequilla. Osterice la harina con el caldo y añádalo a la mantequilla derretida. Combínelo revolviendo constantemente hasta que espese ligeramente. Añádale la gelatina remojada y revuelva para que se disuelva. Coloque una parrilla de alambre sobre una fuente llana. Ponga las pechugas sobre la parrilla. Bañe las pechugas con la salsa. Guárdelas en el refrigerador unos minutos para que cuaje. Vuelva a repetir esta operación varias veces hasta que las pechugas estén completamente cubiertas y se termine la salsa. *La salsa debe dejarse refrescar ligeramente antes de empezar a bañar las pechugas y lo que cae debajo de la parrilla se recoge para bañar nuevamente las pechugas.* Déjelas enfriar bien. Al momento de servirlas abra la lata de consommé que ya estará cuajado y póngalo en el centro de una fuente. Coloque las hojitas de berro alrededor del consommé y sobre todo esto ponga las pechugas. Adorne cada pechuga con dos pedacitos de trufa cortados en forma de diamante. Da 6 raciones.

PECHUGAS EN PAPILOTE

6 pechugas de pollo	6 pedazos de papel de aluminio.
	de 12 pulgadas cuadradas.
2 cdas. de cebolla	1 1/4 cdta. de sal.
2 cdas. de perejil.	1 1/2 cdta. de Ac'cent.
1/2 cdta. de ajo en polvo.	1/8 cdta. pimienta.
1 cda. de vino seco.	1 lata de crema de champignons
1 cda. de mantequilla.	

Encienda el horno a 450° F. Osterice la cebolla, ajo, perejil y vino seco. Añádale la sopa. Polvorée las pechugas con sal, Ac'cent y pimienta. Póngalas en los papeles engrasados. Rellénelas y cubralas con la salsa. Selle bien los bordes del papel doblándolo firmemente. Colóquelas en una tartera sin engrasar. Hornéelas 25 minutos, vire los paqueticos y hornéelos 25 minutos más. Total 50 minutos. Sírvalas calientes acompañadas de vegetales con mantequilla.

PECHUGA DE POLLO A LA HAWAIANA

3 pechugas de pollo	1 cdta. de sal.
1 huevo	2 tazas de aceite
1 taza de galleta molida.	

Salsa:

1 taza de jugo de piña.	¼ cdta. de polvos curri.
2 cdas. de jugo de limón.	1 cda. azúcar blanca
3 cdas. de harina.	

Pique las pechugas a la mitad de manera que la masa quede entera. Separe las masas del hueso. Polvoréelas con sal. Envuélvalas en huevo y galleta. Fríalas en el aceite caliente. Quíteles el aceite escurriendo bien la sartén y añádales los ingredientes de la salsa osterizados. Déjelas al fuego lento moviéndolas durante veinte minutos. Sírvalas sobre rebanadas de pan tostado y cúbralas con almendras picaditas. Da 3 raciones.

PASTEL DE POLLO CON VEGETALES

Pollo asado en cacerola:

1 pollo (2½ lbs.)	1 cebolla.
1 diente de ajo.	1 cdta. de sal.
1 limón.	¼ cdta. de pimienta.
⅛ lb. mantequilla	½ taza vino seco
¼ taza de aceite	1 cda. de vinagre.

Concha del pastel:

2 tazas de harina.	2 cdas. de aceite
1 cdta. de sal.	4 cdas. vino seco
¼ lb. mantequilla	

Relleno del pastel:

La masa del pollo asado (desmenuzada).	¾ taza de leche
1 taza vegetales surtidos (1 lata).	¼ cdta. de pimienta.
¾ taza de caldo de pollo.	3 huevos

Prepare primero el pollo asado en cacerola. Caliente la mantequilla con el aceite y dore en esto el pollo adobado de antemano con el ajo y el jugo de limón. Cuando el pollo esté ligeramente dorado añádale la cebolla en ruedas, sal y pimienta. Cuando se dore un poco la cebolla añádale el vino seco y el vinagre. Déjelo todo a fuego mediano hasta que el pollo esté blando. Desmenuce el pollo quitándole los huesos y la piel.

Encienda el horno a 400°F.

Cierna la harina con la sal. Añádale la mantequilla cortándola con un estribo hasta que esté como una boronilla fina. Añádale el aceite y vino seco poco a poco, revolviéndolo todo con el tenedor. Unalo todo *sin amasarlo.* Extiéndalo con el rodillo hasta que tenga un cuarto de pulgada de espesor. Ponga esta masa en un molde de pastel de 9 pulgadas de diámetro, haciéndole una orilla rizada en el borde. Coloque en esta concha las masas del pollo y los vegetales escurridos. Cúbralo con la leche, caldo, huevos, sal y pimienta, "osterizados" estos cinco ingredientes de antemano. Hornéelo todo a 400°F. durante 50 minutos. Da 8 raciones.

PASTEL DE POLLO Y MAIZ A LA CREMA

Concha:

2 tazas de harina.	2 cdas. de aceite
1 cdta. de sal.	4 cdas. vino seco
¼ lb. mantequilla	

Relleno:

1 taza de masa de pollo cocinada y cortada en cuadritos.	3 mazorcas de maíz tierno.
	1 cebolla chica.
1 lata de sopa de crema de pollo.	2 cdas. mantequilla

Prepare primero la concha del pastel.

Encienda el horno a 350°F.

Cierna la harina con la sal. Añádale la mantequilla y córtelo todo con un estribo hasta que esté como una boronilla fina. Añádale el aceite y el vino seco poco a poco revolviéndolo con un tenedor para que todas las partículas queden humedecidas. Unalo todo sin amasar. Extiéndalo entre dos pedazos de papel encerado. Quítele el papel. Póngalo en un molde de pastel de 8 pulgadas de diámetro haciéndole un borde rizado alrededor.

RELLENO: Sofría la cebolla molida en la mantequilla caliente. Añada a la sopa (*sin diluir*) el pollo picadito y el maíz desgranado. Viértalo todo en la concha cruda de! pastel. Hornéelo durante una hora aproximadamente. Déjelo refrescar. Da 8 raciones.

1½ lb. de carne de ave molida.
½ lb. de jamón dulce molido.
1 latica de foie-grás trufado.
2 cdtas. de sal.

¼ cdta. de cebolla molida.
5 huevos
⅓ taza de galleta molida.

La masa de pavo o pollo debe molerse cruda.

Mezcle bien todos los ingredientes y viértalos en un molde en grasado con mantequilla. Hornéelo al baño de María en el horno a 350°F. aproximadamente 1 hora y 30 minutos. Puede hacerse en olla de presión a 15 lbs. de presión durante 30 minutos o en una cacerola corriente al baño de María hasta que al introducirle un palillo en el centro salga seco. Sírvalo bien frío cortado en lascas finas. Da aproximadamente 15 raciones.

PATOS CON SALSA DE NARANJA

2 patos de aproximadamente 4 libras cada uno.

Relleno:
2 cdas. mantequilla
1 cebolla chiquita.
2 hígados de pato.
½ lb. de jamón de cocina
4 rebanadas de pan de leche.
½ taza de leche.

2 cdas. vino.
1 taza de pasas sin semillas.

Salsa:
1 taza de jugo de naranja.
1 cda. de ralladura de naranja.
3 cdas. de harina.
¼ cdta. de sal.
½ taza de azúcar prieta.
⅓ taza de azúcar blanca.

RELLENO: Caliente la mantequilla, sofría en ella los hígados picaditos y la cebolla molida: cuando la cebolla esté dorada añada el jamón molido y déjelo al fuego, unos minutos revolviéndolo para que no se pegue. Añádale las pasas y el pan remojado de antemano en la leche y vino seco. Rellene con esto los patos, ciérrelos cosiendo la piel y hornéelos a 325°F. durante dos horas aproximadamente.

SALSA: Una bien todos los ingredientes y póngalos al fuego revolviéndolos hasta que la salsa tenga ligero espesor de crema y esté transparente. Déjela refrescar ligeramente.

Sirva los patos bordeados de puré de papa, cubiertos con la salsa y adornados con pedacitos de naranja. Da 8 raciones.

GUINEAS CON SALSA DE AVELLANAS

2 guineas	2 cdtas. de sal.
1 limón.	1 taza vino seco
3 dientes de ajo.	1 cdta. de vinagre.
1/8 cdta. de pimienta.	3/4 taza de pasas sin semillas.
1/4 taza de aceite	1/2 taza de avellanas peladas.
1 cebolla.	

Corte las guineas en cuartos. Adóbelas con ajo machacado, jugo de limón y pimienta. Guárdelas en el refrigerador durante una hora. Dore las guineas en el aceite caliente con la cebolla cortada en ruedas. Cuando estén doradas polvoréelas con sal y añádales el vino seco. Tápelas bien y déjelas a fuego lento durante 20 minutos. Añada las avellanas molidas o enteras y las pasas. Déjelo todo a fuego lento unos 10 minutos más.

Da 8 raciones.

GALANTINA DE PAVO

1 pavo de 12 lbs.	2 cdtas. de sal.
4 dientes de ajo.	1/4 cdta. de pimienta.
2 limones.	

2 lbs. masa de puerco.	1 cda. de sal.
1/2 lb. de jamón.	1/2 cdta. de nuez moscada.
1 taza migas de pan o galleta.	1/2 cdta. de orégano.
1/2 taza de leche.	1/2 cdta. de comino.
1 latica de foie-grás trufado.	1/2 cdta. de pimienta.
1/4 taza vino seco	1 lata pimientos morrones.
3 huevos duros.	1 pomito de aceitunas rellenas.
3 huevos crudos.	Hígado y molleja del pavo.
4 pepinillos dulces.	

1/4 lb. mantequilla	3 dientes de ajo.
6 litros de agua.	1 hoja de laurel.
2 cdas. de sal.	1 cdta. de pimienta en grano.
1 cebolla.	

Después de limpio y deshuesado el pavo, sazónelo con ajo machacado, sal, pimienta y jugo de limón. Déjelo en este adobo por lo menos un par de horas.

Muela el puerco y el jamón. Mezcle la masa de puerco, el jamón y las migas de pan remojadas en la leche y el foie-grás. Agregue el vino seco y los huevos crudos batidos con la sal y especias. Ponga toda esta masa sobre el pavo abierto y extendido y coloque sobre ella la mitad de las aceitunas picaditas, tiritas de pimientos, pepinos, huevos duros, hígado y molleja y las aceitunas restantes. Cierre el pavo y cósalo con hilo y aguja. Envuélvalo en un paño bien engrasado con la mantequilla. Cosa bien el paño y amarre fuertemente los extremos. Ponga a hervir el agua con la sal, cebolla, especias, etc. y cuando esté hirviendo eche la galantina y cocínela por lo menos tres horas. Al quitarla del agua, póngala entre dos tablas y colóquele encima un peso fuerte para prensarla. Debe prensarse envuelta en el paño, tal y como se saca del agua. Déjela prensar por lo menos doce horas. Déjela enfriar bien antes de lasquearla. Da aproximadamente 20 raciones.

PAVO RELLENO

1 pavo de 18 lbs.	½ cdta. de pimienta.
3 dientes de ajo.	2 naranjas agrias.
1 cda. de sal.	

½ lb. de mantequilla

Relleno:

1 lb. de jamón.	1½ taza de pasas.
1 lb. de castañas asadas.	1 cebolla.
1 lb. de pan de leche.	¼ lb. mantequilla
1 taza de leche	1 cdta. de sal.
	¼ cdta. de pimienta.
1 taza de nueces o almendras.	¼ cdta. de nuez moscada.
1 taza vino seco	

Limpie el pavo. Machaque los dientes de ajo con la sal y pimienta. Agregue el jugo de naranja agria y unte el pavo por dentro y por fuera con este mojo. Déjelo por lo menos un par de horas en este adobo. Ponga en una cacerola la molleja y cúbrala con agua. Déjela hervir a fuego mediano hasta que se ablande. Cuando ya la molleja esté casi blanda añada el hígado y déjelo hervir unos diez minutos. Muela la molleja, el hígado, el jamón y las castañas peladas. Desmenuce el pan y remoje las migas con la leche y el vino seco. Muela la cebolla y sofríala en la mantequilla. Añádale la molleja, el hígado y el jamón molido y sofríalo todo unos minutos. Agregue las especias y rellene el pavo con esta mezcla. Ciérrelo con agujetas o cósalo bien. Unte al pavo un cuarto de libra de mantequilla y colóquelo en una tartera. Hornéelo a 325°F. aproximadamente 6 horas. Untándole de vez en cuando el otro cuarto de libra de mantequilla. Da aproximadamente 25 raciones.

Esta cantidad de relleno es para un pavo grande. Si usted desea usar esta misma receta para un pavo más pequeño disminuya proporcionalmente los ingredientes del relleno y también el tiempo al horno.

PAVO RELLENO CON CONGRI

1 pavo de 8 lbs.	¼ cdta. de pimienta.
3 dientes de ajo.	¼ cdta. de comino.
2 cdtas. de sal.	1 cdta. de orégano.
	1 naranja agria.

½ lb. frijoles negros.	1 ají grande.
4 tazas de agua.	

2 tiras de bacon.	2 cdtas. de sal.
½ cebolla.	1 hoja de laurel.
½ ají.	¼ cdta. de pimienta.
2 dientes de ajo.	⅛ cdta. de orégano.
1½ taza de arroz.	

6 tiras de bacon.	½ taza vino seco

Limpie el pavo. Machaque los dientes de ajo con la sal, pimienta, comino y orégano. Agregue el jugo de naranja agria y unte el pavo por dentro y por fuera con este mojo. Póngale por arriba la cebolla cortada en ruedas. Déjelo un par de horas por lo menos en este adobo. Mejor si es desde la víspera. Lave los frijoles y remójelos un par de horas. Cocínelos en la misma agua del remojo con el ají hasta que se ablanden. Fría las dos tiras de bacon cortadas en trocitos y en la misma grasa del bacon sofría la cebolla picadita, el ajo machacado y luego el ají también picadito. Agregue este sofrito a los frijoles cuando ya estén blandos. Añada el arroz lavado y las especias, así como los pedacitos de bacon fritos. Déjelo cocinar a fuego mediano hasta que el arroz se seque, pero que tenga todavía el grano un poquito duro. *El arroz se termina de ablandar dentro del pavo.* Rellene el pavo con el congrí. Ciérrelo bien. Coloque el pavo en un asador o tartera. Cúbralo con las 6 tiras de bacon y báñelo con el vino seco. Hornéelo a 325°F. aproximadamente 3 horas. Da 8 raciones.

Esta misma receta se puede utilizar para hacer pollos rellenos. Utilice 4 pollos de 1½ a 2 lbs. cada uno, y hornéelos aproximadamente 1 hora a 325°F.

Huevos

El huevo es una magnífica fuente de proteína, hierro, vitamina A y riboflavina. Las proteínas del huevo son de la misma calidad que las de la carne, por eso cuando escasea la carne o está muy cara, se puede usar el huevo como sustituto de la misma en el menú.

Los huevos deben conservarse limpios, en un lugar fresco y dentro de un recipiente o envase tapado. Al cocinarlos es mejor que estén a la temperatura ambiente, de ahí que usted deba sacarlos del refrigerador un rato antes, especialmente si los va a usar para hacer cakes o para batir las claras.

Las claras se separan mejor de las yemas cuando los huevos están fríos. Las yemas que sobran de alguna receta pueden guardarse nuevamente en el refrigerador, y se conservan mejor si se ponen en un recipiente, se cubren con agua y se tapan. Las claras pueden conservarse también durante varios días en el refrigerador, pero siempre en un recipiente tapado. A las claras no se les añade agua.

Al emplear huevos en cualquier receta debemos considerar su tamaño. He aquí una tabla que le ayudará a calcular y sustituir los huevos en las recetas, de acuerdo con su tamaño:

	Chicos	Medianos	Grandes
Huevos enteros que hacen una taza	6	5	4
Claras que hacen una taza	9	8	7
Yemas que hacen una taza	19	17	14

Cocinar un huevo, pasarlo por agua o hacer un huevo duro, parece cosa extremadamente fácil y en realidad lo es, pero hay que observar ciertas reglas para realizarlo a la perfección.

En primer lugar los huevos no deben hervir, sino cocinarse en agua por debajo del punto de ebullición. Además para que la yema del huevo quede en el centro es preciso que se trate de huevos muy frescos que tienen la clara más espesa y por lo tanto no permiten que la yema se vaya a los lados del huevo. Colóquelos en una cazuela de modo que estén uno al lado del otro y no unos sobre otros. Cúbralos con agua y póngalos al fuego, moviéndolos ligeramente hasta que el agua empiece a hervir. Bájele entonces la llama, sígalos revolviendo un minuto o dos y déjelos cocinar a fuego lento durante 15 ó 20 minutos aproximadamente, de acuerdo con su tamaño y la cantidad que se esté cocinando de una sola vez. Inmediatamente después, bótele el agua caliente y cúbralos con agua fría. Esto evitará que se forme ese anillo verde alrededor de la yema, que se debe a una combinación del hierro de la yema con el azufre de la clara, que aunque no es perjudicial a la salud, sí resulta desagradable a la vista.

Para freír huevos, caliente en la sartén aproximadamente media pulgada de grasa. Abra los huevos en un platico y váyalos echando uno a uno en la grasa caliente. Cuando vea que la clara esté cocinada, eche un poco de grasa con la espumadera sobre la yema, hasta que note que va cambiando de color y pierde un poco el color amarillo.

Los huevos fritos deben cocinarse con la grasa a una temperatura moderada para que la clara quede blandita. Algunas personas prefieren, sin embargo, que la clara quede muy tostada. Para hacerlos en esta forma, que aunque incorrecta no podemos negar que es muy sabrosa, debe dejarse calentar bien la grasa antes de verter el huevo en la sartén. Si la sartén no es muy grande, fría los huevos uno a uno para que pueda sacarlos sin que se rompan.

Los huevos fritos a la española se viran después por el otro lado para que queden tostaditos por ambos lados. Estos son ideales para usarlos en sandwiches y emparedados de huevo.

Para hacer huevos poché o fritos en agua, llene la sartén con agua hasta aproximadamente ¾ pulgada de profundidad. Añádale 2 cucharaditas de sal y si lo desea 1 cucharada de mantequilla. Cuando el agua empiece a hervir, baje la llama de modo que el hervor sea muy lento. Abra los huevos que desee cocinar uno a uno en un platico y váyalos echando en el agua. Déjelos a fuego lento aproximadamente 3 ó 4 minutos, y écheles al final con la espumadera agua caliente sobre la yema. Sáquelos con cuidado y escúrralos sobre papel absorbente antes de servirlos. Al igual que los huevos fritos en grasa, los huevos poché o fritos en agua deben cocinarse de modo que no se peguen. Usted podrá cocinar tantos a la vez como grande sea la sartén.

Para hacer un buen revoltillo debe siempre añadir a los huevos batidos un poco de leche o crema y cocinarlo a fuego lento para que quede suave. El revoltillo solo debe cocinarse hasta que cuaje, sin dejar que se seque.

HUEVOS AL PLATO

8 huevos
4 cdtas. mantequilla
1 cdta. de sal.

¼ cdta. de pimienta.
4 cdas. de leche

Encienda el horno a 325°F. Engrase cuatro tarteritas individuales. Abra dos huevos en cada tarterita. Polvoréelos con sal y pimienta. Ponga en cada tarterita una cucharada de leche y una cucharada de mantequilla cortada en pedacitos. Hornéelos aproximadamente 15 minutos. Da 4 raciones.

HUEVOS A LA FLORENTINA

2 tazas de espinacas cocinadas.
1 cda. mantequilla
1 cdta. de sal.
¼ cdta. de pimienta.

4 huevos
½ tubo de pasta de anchoas.
¼ lb. queso Patagrás

Sofría las espinacas unos minutos en la mantequilla caliente sazonándolas de sal y pimienta. Póngalas en cuatro tarteras individuales engrasadas con mantequilla y abra un huevo sobre cada una rodeando la yema con pasta de anchoas. Polvoréelos con queso rallado. Hornéelos a 325°F. unos cinco a diez minutos de acuerdo con el gusto de cada comensal. Da 4 raciones.

HUEVOS EN SALSA DE QUESO

3 cdas. mantequilla
1½ taza de leche

2 cdas. de harina.
½ cdta. de sal.
⅛ cdta. de pimienta.
⅛ cdta. de mostaza.

1 taza queso Patagrás rallado.da

2 cdtas. vino seco
4 rebanadas de pan de leche o
 4 mitades de acemitas.
4 huevos duros.
4 cdtas. mayonesa
4 ramitas de perejil.

Derrita la mantequilla en una cacerola, añádale la leche osterizada con la harina, sal, pimienta y mostaza. Cocínela a fuego
lento revolviendo constantemente hasta que espese, añádale el
queso y déjela al fuego unos minutos más revolviéndola siempre
para que no se pegue. Cuando el queso se derrita en la salsa,
añada el vino seco y bájala del fuego.

Tueste las rebanadas de pan, úntelas con mayonesa y colóquelas en platicos individuales. Coloque sobre cada rebanada
de pan un huevo duro cortado en rueditas, cúbralo bien con
la salsa y hornéelo a 450°F. durante 10 minutos solamente. Sírvalos calientes adornados con una ramita de perejil. Da 4 raciones.

HUEVOS CON PAPAS Y CAMARONES

6 papas medianas.	½ cdta. de sal.
6 huevos salcochados.	½ cdta. azúcar blanca
1 lata de sopa de tomate.	⅛ cdta. de pimienta.
1 lata de camarones.	1 cda. de harina.
1 cdas. vino seco	Espárragos y petit pois para
1 cda. mantequilla	adornar.

Salcoche las papas y córtelas a la mitad. Ahúequelas dejando
espacio para la mitad de un huevo duro que se coloca adentro.
Ponga las papas con los huevos en un molde cuadrado. Aparte
haga una salsa con la sopa de tomate a la que se agrega
otra lata de agua, vino seco, mantequilla, azúcar, sal, pimienta
y la cucharada de harina. Por último agregue los camarones.
Déjela a fuego lento por espacio de cinco minutos. Vierta esta
salsa sobre las papas y adórnelas con petit pois y espárragos si
lo desea. Colóquelas en el horno a una temperatura de 350°F.
por espacio de doce minutos. Sírvalas calientes en el mismo molde.

CESTICOS DE HUEVO Y JAMON

Masa de los cesticos:

2 ¼ tazas de harina	1 cdta. de sal
3 cdtas. de polvo Royal	5 cdas. mantequilla
	¾ taza de leche

Relleno:

4 huevos duros	⅛ cdta. de pimienta
2 cdas. mantequilla.	¼ lb. de jamón
2 cdas. de harina.	4 cdas. vino seco
½ cdta. de sal.	1 latica de petit pois.

Encienda el horno a 425°F. Cierna la harina con los polvos Royal y la sal. Añádale la mantequilla cortándola con un estribo hasta que esté como una boronilla fina. Agregue poco a poco la leche revolviéndolo con un tenedor hasta que todas las partículas estén húmedas. Unalo todo amasándolo suavemente. Extienda esta masa con el rodillo a un cuarto de pulgada de espesor. Córtela con un cortador redondo de dos pulgadas de diámetro. Deben salir 20 redondeles.

Ponga estos redondeles alrededor de cuatro tarteritas individuales engrasadas con mantequilla (cinco para cada tarterita).

En el centro de cada tarterita coloque un huevo duro cortado en ruedas. *Deje cuatro ruedas para adornar los cesticos al servirlos.* Cubra los huevos duros con la crema del relleno, doble hacia el centro las mitades de los redondeles de modo que forme el cestico. Hornéelo a 425°F. durante 20 minutos. Póngales en el centro una rueda de huevo.

RELLENO: Derrita la mantequilla, "osterice" la leche con la harina, sal y pimienta. Cocínelo a fuego lento revolviéndolo constantemente hasta que tenga espesor de crema. Añádale el vino seco, petit pois y jamón molido. Déjelo refrescar ligeramente. Da 4 raciones.

HUEVOS CON JAMON A LA CREMA

4 huevos duros.	1 cdta. de sal.
¼ lb. de jamón dulce.	4 cdas. de harina.
4 cdas. mantequilla	⅛ cdta. de pimienta.
1½ taza de leche	4 tostadas.

Corte los huevos duros a la mitad y separe la yema de las claras. Pique las claras en pedacitos. Derrita la mantequilla, añádale la leche osterizada con la harina, sal y pimienta. Cocínelo a fuego lento revolviendo constantemente hasta que espese. Añádale a esta crema las claras picaditas y el jamón molido. Vierta esta crema sobre las tostadas y polvoréelas con las yemas de huevo pasándola por un colador. Da 4 raciones.

En lugar de jamón en dulce puede utilizar 1 latica de jamón del diablo.

HUEVOS A LA MALAGUEÑA

12 huevos	1 latica de petit pois.
Sal y pimienta.	6 cdas. de catsup.
¼ lb. de jamón.	½ lb. de camarones.
6 puntas de espárragos.	3 cdtas. mantequilla

Engrase seis tarteritas individuales con mantequilla. Pique en pedacitos el jamón y cocine y pele los camarones. Ponga dos huevos en cada tarterita. Sazónelos con sal y pimienta al gusto y cúbralos con el jamón picado, las puntas de espárragos picadas en tres o cuatro partes, los petit pois y los camarones picados en pedacitos si son grandes. Cubra cada par de huevos con una cucharada de salsa de tomate catsup y media cucharadita de mantequilla. Hornéelos a 325°F. hasta que estén cocinados al gusto Aproximadamente de 10 a 15 minutos. Da 6 raciones.

TORTILLA A LA ROMANA

¼ lb. de queso parmesano.	1 diente de ajo.
6 tiras de bacon.	1 latica salsa tomate
1 cebolla.	

Salsa:

1 latica de tomate al natural.	¼ cdta. de sal.
2 cdas. vino seco	¼ cdta. de pimienta.

Tortillas:

6 huevos	¾ cdta. de pimienta.
1½ cdta. de sal.	6 cdas. de aceite

Ralle el queso y fría el bacon; pique el bacon en pedacitos y en la mitad de la grasa que éste soltó al freírse, sofría el diente de ajo hasta que esté doradito; saque el diente de ajo y sofría en esa misma grasa la cebolla picadita; cuando esté doradita añádale la salsa de tomate, sal, pimienta y el tomate al natural colado de antemano; déjelo a fuego lento unos diez minutos y al bajarlo del fuego añádale el vino seco. En el tiempo que se cocina la salsa haga seis tortillas finitas empleando para cada una un huevo, un cuarto cucharadita de sal, un octavo cucharadita de pimienta y una cucharada de aceite. Corte las tortillas en tiras de una pulgada de ancho y cúbralas con la salsa, el bacon picadito y el queso parmesano. Sírvalas con arroz blanco. Da 6 raciones.

FLORECITAS DE HUEVOS RELLENOS

12 huevos
2 laticas de jamón del diablo.

½ taza mayonesa
12 aceitunas rellenas con pimientos.

Antes de empezar esta receta quite los huevos del refrigerador para que no estén fríos. Coloque los huevos en una cacerola y cúbralos con agua, añádale una cucharadita de sal al agua y pónga la cacerola al fuego hasta que rompa el hervor; baje la llama y deje que se cocinen a fuego lento durante 15 ó 20 minutos. Bótele el agua caliente y cúbralos con agua fría inmediatamente. Deje refrescar los huevos y después quíteles la cáscara y córtelos a la mitad a lo largo. Saque con cuidado las yemas y bátalas con la mayonesa y el jamón del diablo. Ponga esta pasta en una manga de decorar con boquilla ancha y rellene las claras haciendo como una rosita en cada una. Coloque la mitad de una aceituna en el centro de cada huevo. Da 24 florecitas. Para servirlas como saladito o en buffet coloque cada una en un capacillo de papel.

PISTO MANCHEGO

1 lb. de papas.
½ lb. de masa de puerco.
1 lb. de camarones.
¼ lb. de jamón en dulce.
½ taza de aceite El Cocinero.
1 cebolla.
1 ají de ensalada.
3 dientes de ajo.

½ taza salsa de tomate
2 cdas. vino seco
10 huevos
1 cda. de sal.
½ cdta. de pimienta.
1 lata chica puntas espárragos.
1 lata pimientos morrones.
1 latica de petit pois.

Corte las papas y la masa de puerco en cuadritos y fríalas. Hierva y limpie los camarones. Corté el jamón en pedacitos. En el aceite caliente sofría la cebolla picadita, los ajos machacados y el ají picadito. Añada la salsa de tomate y vino seco. Déjelo unos minutos y añádale las papitas fritas, masa de puerco, camarones, jamón y los huevos batidos con la sal y pimienta.

Manténgalo al fuego revolviéndolo constantemente y cuando empiece a cuajar añádale la mitad de los espárragos picaditos (½ taza) y la mitad de los petit pois. Déjelo al fuego revolviéndolo hasta que esté todo cuajado, pero sin dejarlo secar demasiado. Sírvalo inmediatamente sobre pan frito en ruedas y adórnelo con los pimientos morrones y el resto de los espárragos y petit pois. Da 8 raciones.

REVOLTILLLO

6 huevos de El Liro.
¼ taza de leche Cía. Lechera de Cuba.

1 cdta. de sal.
4 cdas. mantequilla Hacienda.

Bata los huevos con la leche y la sal. Caliente la mantequilla en la sartén y vierta en ella los huevos batidos. Cocínelo a fuego lento moviendo las partes ya cuajadas que se forman en el fondo de la sartén con una espátula o espumadera. Cocínelo sólo hasta que todo el huevo esté cuajado. No lo deje secar. Sírvalo con lascas de jamón o bacon con tostadas. Da 4 raciones.

Revoltillo a la crema:
Añada crema en lugar de leche.

Revoltillo con jamón:
Al batir los huevos añádale ¼ lb. de jamón dulce molido.

Revoltillo con queso:
Al batir los huevos añádale ¼ lb. de queso patagrás Hacienda rallado.

Revoltillo con bacon:
Sofría 4 tiras de bacon hasta que estén doraditas y suelten toda la grasa. Bata los huevos con el bacon picadito. Use la grasa del bacon en lugar de la mantequilla para hacer el revoltillo.

Revoltillo con jamón a la crema:
Al batir los huevos añádales un queso crema Hacienda de 8 oz. y ¼ lb. de jamón picadito.

TOSTADAS CON REVOLTILLO Y QUESO

8 huevos de El Liro.
¾ tazas de leche Cía. Lechera de Cuba.
1 cdta. de sal.
⅛ cdta. de pimienta.
¼ lb. mantequilla Hacienda.
¼ lb. de jamón molido.

1 cda. de cebolla molida.
8 rebanadas de pan.
8 lascas de queso (½ lb.) Patagrás Hacienda
3 pimientos morrones cortados en tiritas.

Bata los huevos con la leche, sal y pimienta. Derrita la mantequilla y sofría en ella la cebolla y el jamón. Cuando esto esté doradito añádale la mezcla de huevo y cocínelo a fuego lento revolviéndolo para que no se pegue. Coloque este revoltillo en las rebanadas de pan tostadas por un solo lado (*el revoltillo se pone por el lado sin tostar*). Cubra cada una con una lasca de queso. Hornéelas a 325°F. hasta que el queso se derrita ligeramente. Sírvalas calientes adornadas con tiritas de pimientos y ramitas de perejil. Da 6 raciones.

REVOLTILLO A LA MARINERA

1 lb. de filetes de pargo.	1 hoja de laurel.
1 taza de leche Cía. Lechera de Cuba.	2 cdas. mantequilla Hacienda.
	½ lb. de camarones.
¼ cdta. de pimienta.	8 huevos de El Liro.
1 cebolla.	1 lata de sopa de tomate.
1 cdta. de sal.	

Ponga en una cacerola los filetes de pargo, la leche, cebolla, sal, pimienta y laurel. Déjelo hervir a fuego mediano unos diez minutos. Hierva los camarones y pélelos. Derrita la mantequilla, sofría en ella ligeramente el pescado desmenuzado y los camarones picaditos, añádale los huevos batidos con el contenido de la lata de sopa y cocínelo a fuego mediano revolviéndolo constantemente hasta que cuaje, pero sin dejarlo secar demasiado. Sírvalo sobre costrones de pan frito adornado con pimientos morrones y petit pois. Da 8 raciones.

REVOLTILLO DE ESPARRAGOS A LA CREMA

⅛ lb. mantequilla Hacienda.
1 lata sopa de espárragos.
8 huevos de El Liro.

Caliente la mantequilla, bata los huevos con el contenido de la lata de sopa (sin diluir). Cocínelo con la mantequilla a fuego lento revolviéndolo constantemente hasta que se espese pero sin dejarlo secar demasiado. Sírvalo sobre tostadas o pan frito. Da 4 raciones.

Variaciones: Puede hacerse esta misma receta cambiando la sopa por sopa de pollo, champignons, chícharos o tomate.

HUEVOS EN ACEMITAS

4 acemitas o panecitos chicos.	4 cdas. de leche Cía. Lechera de Cuba.
4 cdas. mantequilla Hacienda.	
4 cdas. de jamón molido.	Sal y pimienta al gusto.
4 huevos de El Liro.	

Abra las acemitas por arriba para sacarles la miga. Unte cada acemita por dentro con mantequilla. Abra un huevo en el centro de cada acemita. Cúbralo con jamón. Añádale una cucharada de leche a cada uno. Polvoréelos con sal y pimienta a gusto. Coloque las acemitas en moldecitos individuales o en una tartera. Hornéelas aproximadamente 15 minutos a 325°F. o hasta que el huevo se vea cuajado. Da 4 raciones.

Esta misma receta se puede variar usando en lugar de jamón, queso rallado, sardinas, chorizo, etc.

TORTILLA IMPERIAL
(Kaiserschmarre)

2 yemas.
1 taza harina
1 taza leche

2 cdas. azúcar blanca
1 cda. mantequilla derretida.

2 claras.
¼ cdta. de sal.

Bata las yemas hasta que estén bien dobles. Añada la harina y la leche. Añada mantequilla y azúcar y por último las claras a punto de nieve. Vierta la mitad de la mezcla en una sartén bien engrasada con mantequilla derretida. Dórela por ambos lados. Haga lo mismo con el resto de la mezcla. Viértalo en un plato caliente y desmenúcela con dos tenedores polvoreándola con azúcar abundante. Sírvala caliente. También se puede servir con mermelada de frutas en lugar de azúcar.

Arroces y Pastas

Al confeccionar el menú de la semana debemos incluir siempre algunos platos de arroz, macarrones, spaguettis y demás pastas, ya que todos son de alto valor energético y de poco costo.

Los arroces pueden ser de grano largo, como los de los tipos Rexora, Patna, etc., o de grano redondo como el Valencia. Los arroces de grano largo son los que en Cuba se utilizan con preferencia para hacer arroz blanco y arroz amarillo desgranado. De acuerdo con el gusto y paladar del cubano el mejor arroz de grano largo es el de tipo Rexora ciento por ciento, que tiene todos los granos enteros y que siempre cocina desgranado. El arroz de grano redondo, como el Valencia, no desgrana, queda asopado, y generalmente se dedica a aquellos platos de arroz como paellas, arroz con pollo o arroz con leche que no queremos comer desgranados.

Todos los arroces pulidos, ya sean de grano redondo o largo, tienen el mismo valor nutritivo. Algunos arroces han sido tratados especialmente para restituirles las vitaminas y minerales que pierde el arroz al pulirse. A este grupo pertenecen el arroz convertido y el arroz enriquecido. Estos arroces son más nutritivos que los arroces pulidos. Lamentablemente en nuestro país no hay hasta el momento ningún arroz enriquecido de tipo Rexora ciento por ciento, que es el que cocina desgranado, como gusta a las amas de casa. Esperamos que en un futuro próximo el pueblo cubano pueda encontrar en el mercado un arroz tipo Rexora ciento por ciento enriquecido con vitaminas y minerales.

Para que el arroz quede desgranado, debe cocinarse siempre en una proporción aproximada de taza y media de agua por una de arroz. Cuando se trata de arroz amarillo, la cantidad de líquido puede aumentarse si deseamos que quede asopado. El método más seguro para cocinar arroz blanco desgranado es poner el arroz en la cacerola con el agua fría y la sal, y cuando ya el grano esté abierto y seco, añadir la grasa.

Hay muchas personas que prefieren poner al fuego primero el agua con la sal, y cuando rompa el hervor, añadir el arroz. Pero con este método hay que tener cuidado de echar el arroz en el momento en que el agua empiece a hervir, para evitar que parte del agua se evapore, porque si no hay agua suficiente para que el grano de arroz se hinche, queda duro. Cualquiera que sea la forma que usted prefiera para cocinar arroz, puede ser correcta. Lo importante es que usted ponga la cantidad de agua suficiente porque *no se le debe botar nunca el agua al arroz.*

Algunas recetas de arroz requieren un grano de arroz tostado o frito antes de añadirle el agua. Esto se hace tostando el arroz al horno o friéndolo hasta que el grano esté doradito. Este método es muy usado por algunas amas de casa que siempre tuestan o fríen el arroz antes de añadirle el líquido. En este capítulo encontrará una receta de arroz tostado y otra de arroz frito. Estos procedimientos pueden aplicarse a la mayoría de los platos de arroz si lo desea. El arroz frito en esta forma no debe confundirse con el arroz frito chino que también aparece en este capítulo.

Para que el arroz quede bien desgranado, hay algunos puntos importantes que debemos tener en cuenta. Lo primero es que el arroz sea de buena calidad, que desgrane bien. Debe lavarse el arroz en el momento que se va a echar en el agua para cocinarlo, porque si se lava con anticipación absorbe humedad y queda asopado. Mientras se cocina, no debe revolverse, y menos con una cuchara. Si fuera necesario moverlo, hágalo con un tenedor de cocina que tiene los dientes muy separados.

Las mejores cazuelas para cocinar el arroz son las llanas de aluminio grueso, con una tapa que se ajuste bien a la cazuela. Muchas personas acostumbran tapar el arroz con papel grueso para que no salga el vapor de agua que ayuda a cocinar el arroz. Pero si la tapa ajusta bien, esto no es necesario.

La temperatura de la hornilla eléctrica, la llama de gas o la cantidad de carbón que se utilice también es muy importante.

El arroz debe tener buena candela hasta que empiece a hervir el agua, después una llama mediana será suficiente hasta que se hinche el grano y absorba el agua, entonces debe dejarse a fuego lento hasta que termine de secarse.

LAS PASTAS

Con el nombre de pastas designamos una gran variedad de la familia de los macarrones: spaguettis, canelones, lasagnas, fettuccine, ravioli, etc.

Cocinar las pastas es realmente muy sencillo. Siempre debe usarse una buena cantidad de agua hirviendo con sal. Debe estar hirviendo bien cuando se echen las pastas, bien sean macarrones, spaguettis, canelones, etc., y deben hervir destapadas.

Es muy difícil determinar el tiempo exacto que deben hervir las pastas, porque esto depende del tipo que sean. Los spaguettis, por ejemplo, necesitan menos tiempo que los macarrones y todas las pastas de mayor tamaño. Aquellas pastas que tienen un hueco grande en el centro como los macarrones gordos y los canelones, se cocinan más pronto que las que no tienen hueco o lo tienen muy finito.

La calidad de las pastas y la harina que se emplee en su confección, hacen variar también el tiempo que necesiten cocinarse. Y por supuesto, hay que tener en cuenta el gusto personal · de quienes van a comer. La mayoría de las personas que gustan de las pastan prefieren comerlas al estilo italiano, o sea, "al dente". Otras personas prefieren comer las pastas más blandas. Cuando la pasta se va a usar en una receta que después lleva algún tiempo en el horno, lógicamente no debe hervirse demasiado.

Como regla general, el tiempo que deben hervir las pastas varía entre siete y quince minutos. Ni aun las pastas más gordas deben hervirse más de quince minutos.

Media libra de pasta da aproximadamente tres o cuatro raciones, pero al calcular la cantidad de pasta para una comida, debemos considerar el gusto y apetito de los comensales, ya que no faltará quien se coma la media libra él solo.

Las salsas que se pueden servir con las pastas varían mucho, pero puede considerarse clásica la salsa hecha con pasta de tomate y un sofrito de aceite, ajo y cebolla. Lo mismo podemos decir de los quesos que pueden usarse en distintas recetas: el clásico para polvorear sobre los macarrones es el parmesano.

Las pastas, como todos los productos elaborados con harina, resultan más nutritivas si han sido elaboradas con harina enriquecida. Las mejores pastas son las que se elaboran con sémola de trigo durum y son enriquecidas.

ARROZ BLANCO

1 lb. de arroz.	2 dientes de ajo.
3 tazas de agua.	3 cdas. de aceite
1 cda. de sal.	

En una cacerola llana, caliente el aceite y sofría los dientes de ajo hasta que se vean doraditos. Saque los dientes de ajo y baje el aceite de la candela.

Eche en la cazuela donde está el aceite, el agua con la sal. Cuando empiece a hervir el agua, añada *inmediatamente* el arroz lavado. Déjelo que empiece a hervir nuevamente y luego baje la llama de modo que termine de cocinarse a fuego lento bien tapado durante 30 minutos aproximadamente. Da 6 raciones.

ARROZ FRITO

3 tazas de arroz.	1 lb. de carne de puerco
4½ tazas de agua.	ahumada.
	6 huevos
3 cdas. de aceite	3 ó 4 cdas. de salsa de soya.
3 dientes de ajo.	2 macitos de cebollinos.
¼ cdta. de jengibre.	

Cocine el arroz en el agua de manera que quede bien desgranado, y déjelo enfriar completamente. (No debe añadirse sal al arroz).

Corte la carne de puerco en tiritas finas de un cuarto de pulgada de espesor y aproximadamente una pulgada de largo. Prepare los huevos en tortillas finitas y córtelas del mismo modo que la carne. Corte los cebollinos en pedacitos chiquitos, la parte verde se emplea también.

Caliente el aceite y sofría en él los dientes de ajo y cuando estén dorados, quítelos y eche en ese aceite el arroz cocinado de antemano y ya frío. Revuélvalo constantemente con un tenedor para que no se pegue y cuando empiece a calentarse añádale la carne picadita, el jengibre y las tiritas de tortilla. Añádale poco a poco la salsa y por último los cebollinos picaditos. Sírvalo inmediatamente. Da 8 raciones.

NOTA: El arroz frito puede hacerse con diferentes ingredientes sustituyendo, por ejemplo, la carne de puerco ahumada por jamón, camarones hervidos, pollo, etc. Cuando se hace con mariscos o pollo puede usarse el caldo de éstos para cocinar el arroz previamente.

ARROZ FRITO ESPECIAL

3 tazas de arroz.
4½ tazas de agua.
————
3 cdas. de aceite
3 dientes de ajo.
¼ cdta. de jengibre.
1 lb. carne de puerco ahumada.

6 huevos (Cocinados en forma de tortillitas)
3 ó 4 cdas. de salsa de soya.
2 macitos de cebollinos.
½ lb. de camarones hervidos.
½ lb. de jamón.

Hágalo igual que el anterior. Añada el jamón y camarones picaditos cuando agregue la carne de puerco. Da 8 raciones.

PAELLA

1¼ taza de aceite
2 cebollas.
4 dientes de ajo.
2 ajíes grandes.
2 hojas de laurel.
1 pollo (2½ lbs.)
2 cangrejos.
2 langostas.
½ lb. de jamón crudo.
½ lb. de masa de puerco.
½ lb. de masa de pescado (aguja, peto, etc.).

1 lb. de almejas o una latica de ostiones ahumados.
1 lata de salsa de tomate
1 lata de pimientos morrones.
2½ cdas. de sal.
2 cdtas. de pimentón.
¾ cdta. de pimienta.
4 tazas vino seco.
1 cda. de vinagre.
4 tazas de caldo.
2 lbs. de arroz.

Haga un sofrito con el aceite, cebolla, ajos y ají. Añádale el pollo en pedazos, mariscos limpios (crudos), jamón, carne de puerco y pescado. Cocine todo esto virándolo de vez en cuando en la cazuela hasta que se dore ligeramente. Añádale salsa de tomate, pimientos morrones molidos, agua de los pimientos, sal, pimienta, pimentón, vinagre y vino seco. Déjelo al fuego hasta que rompa el hervor. Agregue el caldo. Cuando el pollo esté un poco blando, añádale el arroz. Cocínelo a fuego lento o al horno a 300°F. hasta que el grano esté blando. Aproximadamente 30 minutos.

Sírvala en la cacerola de barro adornada con petit pois y pimientos. Da 12 a 15 raciones.

ARROZ CON POLLO

2 pollos
3 dientes de ajo.
1 naranja agria.
⅓ taza aceite
1 ají grande.
1 cebolla grande.
1 lata salsa de tomate
2 latas de pimientos morrones.
1 lata de petit pois.

1 lata puntas de espárragos.
2 cdas. de sal.
½ cdta. de pimienta.
1 hoja de laurel.
3½ tazas vino seco
2 tazas de caldo.
2 lbs. de arroz.
Azafrán para colorear.

Haga un caldo con los menudos del pollo.

Corte los pollos en cuartos y adóbelos de antemano con ajo machacado y naranja agria. Caliente el aceite y dore los pollos, añada la cebolla bien picadita, el ají picadito, salsa de tomate, una lata de pimientos molidos con su líquido, el líquido de los petit pois y de los espárragos, sal, pimienta, hoja de laurel, el azafrán para colorear, vino seco, caldo y agua. Lave y remoje el arroz. Cuando el pollo esté medio cocinado, añada el arroz. Déjelo a fuego lento hasta que el grano esté abierto y blando. Añada los petit pois, y adórnelo con pimientos, espárragos, petit pois y huevos duros. Da 8 raciones aproximadamente.

ARROZ RELLENO

2 pollos (2½ lbs. c/u)
¼ lb. mantequilla
1 cebolla.
1 taza salsa de tomate

½ taza vino seco
4 tazas de caldo.
3 tazas de arroz.
1 cda. de sal.

Cocine los pollos en cacerola de modo corriente. Haga con los menudos un caldo al que le echa sólo 1 cucharadita de sal. Desmenuce los pollos.

Caliente la mantequilla y sofría en ella la cebolla picadita. Cuando esté dorada, añádale la salsa de tomate, vino seco, caldo, arroz y sal. Déjelo a fuego mediano hasta que esté cocinado el arroz. Ponga la mitad del arroz en un molde de anillo engrasado con mantequilla, coloque las masas de pollo (que deben conservarse calientes hasta este momento) y cúbralo con el resto del arroz. Desmóldelo y adórnelo con pimientos morrones, petit pois y plátanos fritos. Da 8 raciones.

1 pollo (2½ lb.)	1½ taza de vino seco.
½ taza de aceite	1 cda. de vinagre
1 cebolla.	2½ tazas de caldo de pollo.
1 ají.	1 lb. de arroz
2 dientes de ajo.	1 taza de habas limas.
1 cda. de sal.	1 taza de maíz.
¼ cdta. pimienta	1 taza de zanahorias.
1 lata salsa de tomate	1 taza de petit pois.

Separe la masa del pollo de los huesos. Haga con los huesos y menudos el caldo.

Caliente el aceite, sofría el pollo, la cebolla, ají y ajo, todo picadito. Añádale la sal, pimienta, tomate, vino seco, vinagre, caldo, vegetales y arroz. Déjelo a fuego vivo hasta que rompa el hervor, y luego a fuego mediano tapado durante 30 minutos aproximadamente. Da 6 raciones.

ARROZ CON POLLO A LA CREMA

1 pollo	2 tazas de caldo.
1½ taza de arroz	

Salsa:

¼ lb. mantequilla	¼ cdta. pimienta
1 litro de leche	10 cdas. harina
	2 cdas. de vino seco.
2 cdtas. de sal.	¼ lb. queso parmesano.

Haga un caldo con el pollo. Cuando el pollo esté blando, cuele el caldo y desmenuce el pollo. Separe dos tazas de caldo para hacer el arroz. Cocine el arroz en el caldo.

Derrita la mantequilla. Osterice la leche, sal, pimienta y harina. Una estos ingredientes a la mantequilla derretida y póngalos al fuego revolviendo constantemente hasta que espese. Engrase un molde Pyrex con capacidad para 2½ litros. Ponga en el molde camadas alternas de arroz, pollo desmenuzado y bechamel. Cúbralo todo con queso rallado y hornéelo a 350°F. de 35 a 40 minutos. Da 6 raciones.

RISOTTO A LA MILANESA

¼ lb. mantequilla	1 cda. de Ac'cent.
½ taza cebolla picadita.	1 cdta. de azafrán.
3½ tazas caldo de pollo.	1 lb. de arroz
1 cda. de sal.	¼ lb. queso parmesano.

Derrita la mitad de la mantequilla. Sofría en ella la cebolla. Eche el caldo con el azafrán tostado y sal. Cuando empiece a hervir añada el arroz ya lavado. Cocínelo a fuego vivo hasta que el arroz empiece a abrir y luego a fuego lento hasta que esté completamente seco. No lo revuelva. Al momento de servir el arroz, añádale el resto de la mantequilla cortada en trocitos y el queso rallado. Mueva el arroz con dos tenedores para que se una bien con la mantequilla y el queso. Da 5 raciones.

Para tostar el azafrán póngalo al horno o sobre la tapa de una cacerola caliente hasta que las hebras crujan y se desbaraten al triturarlas entre los dedos. Triture el azafrán antes de desleirlo en el caldo.

ARROZ CON JAMON Y QUIMBOMBO

½ lb. de quimbombó.	1 lata salsa de tomate
2 tazas de agua.	1 lata pimientos morrones.
3 limones.	2½ tazas de agua.
———	½ taza vino seco
½ taza de aceite	1 cda. de vinagre.
½ lb. de jamón.	1 cda. de sal.
1 cebolla.	¼ cdta. de pimienta.
1 diente de ajo.	1 lb. de arroz.
1 ají grande.	

Corte el quimbombó en rueditas y remójelo en el agua con jugo de limón aproximadamente 20 minutos.

Corte el jamón en cuadritos y pique la cebolla. Caliente el aceite, sofría en él los pedacitos de jamón con la cebolla y ajo, añádale el ají y dórelo un poco; añádale la salsa de tomate, pimientos morrones molidos con su líquido, vino seco, las 2½ tazas de agua, sal, pimienta y arroz. Déjelo a fuego vivo hasta que rompa el hervor, después a fuego mediano hasta que el arroz esté blando, aproximadamente 30 minutos. Da 6 raciones.

ARROZ CON POLLO A LA MILANESA

2 pollos	¼ taza vino seco
⅛ lb. mantequilla	1 lb. de arroz.
½ taza de cebolla picadita.	½ cdta. de sal.
½ lb. de jamón molido.	⅛ cdta. de pimienta.
1 lata salsa de tomate	⅓ taza queso parmesano rallado.
3 tazas de caldo de pollo.	

Los pollos deben ser chicos (2 lbs. cada uno) para que se cocinen bien en el mismo tiempo que el arroz. La cantidad de sal es variable, ya que depende del caldo y del jamón. Haga el caldo con los menudos, huesos y pescuezos.

Quite la masa a los pollos crudos. Sofría la cebolla en la mantequilla caliente. Añada la masa de pollo, jamón y salsa de tomate. Cocínelo durante cinco minutos a fuego lento, revolviendo para que no se pegue. Agregue los demás ingredientes menos el queso. Déjelo hervir. Baje la candela y cocínelo bien tapado durante 30 minutos aproximadamente o hasta que el arroz y el pollo estén blandos. Esto puede hacerlo al horno a 325°F. si lo desea. Al momento de servirlo añádale el queso y muévalo con el tenedor para que se una bien. Sírvalo con más queso rallado si lo desea. Da 6 raciones.

JAMBALAYA

3 cdas. de aceite	1 hoja de laurel.
1 lb. de camarones.	½ taza vino seco
¼ lb. de jamón.	1 cda. de vinagre.
1 cebolla.	1½ taza de tomate al natural (se
1 ají.	les quita la semilla pero se de-
2 dientes de ajo.	jan en pedazos grandes).
2 cdtas. de sal.	1⅓ taza de arroz.
1 cdta. de salsa inglesa.	1 latica de ostiones ahumados.
¼ cdta. de pimentón.	1 cda. de harina.
¼ cdta. de pimienta.	2½ tazas de caldo.

Pele los camarones crudos, quíteles la venita y si son grandes, córtelos a la mitad. Lave bien los carapachos y póngalos a hervir con tres tazas de agua hasta que el líquido se reduzca a unas dos tazas y media.

Caliente el aceite y fría en él los camarones crudos. Cuando estén rosaditos, añada el jamón picadito en pedacitos como de una pulgada. Agregue la cebolla, ají y ajos molidos. Cuando esto se sofría un poco, añada la sal, salsa inglesa, pimentón, pimienta, hoja de laurel, vino seco y vinagre. Cuando rompa el hervor, añada el tomate, los ostiones con su líquido y el arroz. Disuelva la harina en el caldo y agréguelo también. Déjelo tapado a fuego vivo, cuando rompa el hervor baje el fuego a mediano y cocínelo unos 30 minutos hasta que el arroz esté blando. Queda asopado. Da 6 raciones.

ARROZ CON ALMEJAS

1 lb. de almejas.	1 cda. de sal.
4 cdas. de aceite	2 cdtas. de salsa inglesa.
1 cebolla chica.	1 cdta. sazonador para mariscos.
4 ajíes chicos.	2 tazas de vino blanco.
2 dientes de ajo.	1 taza de agua o caldo.
1 macito de perejil.	1½ taza de arroz.
1 lata salsa de tomate	

Ponga las almejas en un colador y enjuáguelas con agua caliente. Enjuáguelas varias veces en agua fresca, y luego bajo el chorro de agua para que ésta le quite toda la arena.

Caliente el aceite y sofría en él la cebolla picadita y los ajos machacados. Añada el ají y el perejil también picaditos. Déjelo sofreír todo unos minutos. Añada la salsa de tomate, sal, salsa inglesa, y sazonador para mariscos. Agregue las almejas con cuidado de no revolver mucho para que no se rompan las conchas. *Es mejor sacudir ligeramente la cacerola en lugar de revolver.* Añada el vino y el caldo y cuando todo empiece a hervir agregue el arroz ya lavado. Déjelo a fuego vivo hasta que el grano de arroz empiece a abrir y luego baje la llama y déjelo a fuego lento hasta que ya esté blando. Da aproximadamente 4 raciones.

Si desea hacer el arroz sin las conchas: Separe las almejas. Hierva las conchas en 1½ taza de agua y deje reducir ese caldo a una taza. Use ese caldo para hacer el arroz.

ARROZ CON CALAMARES

2 cdas. de aceite	½ taza vino seco
1 cebolla.	1 lb. de arroz.
1 ají grande.	2½ tazas de agua.
2 dientes de ajo.	1 cda. de sal.
1 lata filetes de calamares.	¼ cdta. de pimienta.
1 lata pimientos morrones.	

Muela la cebolla, ají, ajos y dos pimientos morrones. Sofríalos en las dos cucharadas de aceite y el aceite de los calamares. Añádale los calamares picados, el vino seco y el agua de los pimientos. Déjelo 2 ó 3 minutos y añádale el arroz y el agua. Cuando hierva, bájele el fuego y déjelo a fuego mediano hasta que seque y el grano esté cocinado. Aproximadamente 30 minutos. Sírvalo adornado con los pimientos restantes. Da 6 raciones.

ARROZ PILAFF

3 tazas de arroz.
¼ lb. mantequilla

6 tazas de caldo de pollo sazonado al gusto.

Dore el arroz ligeramente en la mantequilla, añádale el caldo y póngalo todo al horno a 400°F. durante 30 minutos. A los 30 minutos sáquelo del horno, revuélvalo con un tenedor y hornéelo durante 15 minutos más. Da 6 raciones.

ARROZ A LA INDIANA

½ taza mantequilla
1 taza de cebolla picadita.
3½ tazas de agua o caldo.
1 cda. de sal.

4 cdtas. de curri.
1 taza de pasas blancas.
1 lb. de arroz.
1 taza de almendras tostadas.

Derrita la mantequilla y sofría en ella la cebolla. Añádale el agua, sal y curri. En el momento que empiece a hervir agregue el arroz lavado y las pasas. Déjelo hervir nuevamente y luego manténgalo bien tapado a fuego mediano hasta que el arroz se ablande y se seque. Al momento de servirlo añádale las almendras y revuélvalas con el arroz. Sírvalo con Salsa Suprema sazonada con 1½ cdta. de curri. La salsa Suprema puede ser hecha con caldo de pollo, pescado o marisco y si lo desea puede servir éstos con la salsa y el arroz. Da 6 raciones.

Si no encuentra pasas blancas puede hacerlo con pasas negras corrientes. El polvo de curri es un conjunto de especias que es ndispensable para esta receta.

AJIES RELLENOS CON ARROZ

½ lb. de jamón.
2 cdas. de aceite
½ cebolla.
¼ cdta. de ajo en polvo.
½ taza salsa de tomate
1 cda. vino seco
1 cda. de vinagre.

2 tazas de arroz cocinado.
2 huevos
1 cdta. de sal.
⅛ cdta. de pimienta.
6 ajíes grandes.
6 cdtas. de galleta molida.
6 cdtas. queso Patagrás

Muela el jamón y la cebolla. Sofríalos en el aceite y añádale jo, el tomate, vino seco, vinagre, el arroz, y déjelo a fuego nediano, revolviéndolo constantemente durante unos cinco minu-os. Bájelo del fuego, agréguele los huevos batidos con la sal y la pimienta. Rellene los ajíes con esta mezcla. Polvoréelos con el queso rallado y la galleta molida. Hornéelos a 375°F. durante cuarenta y cinco minutos. Da 6 raciones.

MACARRONES CON POLLO

1 pollo de 3 lbs.
1 lb. macarrones
3 cdas. de aceite
1 cebolla.
1 diente de ajo.
¼ lb. de jamón.
1 lata salsa de tomate
½ taza vino seco

1 cda. de vinagre.
4 tazas de caldo de pollo (se hace con los menudos y el pescuezo).
1 cdta. de sal.
⅛ cdta. de pimienta.
½ taza queso Patagrás
⅓ taza de galleta molida.

Prepare primero un buen caldo (aproximadamente 4 tazas) con los menudos, pescuezos, etc., sazonándolo con sal al gusto.

Caliente el aceite y dore en él la cebolla picadita, añádale el jamón en pedacitos y el pollo en cuartos. Déjelo todo unos minutos al fuego. Añádale ajo, tomate, vino seco, una taza del caldo, sal y pimienta. Cuando rompa el hervor, bájele la llama y déjelo a fuego mediano hasta que el pollo esté blando.

Ponga a hervir las tres tazas de caldo restantes y cuando esté hirviendo, añádale los macarrones y déjelos hervir de 10 a 15 minutos hasta que se ablanden.

En lo que hierven los macarrones deshuese el pollo, dejando la masa en la salsa.

Una los macarrones cocinados con el pollo y la salsa. Viértalo todo en un molde. Polvoréelos con queso rallado y galleta. Hornéelos a 350°F. hasta que estén doraditos. Aproximadamente 25 minutos. Da 8 raciones.

MACARRONES CON CAMARONES AL GRATIN

½ lb. macarrones
3 tazas de agua hirviendo.
1 cda. de sal.
2 cdas. de aceite
_____
⅛ lb. mantequilla
2 cdas. de cebolla molida.
3 cdas. de harina.
1½ taza de leche
½ cdta. de sal.

¼ cdta. de pimienta.
1 yema de huevo.
1 cda. de jugo de limón.
1 cda. vino seco
1 cdta. de vinagre.
1 cda. de perejil picadito.
1 lb. de camarones hervidos y pelados.
¼ lb. queso Patagrás
3 cdas. de galleta molida.

Cocine los macarrones en el agua hirviendo con sal y aceite. Derrita la mantequilla y sofría en ella la cebolla. Añádale la leche "osterizada" con la harina, sal y pimienta. Cocínelo a fuego lento, revolviendo constantemente hasta que tenga espesor de crema. Añada un poco a la yema y cocínelo todo unos minutos más. Añádale el jugo de limón, vino seco, vinagre y perejil picadito.

Ponga en un molde los macarrones y camarones. Cúbralos con la crema. Polvoréelos con el queso rallado y la galleta molida. Hornéelos a 350°F. unos 30 minutos. Da 6 raciones.

MACARRONES CON CARNE

2 cdas. de aceite	¼ cdta. de orégano.
1 lb. de carne de res molida.	1 hojita de laurel.
2 dientes de ajo.	———
½ cebolla.	½ lb. de macarrones
½ ají grande.	4 tazas de agua hirviendo.
2 latas salsa de tomate	1 cda. de sal.
2 cdas. vino seco	———
1 cdta. de sal.	½ lb. queso Patagrás
¼ cdta. de pimienta.	⅛ lb. de queso parmesano.

Caliente el aceite y sofría en él los dientes de ajo machacados, cebolla picadita y ají. Añada la carne y cuando esté ligeramente cocinada agregue el vino seco, salsa de tomate, sal, pimienta, orégano y laurel. Déjelo a fuego lento bien tapado durante 15 minutos.

Cocine los macarrones en el agua hirviendo con sal. Quite la hoja de laurel a la carne. En un molde engrasado con mantequilla, ponga una capa de macarrones, otra de carne y otra de queso rallado. Cúbralo con otra capa de macarrones y repita la capa de carne y queso. Hornéelo a 350°F. durante 25 minutos aproximadamente. Da 6 raciones.

SPAGUETTIS CON BONITO

½ lb. spaguettis	2 tazas de Leche
4 tazas de agua hirviendo.	
1 cda. de sal.	1 queso crema de 6 oz.
1 cda. mantequilla	1 cdta. de salsa inglesa.
———	½ cdta. de sal.
4 cdas. mantequilla	⅛ cdta. de pimienta.
4 cdas. de harina.	1 lata bonito

Corte los spaguettis en trocitos de una pulgada. Póngalos a cocinar en el agua hirviendo con la sal y mantequilla aproximadamente 10 minutos. En lo que hierven los spaguettis derrita las 4 cucharadas de mantequilla y añádale la leche "osterizada" con la harina. Manténgalo al fuego moviéndolo constantemente hasta que tenga espesor de crema. Bata el queso con la salsa inglesa, sal y pimienta. Añádale, poco a poco, la salsa blanca y por último los spaguettis cocinados (escurridos) y el bonito desmenuzado. Viértalo en cacerolitas individuales engrasadas con mantequilla y hornéelo a 375°F. durante 20 minutos. Adorne cada cacerolita con rueditas de aceitunas y perejil. Da 6 raciones.

SPAGUETTIS A LA NAPOLITANA

1 lb. spaguettis	1 cda. de sal.
3 litros de agua.	1 cda. aceite

Salsa:

1 cebolla.	1 taza de caldo.
2 dientes de ajo.	1 latica pasta de tomate.
2 cdas. aceite	½ taza vino seco
2 onzas de jamón.	½ cdta. de sal.
2 onzas de salchichón.	⅛ cdta. de pimienta.
10 champignons.	

1/4 lb. queso rallado.

Muela la cebolla y el ajo, sofríalos ligeramente en el aceite. Añádale el jamón y el salchichón molidos, los champignons picados y sofríalo todo unos minutos más. Añádale el caldo, la pasta de tomate y el vino seco, la sal y la pimienta. Cocínela a fuego lento durante unos 30 minutos.

Ponga al fuego el agua con la sal y el aceite. Cuando esté hirviendo eche los spaguettis y deje la cazuela destapada. Déjelos unos diez minutos hasta cocinarlos "al dente".

Sirva la salsa caliente sobre los spaguettis acabados de hacer. Polvoréelos con el queso rallado. Da unas 8 raciones.

CANELONES RELLENOS

Canelones:

1 pqte. canelones
3 litros de agua hirviendo.

1 cda. de sal.
1 cda. mantequilla

Relleno:

⅛ lb. mantequilla
1 cebolla chiquita.
Unas ramitas de perejil.
½ lb. de jamón molido.
½ taza de acelgas o espinacas picaditas.

½ pechuga de pollo
¼ taza salsa de tomate
¼ cdta. de sal.
¼ cda. de pimienta.
3 cdas. queso parmesano rallado.

Salsa:

⅛ lb. mantequilla
2 tazas de leche

4 cdas. de harina.
1 cdta. de sal.

¼ cdta. de pimienta.
2 yemas de huevo.
2 cdas. vino seco
Queso parmesano para polvorear.

Caliente la mantequilla y sofría en ella la cebolla, perejil picadito, el jamón, la pechuga molida cruda y la acelga cruda muy picadita también. Añada la salsa de tomate, sal, pimienta y queso parmesano. El picadillo se debe preparar de antemano para que esté fresco al rellenar los canelones. Cocine los canelones en el agua hirviendo con sal y mantequilla durante unos diez minutos. Enjuáguelos en agua fría y rellénelos con el picadillo.

Ponga los canelones rellenos en un molde engrasado con mantequilla y cúbralos con la siguiente salsa:

Osterice la mantequilla con la leche, harina, sal y pimienta, cocínela a fuego lento o baño de María, revolviendo hasta que espese. Añada un poco de salsa a las yemas, únalo todo y cocínela unos minutos más revolviendo constantemente. Al retirarla del fuego añada el vino seco.

Polvorée los canelones con queso parmesano rallado y hornéelos a 375°F. unos 15 ó 20 minutos hasta que se doren.

LASAGNA AL FORNO

2 cdas. de aceite	½ lb. masa de puerco.
1 cebolla.	½ lb. carne de res.
1 diente de ajo.	1 lata salsa de tomate
1 cdta. de sal.	1 lata pasta de tomate.
¼ cdta. de pimienta.	1 lata consommé.
⅛ cdta. de orégano.	½ taza vino seco
1 hoja de laurel.	

---

1 lb. de ricotta o cottage cheese.	¼ lb. queso parmesano.
1 lb. de queso mozzarella.	

---

1 pqte. de 1 lb. de lasagna.	1 cda. de sal.
5 litros de agua.	1 cda. de aceite

Muela la carne de puerco y la de res. Pique la cebolla.

Prepare primero la salsa. Sofría la cebolla picadita y el ajo machacado en el aceite. Añada sal, Ac'cent, pimienta, orégano, laurel y las dos carnes. Cocínelas unos minutos hasta que ya la carne no se vea roja. Eche los demás ingredientes de la salsa y déjela a fuego lento 1½ a 2 horas hasta que esté espesa.

Mientras se cocina la salsa aplaste el queso ricotta o cottage cheese con un tenedor. Corte el queso mozarrella en lascas finas y ralle el parmesano.

Cuando ya la salsa esté espesa. Eche las tiras de lasagna en el agua hirviendo con sal y aceite. Déjelas hervir unos diez o quince minutos. Hasta que se vea la pasta suave sin que se desbarate, de modo que quede "al dente". Saque las tiras de lasagna y páselas por agua fría. Luego póngalas sobre un paño seco.

Engrase con mantequilla o aceite un molde alargado y ponga las camadas de lasagna alternando con capas de salsa y los tres quesos. Repita esta operación hasta terminar con las tiras de lasagna, salsa y quesos. Siempre de modo que la última capa sea de queso parmesano. Hornéela a 325°F. aproximadamente 45 minutos o hasta que se vea doradita. Da 8 raciones.

Si no encuentra en el mercado pasta lasagna puede sustituirla por cuatro paquetes de canelones.

GNOCCHI

2 lbs. de papas.	1 taza harina (aprox.).
2 yemas de huevo.	1 cdta. de sal.
2 cdas. de queso parmesano.	

Cocine las papas y redúzcalas a puré. Añádale las yemas, queso, harina y sal. Amáselo ligeramente. Tome la masa por porciones pequeñas y estírela como un rollito de un dedo de grueso. Corte la masa en pedacitos de unas dos pulgadas de largo. Aplaste ligeramente los extremos con un tenedor. Cocínelos aproximadamente 10 minutos en agua hirviendo con sal. Deben sacarse del agua en cuanto lleguen a la superficie. Sírvalos con salsa de tomate y queso parmesano. Da 4 raciones.

La cantidad de harina es variable ya que algunos tipos de papa necesitan más cantidad de harina que otros para dar una masa consistente.

ASOPAO PUERTORRIQUEÑO

1 pollo de 3 lbs.	¼ cdta. pimienta
¼ taza aceite	½ cdta. orégano.
¼ lb. de jamón.	2 cdas. vinagre
1 cebolla.	1 lb. arroz
2 dientes de ajo.	4 tazas de caldo.
1 ají.	2 tazas de vino seco.
½ taza salsa de tomate	1 taza petit pois.
1 cda. alcaparras.	1 taza queso rallado (patagrás).
½ taza aceitunas.	1 latica de pimientos.
1 cda. sal (aprox.).	

Se hace como un arroz amarillo corriente, debe quedar muy asopado nadando en caldo.

Al igual que el arroz amarillo puede hacerse con otros ingredientes en lugar de jamón y pollo.

Al momento de servirlo se le añaden los petit pois y el queso, se revuelve y se adorna con pimientos.

Debe echarse el arroz aproximadamente 30 minutos antes de servir para evitar que se abra demasiado el grano y se seque el arroz.

Vegetales

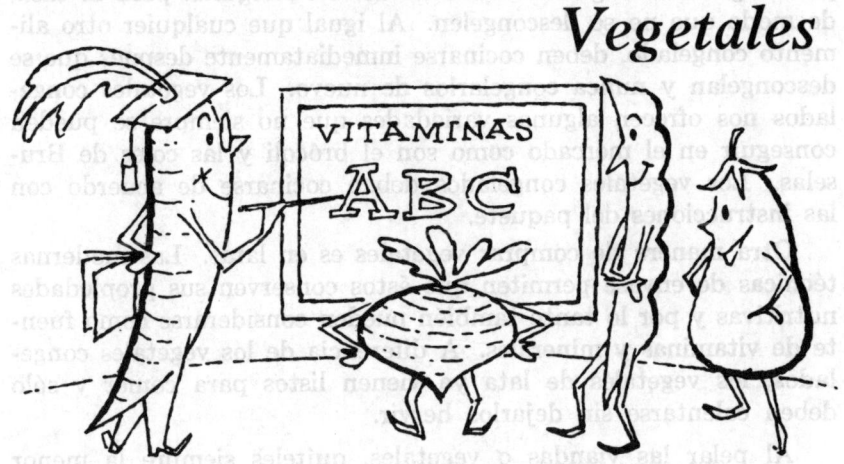

El ama de casa que quiere combinar bien su menú debe incluir en él algunos vegetales crudos y cocinados. Además de ser muy importantes desde el punto de vista nutritivo, los vegetales dan a cualquier comida variedad de sabor, color y textura.

En Cuba acostumbramos llamar viandas a los vegetales feculentos como la yuca, la papa, la malanga, calabaza, plátano o boniato. El maíz, aunque es un cereal, muchas veces se considera como un vegetal, especialmente si es tierno. Cuando pensamos en vegetales nos acordamos de la zanahoria, las habichuelas, remolacha, quimbombó, tomate, nabo, etc.

Al comprar vegetales exija que sean muy frescos y compre sólo la cantidad que usted pueda consumir mientras conserven su frescura. Cada vegetal tiene sus características especiales que nos indican que está fresco, pero como regla general, la consistencia del vegetal y su aspecto nos dicen a primera vista su grado de frescura. Las habichuelas, por ejemplo, crujen al doblarlas cuando están frescas. Los vegetales de hojas verdes, como la acelga, la espinaca o el berro, deben tener las hojas enteras y frescas. La coliflor debe ser blanca y no tener manchas negras. Las zanahorias frescas tienen una consistencia firme. Muchas veces nos encontramos en el mercado vegetales de un tamaño extraordinario que nos hace pensar que son mejores, pero esto no siempre es así.

Además de los vegetales frescos, en muchos mercados cubanos se encuentran vegetales congelados. Estos conservan su valor nutritivo y son también fuentes de vitaminas y minerales. Al comprar vegetales congelados debe llevarlos en seguida para la casa, de modo que no se descongelen. Al igual que cualquier otro alimento congelado, deben cocinarse inmediatamente después que se descongelan y nunca congelarlos de nuevo. Los vegetales congelados nos ofrecen algunas variedades que no siempre se pueden conseguir en el mercado como son el brócoli y las coles de Bruselas. Los vegetales congelados deben cocinarse de acuerdo con las instrucciones del paquete.

Otra manera de comprar vegetales es en latas. Las modernas técnicas de envase permiten que éstos conserven sus propiedades nutritivas y por lo tanto también pueden considerarse como fuente de vitaminas y minerales. A diferencia de los vegetales congelados, los vegetales de lata ya vienen listos para comer y sólo deben calentarse sin dejarlos hervir.

Al pelar las viandas o vegetales, quíteles siempre la menor cantidad de cáscara posible y cuando vaya a cortar vegetales para cocinarlos, córtelos a lo largo y no atravesando sus fibras. Así conservan más sus propiedades nutritivas. Las remolachas conservan mejor su color, sabor y valor nutritivo si se cocinan con la cáscara y sin cortarles el tallito.

No deje los vegetales en agua antes de cocinarlos, porque esto los hace perder mucho de su valor nutritivo. Hierva primero el agua con la sal y después eche los vegetales. Cocínelos en la menor cantidad de agua posible y sólo el tiempo necesario, especialmente si son tiernos. El agua debe hervir lentamente, no a borbotones.

No añada bicarbonato a los vegetales, y tápelos mientras se cocinan. Sólo la cebolla, la col y la berza se cocinan destapados y en abundante cantidad de agua. A las recetas que llevan papas generalmente se les añade el vinagre o vino seco después que éstas están blandas, para evitar que se pongan amarillas.

Las viandas y demás vegetales asados o cocinados en olla de presión y envueltos en papel de aluminio quedan mucho más sabrosos, pues como se cocinan sin agua conservan todo su sabor natural. Además resultan más nutritivos.

Los vegetales también pueden servirse en forma de soufflés. La palabra *soufflé* quiere decir inflado o lleno de aire, y esto es precisamente lo que le pasa a los soufflés cuando se cocinan. Básicamente un soufflé se hace con una salsa blanca o bechamel a la que se le añaden las yemas, el vegetal con que se va a hacer el soufflé y por último las claras batidas a punto de nieve. Los soufflés pueden hacerse además con queso, jamón, pescado, etc. También hay soufflés dulces que se sirven como postre, como por ejemplo el soufflé de chocolate. El secreto de hacer un buen soufflé no es más que el de preparar todos los ingredientes de antemano, tener el horno encendido también de antemano, mezclar los ingredientes correctamente, hornearlos a la temperatura indicada y servirlos inmediatamente después de sacarlos del horno. A la hora de añadir las claras batidas a un soufflé, hágalo suavemente, sin batir la masa, sólo envolviéndola. En este capítulo encontrará usted varias recetas de soufflés y otros platos a base de vegetales que le permitirán variar la forma de cocinarlos. Pero recuerde que cualquier vegetal resulta delicioso hervido o asado, servido con mantequilla, aceite y sazonado ligeramente con sal. También resultan deliciosos servidos con un mojo criollo.

Muchos vegetales como la zanahoria, la col y los ajíes pueden comerse crudos y resultan muy sabrosos. Sirva siempre alguna fruta o vegetal crudo en cada comida.

ROLLITOS DE COL

1 col grande.   8 tazas de agua hirviendo.

Relleno: **Salsa:**
½ lb. carne de res molida.   ½ taza de arroz.
½ lb. masa de puerco molida.   ½ taza de aceite
2 cdtas. de sal.   ½ taza salsa de tomate
¼ cdta. de pimienta.   ¼ taza vino seco
3 cdas. cebolla molida.   2 cdtas. jugo de limón.
3 cdas. salsa de tomate   1 cdta. de sal.
2 cdtas. jugo de limón.   1 taza de agua o caldo.

Hágale un corte a la base de la col para separar con facilidad las hojas. Separe aproximadamente doce hojas grandes con cuidado de no romperlas. Ponga las hojas de col en el agua hirviendo. *Quite la cacerola del fuego para que las hojas de col no hiervan.* Tape bien la cacerola y déjelas diez minutos en el agua caliente. Saque con cuidado las hojas de col y colóquelas sobre un paño o papel toalla para que escurran.

Mezcle bien todos los ingredientes del relleno. *El arroz debe lavarlo y añadirlo crudo.* Coloque aproximadamente una cucharada del relleno en cada hoja de col. Envuelva las hojas como tamalitos. Doble las esquinas hacia adentro para que no se salga el relleno. Al terminar de enrollar cada hoja apriétela ligeramente con la mano. Colóquelas en una cacerola llana o sartén grande. Mezcle todos los ingredientes de la salsa y viértala por encima de los rollitos. Tape bien la cacerola, póngala al fuego y cuando empiece a hervir la salsa, baje el calor de manera que se cocine a fuego lento durante 30 minutos. Destape la cacerola y déjelos 15 minutos más a fuego lento. Da aproximadamente 6 raciones.

PUDIN DE ESPINACAS

2 cdas. mantequilla	2 cdas. de harina.
2 cdas. de cebolla picadita.	1 cdta. de sal.
3 tazas de espinacas cocinadas.	¼ cdta. pimienta
1 taza de leche	1 cda. vino seco
	3 huevos de

Caliente la mantequilla y sofría la cebolla. Osterice las espinacas *bien escurridas* con la leche, harina, sal y pimienta. Viértalas en la cacerola con la mantequilla y la cebolla. Cocínelas a fuego lento revolviéndolas constantemente hasta que espesen. Bájelas del fuego y añádales el vino seco. Vierta esta crema poco a poco sobre los huevos batidos y únalo todo bien. Póngalo en un molde de anillo bien engrasado. Hornéelo al baño de María a 375°F. hasta que al introducirle un palillo, salga seco. Aproximadamente 30 minutos. Déjelo refrescar unos minutos antes de desmoldarlo. Da 6 raciones.

Resulta muy sabroso si se rellena el centro del anillo con camarones salteados en salsa. Vea la receta en el capítulo de pescados y mariscos.

ACELGAS CON JAMON

2 tazas de acelgas hervidas.	¼ lb. de jamón dulce.
2 cdas. mantequilla	1 huevo

Escurra bien las acelgas y córtelas en pedacitos. Caliente la mantequilla y añádale las acelgas y el jamón picaditos. Saltéelas unos minutos en la mantequilla caliente y agregue el huevo batido. Revuelva hasta que cuaje el huevo sin dejar que se seque demasiado. Da 6 raciones.

ZANAHORIAS GLACEADAS

¾ taza de agua.
½ cdta. de sal.
½ lb. zanahorias.

3 cdas. azúcar blanca
3 cdas. azúcar priet
3 cdas. mantequilla

Raspe las zanahorias y córtelas en tiritas finas de aproximadamente un cuarto pulgada de espesor y dos pulgadas de largo. En una cacerola llana ponga al fuego el agua con la sal. Cuando rompa el hervor añádale las zanahorias. Tápelas bien y déjelas hervir cinco minutos aproximadamente. Escúrrales el poco de agua que queda en la cacerola. Agrégueles el azúcar y la mantequilla y déjelas a fuego lento 10 minutos aproximadamente, moviéndolas de vez en cuando para que no se peguen. Sírvalas con platos de carnes o ave. Da 4 raciones.

REMOLACHAS HARVARD

2 tazas de remolachas.
⅓ taza azúcar blanca
3 cdas. de harina.
¼ taza de vinagre.

⅓ taza agua de las remolachas.
½ cdta. de sal.
2 cdas. mantequilla

Puede usar remolachas de lata o frescas. Si usa remolachas frescas debe cocinarlas primero. La remolacha puede usarse cortada en ruedas o en cuadritos.

Osterice el azúcar con la harina, vinagre, sal y el agua de las remolachas. Cocínelo a fuego lento, revolviéndolo constantemente hasta que espese. Añádale las remolachas y la mantequilla. Sírvalas calientes. Da 4 ó 5 raciones.

REMOLACHAS EN ESCABECHE

2 latas (N° 2) de remolachas en ruedas.
1 taza ruedas de cebolla.
1 cdta. de sal.

1 cdta. azúcar blanca
1 taza de vinagre.
1 taza aceite

Puede usar remolachas frescas si lo desea. Cocine aproximadamente 2 libras de remolachas en agua hirviendo con sal. Cuando estén blandas, pélelas y córtelas en ruedas.

Disuelva la sal y el azúcar en el vinagre. Caliente el aceite. Ponga las remolachas y ruedas de cebolla en un molde con tapa. Cúbralo todo con aceite y vinagre. Guárdelas bien tapadas en el refrigerador durante un par de días. Da 8 raciones aproximadamente.

PAPAS EN SALSA BLANCA

2 lbs. de papas.
2 tazas de leche
¼ taza de aceite

1 cebolla blanca granɑ₍
1 cda. de sal.
1 cdta. de pimienta.

Corte las papas y la cebolla en ruedas. Ponga en una cace
rola camadas alternas de papa y cebolla. Cúbralo todo con la
mezcla de leche, aceite, sal y pimienta. Cocínelas a fuego muy
lento, sin revolverlas. Aproximadamente una hora o hasta que
estén blandas. Da 4 raciones.

PURE DE PAPAS

2 lbs. de papas.
3 cdas. mantequilla
¼ taza de leche

1 cdta. de sal.
⅛ cdta. de pimienta.

Cocine las papas enteras en agua hirviendo con sal o en la
olla de presión siguiendo las instrucciones del fabricante. Caliente
la leche. Pele las papas y redúzcalas a puré. Añádale los demás
ingredientes. Las papas deben reducirse a puré estando calientes.
Si desea un puré más flojo puede aumentar la cantidad de leche
pero siempre debe ser leche caliente. Si no tiene olla de presión
y desea cocinar las papas rápidamente puede pelarlas y cortarlas
en trocitos, pero debe cocinarlas en muy poca agua para que no
pierdan mucho valor nutritivo. Da 6 raciones.

Para conservar el puré de papas calentito hasta el momento
de servirlo, póngalo al baño de María.

PURE DE PAPAS CHANTILLY

Haga un puré de papas como indica la receta básica. Ponga
el puré en un molde engrasado. Cubra el puré con media taza
de crema batida y polvoréelo con un tercio taza de queso Patagrás
Hacienda rallado. Hornéelo a 450°F. hasta que esté doradito.

PURE DE PAPAS DUQUESA

Haga un puré de papas como indica la receta básica. Añádale
dos yemas de huevo. Póngalo en un molde engrasado. Barnícelo
con clara de huevo y hornéelo a 450ºF. hasta que esté doradito

PURE DE PAPAS CON QUESO

2 lbs. de papas.   3 cdas. mantequilla
1 cdta. de sal.   1 queso crema (3 oz.)

Hierva las papas y redúzcalas a puré. Añádale la sal, queso
y mantequilla. Da 6 raciones aproximadamente.

PURE DE PAPAS REAL

2 lbs. de papas.   2 cdas. mayonesa
2 huevos duros.   1 cdta. de sal.
1 latica de petit pois.

Cocine las papas con su cáscara. Pélelas y redúzcalas a puré.
Agregue los demás ingredientes y sírvalo caliente. Da 6 raciones.

PAPAS EN ESCABECHE

2 lbs. de papas.   2 dientes de ajo.
1 cdta. de sal.   1 ají verde.
⅛ cdta. de pimienta.   Aceite y
1 cdta. de pimentón.   Vinagre.
2 cebollas grandes.

Salcoche las papas con su cáscara. Pélelas, déjelas enfriar y
píquelas en ruedas finas. Corte las cebollas y el ají en rebanadas
y colóquelas sobre las papas. Agregue los dientes de ajo, sal, pimienta y pimentón. Cúbralo todo con aceite y vinagre en partes
iguales y déjelas en esta preparación durante doce horas, en un
recipiente de cristal o de barro. Da aproximadamente 8 raciones.

PAPAS ASADAS

6 papas medianas.   Pimentón.
Sal.   Mantequilla
Pimienta.

Encienda el horno a 425°F. Lave bien las papas con un cepillo. Séquelas y póngalas al horno hasta que se ablanden. Aproximadamente 45 minutos. En cuanto las quite del horno hágale un
corte en la parte superior para dejar escapar el vapor. Sírvalas
con sal, pimienta, pimentón y mantequilla a gusto. Da 6 raciones.

PAPAS ASADAS CON QUESO

6 papas medianas.
1 cdta. de sal.
2 cdas. mantequilla
¼ cdta. de pimienta.

¼ taza de leche

½ taza queso Patagrás

Después de asadas las papas. Abralas a la mitad. Quíteles toda la parte del centro con cuidado de no romper la cáscara. Redúzcalas a puré, añadiéndole sal, pimienta, mantequilla, leche caliente y queso rallado. Rellene las cáscaras con el puré. Póngalas nuevamente al horno hasta que se doren. Da 6 raciones.

TARTA DE PAPAS A LO TARANTO

3 papas medianas.
1¼ taza de harina.
½ cdta. de sal.
2 cdas. de aceite
¼ taza de pasta de tomate.
¼ taza de catsup.

½ lb. queso Patagrás
1 latica de anchoas.
½ pomo de aceitunas (10 a 12).
2 cdas. queso parmesano rallado.
1 cda. de orégano.

Cocine las papas y redúzcalas a puré, añádale la harina y la sal, uniéndolo todo bien. Coloque esta masa en el fondo de un molde de pastel de 9 pulgadas, úntelo con el aceite de las anchoas. Cúbrala con lascas de queso, pasta y salsa de tomate, anchoas, orégano, las aceitunas en rueditas, el resto del aceite y el queso parmesano. Hornéela a 375°F. hasta que el queso esté ligeramente dorado, aproximadamente 30 minutos. Da 8 raciones.

MACHUQUILLO DE PLATANO VERDE

¼ lb. de carne de puerco.
3 plátanos verdes.
1 lb. de aceite

1 diente de ajo.
1 cdta. de sal.

Corte la carne de puerco en pedacitos y separe la grasa. Sofría los pedacitos de grasa y luego la masa de puerco. Fría los plátanos verdes en forma de tostones o chatinos. Muela los tostones en pedacitos grandes. Sofría el diente de ajo en la grasa del puerco hasta que esté doradito. Quítelo y agregue los plátanos molidos, las masitas de puerco y los chicharrones. Sazónelo con sal mientras lo sofría revolviéndolo constantemente para que no se pegue. Da 4 raciones.

MACHUQUILLO DE PLATANO PINTON

¼ lb. de carne de puerco.   3 plátanos pintones.

Corte la carne de puerco en pedacitos y separe la grasa. Sofría los pedacitos de grasa y luego la masa de puerco. Salcoche los plátanos con su cáscara hasta que se ablanden. Quíteles la cáscara y macháquelos con la mano del mortero teniendo cuidado de quitarles también el corazón. Sofría ligeramente esta pulpa de plátanos en la grasa de puerco con los chicharrones y los pedacitos de masa de puerco. Da 4 raciones.

PLATANOS EN TENTACION

3 plátanos bien maduros.   2 ramas de canela.
⅓ taza azúcar blanca   ⅛ cdta. de canela.
⅓ taza azúcar prieta.   3 cdas. mantequilla
3 cdas. vino seco

Encienda el horno a 375°F. Engrase un molde llano. Pele los plátanos y colóquelos en el molde. Polvorée los plátanos con la mitad del azúcar. Agregue el vino seco y entierre en los plátanos los pedacitos de canela. Polvoréelos con el resto del azúcar y la canela en polvo. Corte la mantequilla en pedacitos y colóquelos por encima de los plátanos. Hornéelos aproximadamente una hora. Da 6 raciones.

NARANJAS RELLENAS CON BONIATO

6 naranjas.   3 cdas. jugo de naranja.
2½ lbs. de boniato.   4 yemas de huevo.
¼ lb. mantequilla   1 cdta. de sal.
4 cdas. azúcar blanca   6 pastillas de altea.

Quítele una tapita a las naranjas y sáqueles toda la pulpa. Hierva los boniatos y hágalos puré con la mantequilla, azúcar, jugo de naranja, yemas y sal. Llene las cáscaras de naranja con el puré de boniato. Ponga una pastilla de altea encima de cada naranja, enterrándola un poco en el puré. Ponga las naranjas rellenas en el horno a 375°F. aproximadamente 15 minutos o hasta que se dore un poco el puré y la pastilla de altea. Da 6 raciones.

Sírvalas con bistec de jamón, carnes o aves.

SOUFFLE DE BERENJENA Y JAMON

1 berenjena mediana.	½ taza de harina.
¼ lb. de jamón dulce.	1 cdta. de sal.
¼ lb. mantequilla	¼ cdta. de pimienta.
2 cdas. de cebolla.	4 huevos de
2 tazas de leche	1 cdta. de Royal.

Parta la berenjena a la mitad y póngala en una cacerola con agua hirviendo y sal hasta que se ablande. Saque toda la pulpa a la berenjena y pásela por un colador fino. Muela el jamón y mézclelo con la pulpa de berenjena. Derrita la mantequilla y sofría en ella la cebolla picadita. Osterice la cebolla y mantequilla con la leche, harina, sal y pimienta. Póngalo al baño de María o a fuego lento revolviendo constantemente hasta que tenga espesor de crema. Bata las yemas y mézclelas con la berenjena y el jamón. Agregue la salsa blanca y mézclelo todo bien. Bata las claras a punto de nieve añadiéndoles poco a poco el Royal. Agregue las claras a la mezcla anterior envolviendo suavemente sin batir. Hornéelo a 375°F. aproximadamente 45 minutos.

SOUFFLE DE PAPAS Y QUESO

1 lb. de papas.	⅛ cdta. de nuez moscada.
1 taza de leche	3 cdas. mantequilla
	¼ lb. queso Patagrás
3 cdas. de harina.	4 huevos
1 cdta. de sal.	1 cdta. polvos Royal.
⅛ cdta. de pimienta.	

Encienda el horno a 375°F. Engrase un molde con capacidad para 6 tazas. Cocine las papas en agua hirviendo con sal. Osterice la leche con la harina, sal y pimienta. Añádale la mantequilla derretida y cocínela a baño de María o fuego lento revolviendo constantemente hasta que tenga ligero espesor de crema. Agregue el queso rallado y déjela unos minutos más hasta que el queso se mezcle bien con la crema. Revuelva constantemente para que no se pegue. Reduzca las papas a puré y mézclelas bien con la crema de queso. Añádale las yemas una a una y por último las claras batidas con el Royal. Al añadir las claras batidas envuélvalas suavemente, *no las bata*. Viértalo todo en el molde y hornéelo aproximadamente 50 minutos o hasta que esté doradito. Sírvalo inmediatamente. Da 6 raciones.

Fritos

F reír y saltear son dos procedimientos distintos para cocinar alimentos utilizando algún tipo de grasa. Alimentos salteados son los que se cocinan en una sartén, plancha o cacerola ligeramente engrasada. Los alimentos fritos son los que se cocinan en una o dos pulgadas de grasa en la sartén y los que se fríen en grasa profunda.

La mayoría de los alimentos fritos quedan más sabrosos, más tostados y son más fáciles de digerir si se fríen en grasa profunda a la temperatura adecuada. Este método, además, resulta más económico porque los alimentos absorben menos cantidad de grasa.

Para freír en grasa profunda debemos usar una grasa que se pueda elevar a las altas temperaturas requeridas para freír, sin humear ni descomponerse. Las mejores grasas para freír son las de origen vegetal que pueden elevarse a altas temperaturas sin descomponerse en acroleína, que da a la grasa un sabor y olor desagradables. Las grasas vegetales líquidas o hidrogenadas son las mejores para freír. Algunas grasas de origen animal, sometidas a procesos de hidrogenización también pueden utilizarse.

El aceite de oliva se descompone muy pronto al calentarse, de ahí que sólo debe usarse para freír alimentos como el pescado crudo que se cocina a temperaturas bajas y en poca grasa. La mantequilla puede usarse para saltear alimentos, pero no debe usarse para freír y mucho menos para freír en grasa profunda.

Cuando se usa una grasa repetidas veces para freír, la temperatura a la que esa grasa empieza a humear va siendo menor debido a los residuos de alimentos fritos que quedan en ella. Por eso siempre debe colarse la grasa antes de guardarla. Algunas personas acostumbran también a clarificar la grasa, friendo en ella una papa cortada en ruedas y cuando la grasa empieza a burbujear la cuelan por un colador fino en el que además se ha puesto un pedazo de lienzo o tela fina. Aunque efectivamente este método clarifica la grasa, no es muy recomendable abusar de él, porque el agua de la papa aumenta los ácidos grasos libres y disminuye las cualidades de conservación de la grasa.

Después de freír guarde siempre la grasa en el refrigerador dentro de un pomo o recipiente bien tapado, de modo que no le dé ni la luz ni el aire. Con estos cuidados una misma grasa puede usarse de seis a ocho veces para freír, aun cuando transcurran uno o dos días entre cada vez.

Los alimentos que se van a freír deben permanecer fuera del refrigerador mientras se calienta la grasa. Esto les permite perder un poco el frío y quedarán mejor fritos.

Para freír en grasa profunda necesitaremos una cacerola con un cesto o colador y un termómetro para determinar la temperatura de la grasa. Existen freideras eléctricas que reúnen estas dos condiciones y tienen además un termostato que mantiene la grasa a una misma temperatura durante todo el tiempo que se esté friendo. La cacerola debe llenarse de grasa hasta algo más de la mitad. El termómetro se debe colocar en el borde de la cacerola y la punta debe quedar sumergida en la grasa. Debe colocarlo de modo que quede de frente para poderlo leer mejor.

Antes de empezar a freír prepare una fuente o bandeja cubierta con papel absorbente para escurrir los alimentos después de fritos. Cuando el termómetro indique la temperatura que necesite para freír, saque la cesta de la cacerola, coloque en ella los alimentos y vuelva a introducirla en la grasa. La cesta sólo debe llenarse hasta la mitad, ya que si se llena demasiado, bajará mucho la temperatura de la grasa y los alimentos quedarán enchumbados.

El tiempo que demora en freírse un alimento no siempre se puede determinar con exactitud, ya que la calidad y su grado de madurez, si es vegetal, hacen que esto sea un factor variable.

Algunos alimentos fritos como las papas a la francesa y los boniatos quedan mucho más sabrosos si se fríen dos veces como hacemos con los plátanos chatinos. La primera vez se fríen a una temperatura moderada durante más tiempo, esto permite que se cocinen bien por dentro. La segunda vez, ya al momento de servirlos, se fríen a una temperatura más alta (390°F.) durante pocos minutos, para que queden tostados y doraditos, que es como resultan más sabrosos.

PAPAS FRITAS A LA JULIANA

Pele las papas y córtelas en tiritas muy finas. Séquelas sobre un paño o papel absorbente. Fríalas a 375°. aproximadamente 5 minutos o hasta que estén doraditas. Déjelas escurrir sobre un papel absorbente y polvoréelas con sal a gusto.

PAPAS FRITAS A LA ESPAÑOLA

Después de pelar las papas córtelas en ruedas de aproximadamente un cuarto pulgada de espesor. Séquelas sobre un paño o papel absorbente. Fríalas a 365°F. aproximadamente 7 minutos o hasta que estén doraditas. Déjelas escurrir sobre un papel absorbente y polvoréelas con sal a gusto.

PAPAS FRITAS A LA AMERICANA
(POTATO CHIPS)

Pele las papas y córtelas en rueditas muy finas, si es posible use un cortador especial, pues mientras más finas, mejor. Séquelas sobre un paño o papel absorbente. Fríalas a 375°F. aproximadamente 5 minutos o hasta que estén doraditas. Polvoréelas con sal a gusto. Estas son las papitas que generalmente se venden en cartuchos al igual que las galleticas de plátano.

PAPAS FRITAS A LO ALLUMETTE

Después de pelar las papas córtelas en tiritas largas de aproximadamente un cuarto pulgada de espesor. Séquelas sobre un paño o papel absorbente. Fríalas a 365°F. aproximadamente 7 minutos o hasta que estén doraditas. Polvoréelas con sal a gusto.

PAPAS FRITAS A LA FRANCESA

Después de pelar las papas, córtelas en tiras de aproximadamente media pulgada de espesor. Séquelas con un paño o papel absorbente. Fríalas a 375°F. aproximadamente 5 minutos sin dejar que se doren mucho. Escúrralas sobre un papel absorbente. Al momento de servirlas vuélvalas a freír a 390°F. aproximadamente 3 minutos o hasta que se doren. Vuélvalas a escurrir sobre papel absorbente y polvoréelas con sal a gusto. Si desea mantenerlas calentitas en el horno colóquelas en un molde sin tapa a 300°F.

TOSTONES O CHATINOS DE PLATANO VERDE

Pele el plátano y córtelo en trozos de aproximadamente una pulgada. Fríalos a 365°F. durante unos cinco minutos o hasta que empiecen a dorarse. Escúrralos sobre papel absorbente. Aplástelos y vuélvalos a freír a 385°F. aproximadamente 3 minutos más. Escúrralos sobre papel absorbente y polvoréelos con sal.

Para que los chatinos queden más blandos, después de freírlos la primera vez, remójelos unos minutos en agua con sal. Escúrralos y luego vuélvalos a freír.

GALLETICAS DE PLATANO VERDE

Pele el plátano y córtelo en rueditas muy finas. Fríalas a 375°F. aproximadamente 5 minutos o hasta que estén doraditas.

TOSTONES O CHATINOS DE PLATANO PINTON

Se hacen igual que los de plátano verde sólo que generalmente requieren menos tiempo al freírse.

PLATANOS MADUROS FRITOS

Pele el plátano y córtelo en lascas largas. Fríalas en la sartén con aproximadamente una pulgada de grasa caliente, hasta que se doren bien. Escúrralos sobre un papel absorbente.

BONIATO FRITO

Pele el boniato y córtelo en ruedas de aproximadamente media pulgada de espesor. Fríalas a 365°. hasta que empiecen a dorarse, aproximadamente 5 minutos. Escúrralos sobre el papel absorbente. Al momento de servirlos, vuélvalos a freír a 390°F. durante unos 3 minutos o hasta que estén doraditos. Polvoréelos con sal a gusto.

CEBOLLAS FRITAS A LA FRANCESA

Corte las cebollas en ruedas de un cuarto pulgada de espesor. Sepárelas en anillos. Pase los anillos de cebolla por leche y harina. Fríalas en aceite El Cocinero caliente (375°F.) hasta que estén doraditas. Polvoréelas con sal.

FRITURAS DE MALANGA O ÑAME

1 lb. de malanga o ñame	1 cdta. de sal.
1 huevo	1 cdta. de vinagre.
1 diente de ajo.	1 lb. de aceite
1 cda. de perejil.	

Ralle la malanga y mézclela con los demás ingredientes. Tome la masa por cucharaditas y fríala en el aceite caliente. Salen aproximadamente 20 frituras.

FRITURAS DE PANETELA

⅓ taza de harina.	2 cdas. de leche
2 cdtas. de polvos Royal.	
⅛ cdta. de sal.	½ cdta. de vainilla.
2 huevos	1 lb. de aceite
¼ taza azúcar blanca	

Cierna la harina con el Royal y la sal. Separe las claras de las yemas. Bata las claras a punto de nieve y añádales poco a poco el azúcar, luego las yemas. Agregue los ingredientes secos cernidos, pero no los bata sino envuélvalos suavemente. Añada por último la leche y la vainilla. Tome la masa por cucharadas y fríala en el aceite caliente (375°F.). Salen aproximadamente 24 frituras.

NOTA: La masa de estas frituras debe prepararla en el momento que las va a freír y servirlas acabaditas de freír para que queden más suavecitas y sabrosas.

BONIATOS RELLENOS CON TASAJO

2 lbs. de boniatos.	3 huevos
1 taza de aporreado de tasajo.	2 tazas de galleta molida.

Cocine los boniatos con azúcar y sal. Redúzcalos a puré. Déles forma de bolas rellenas con el tasajo. Envuélvalas dos veces en huevo y galleta. Fríalas a 375°F. hasta que queden doradas. Da 6 raciones.

FRITURAS DE MAIZ TIERNO

1 taza de maíz tierno molido.
1 huevo batido.
½ cdta. anís molido o machacado.

5 cdas. azúcar blanca
½ cdta. de sal.
Aceite

Una todos los ingredientes. Tome la mezcla por cucharadas. Fríala en aceite caliente a 375°. Da 4 raciones.

FRITURAS DE QUESO CREMA

1¾ taza de harina.
1 cdta. de polvos Royal.
¼ cdta. de sal.
1 queso crema (3 oz.).
3 cdas. de leche condensada.

⅓ taza de jugo de naranja.
1 cdta. ralladura de naranja.
1 huevo
1 lb. de aceite

Cierna la harina con los polvos Royal y sal. Bata el queso crema con la leche condensada, jugo, ralladura y huevo. Añada poco a poco los ingredientes secos y mézclelo todo bien. Tome la masa por cucharaditas y fríala en aceite caliente (375°F.) hasta que estén doraditas. Sírvalas polvoreadas con azúcar y canela o con almíbar. Da 6 raciones.

FRITURAS DE FRUTAS

Pueden hacerse lo mismo con frutas frescas que con frutas en conserva pasando la fruta picadita por la siguiente mezcla básica:

¾ taza de harina.
1½ cdta. de polvos Royal.
1 cda. azúcar blanca
¼ cdta. de sal.
⅛ cdta. de canela.

⅛ cdta. de nuez moscada.
1 huevo
½ taza de leche
½ cdta. de vainilla.

Cierna la harina con el Royal, azúcar, sal, canela y nuez moscada. Bata el huevo con la leche y la vainilla. Añádalo a los ingredientes secos y revuélvalo todo bien.

Frituras de manzana:
Pique 4 manzanas en lascas. Pase las lascas de manzana por la mezcla básica y fríalas en aceite El Cocinero caliente (375°F.).

Frituras de platanitos:
Use aproximadamente 12 platanitos manzanos cortados en lascas.

Fritura de piña:

Use lascas o trocitos de piña en ruedas o conserva.

Frituras de cocktail de frutas:

Añada a la mezcla básica 1½ taza de cocktail de frutas (bien escurridas).

Frituras de melocotón o pera:

Use peras o melocotones frescos o en conserva cortados en lascas o trocitos.

FRITURAS DE VEGETALES

Con la misma receta anterior se pueden hacer frituras de vegetales. Si lo desea puede suprimir el azúcar y sustituir canela y nuez moscada por iguales cantidades de pimienta, pimentón u otra especia.

Frituras de coliflor:

Tome las florecitas de coliflor ya salcochadas, páselas por la mezcla y fríalas.

Frituras de zanahoria:

Use zanahoria cruda o cocinada, cortada en trocitos o tiritas.

Frituras de remolacha:

Use remolacha cortada en rueditas o trocitos.

Frituras de vegetales mixtos:

Hágalas como las de cocktail de frutas, pero usando 1½ taza de vegetales mixtos escurridos.

Frituras de espárragos:

Corte los espárragos a la mitad o déjelos enteros. Páselos por la mezcla y fríalos.

FRITURAS DE POLLO

2 pechugas de pollo asadas en
               cazuela.
2 tazas de leche

9 cdas. de harina.
1 cdta. de sal.

⅛ cdta. de pimienta.
⅛ lb. mantequilla
2 tazas de galleta molida.
2 huevos
Aceite

Corte la masa de la pechuga en cuadraditos como de media pulgada. Osterice la leche con harina, sal y pimienta. Añádale la mantequilla derretida. Póngalo al fuego revolviéndolo hasta que se espese bien. Extienda en una fuente llana la mitad de esta salsa. Coloque arriba los pedacitos de pollo. Cúbralos con el resto de la salsa. Déjelo enfriar todo bien en el refrigerador por espacio de una o dos horas. Córtela en cuadraditos y procure que cada uno tenga un pedacito de pollo. Páselos dos veces por galleta y huevo y fríalos en aceite caliente. Da 6 raciones.

FRITURAS DE PESCADO

1¼ taza de harina.	1 cda. vino seco
1½ cdta. de polvos Royal.	⅓ taza de arroz.
1 cdta. de sal.	1½ taza bonito
1 huevo	1 lb. de aceite
¾ taza de leche	

Cierna la harina con los polvos Royal. Bata el huevo con la leche y el vino seco. Añádalo a los ingredientes secos uniéndolo todo bien. Agréguele el arroz y el bonito desmenuzado. Tome la masa por cucharadas y fríala en el aceite caliente. Salen aproximadamente 45 frituras.

CROQUETAS

Las croquetas que se hacen a base de salsa bechamel son todas parecidas. La receta que le damos a continuación puede servirle de receta básica para todas las croquetas de este tipo.

CROQUETAS DE JAMON

4 cdas. mantequilla	¾ taza de harina.
1 cdta. de cebolla.	½ cdta. de sal.
1 taza de leche	⅛ cdta. de pimienta.
	1 cdta. vino seco

2 tazas de jamón molido.

2 huevos	1 taza de galleta molida.

Caliente la mantequilla y sofría ligeramente la cebolla picadita. Añádale la leche "osterizada" con la harina, sal y pimienta. Cocine la salsa a fuego lento revolviendo constantemente hasta que tenga espesor de crema doble y se vea el fondo de la cacerola al mover la crema con la cuchara. Bájela del fuego. Añada el vino seco y jamón. Revuélvalo todo bien. Vierta la masa en una fuente o plato llano y déjela refrescar antes de guardarla en el refrigerador. Deje enfriar bien la masa por lo menos un par de horas antes de hacer las croquetas.

Tome la masa por cucharadas, déle forma de croquetas y envuélvalas dos veces en huevo batido y galleta molida. Déjelas permanecer un rato a la temperatura ambiente antes de freírlas. Fríalas a 375°F. hasta que estén doraditas. Salen unas 20 croquetas de tamaño mediano ó 40 chiquitas como para saladitos.

Croquetas de pollo:

Use 2 tazas de masa de pollo cocinado y molido en lugar de jamón. Añádale ½ cucharadita más de sal a la salsa y ⅛ cucharadita de nuez moscada.

Croquetas de pollo y jamón:

Use 1 taza de jamón y 1 taza de masa de pollo cocinada.

Croquetas de pescado o mariscos:

Use 2 tazas de masa de pescado o marisco hervido en lugar de jamón. Añádale a la crema 1 cucharadita de polvos para mariscos y quedarán más sabrosas.

Croquetas de carne:

Use 2 tazas de carne de res o puerco cocinada y molida en lugar de jamón. Añádale ½ cucharadita más de sal a la crema. Si usa falda de la sopa las croquetas quedarán más sabrosas si le añade a la crema una cucharadita de jugo Maggi.

Croquetas de huevo:

Use 2 tazas de huevos duros picaditos en lugar de jamón. Añádale una cucharadita más de sal a la crema.

Croquetas de huevo y jamón:

Use 1 taza de jamón molido y 1 taza de huevos duros picaditos. Añádale media cucharadita más de sal a la crema.

Croquetas de arroz:

Use 2 tazas de arroz cocinado en lugar de jamón. Añádale a la crema el contenido de una latica de jamón del diablo. Esta es una manera muy sabrosa de aprovechar el arroz sobrante de una comida anterior.

CROQUETAS DE PLATANO MADURO

1 plátano muy maduro.　　　　　　¼ lb. mantequilla
2 tazas de leche　　　　　　　　1 taza azúcar blanca

8 cdas. de harina.　　　　　　　3 huevos
1 cdta. de sal.　　　　　　　　2 tazas de galleta molida.

Pele el plátano, ábralo a lo largo para quitarle el corazón y córtelo en trocitos como de una pulgada. Fría los pedacitos de plátano en aceite El Cocinero caliente.

Haga una salsa bechamel con la mantequilla, harina, sal y leche. Cuando esté espesa, añádale el azúcar.

En una fuente o plato llano ponga la mitad de la crema, coloque sobre ella los plátanos fritos y cúbralos con el resto de la crema. Déjelo enfriar completamente. Córtelo en cuadritos de manera que en el centro de cada uno quede un pedazo de plátano. Páselos dos veces por huevo y galleta y fríalos en aceite El Cocinero caliente hasta que estén doraditos (375°F.).

CROQUETAS DE BACALAO CON PAPAS

½ lb. de bacalao sin espinas.　　1 cda. de cebolla molida.
2 lbs. de papas.　　　　　　　1 cda. mantequilla
½ cdta. de sal (aprox.).　　　　3 huevos
¼ cdta. de pimienta.　　　　　1½ taza de galleta molida.
2 yemas de huevo.　　　　　　2 tazas de aceite
1 cda. de perejil picadito.

Remoje el bacalao durante unas horas y déle un hervor para ablandarlo. Cocine las papas y cuando estén blandas, redúzcalas a puré añadiéndole la sal, pimienta, yemas, perejil, bacalao desmenuzado y la cebolla sofrita en la mantequilla. Unalo todo. Déle forma de croquetas, envuélvalas dos veces en huevo y galleta y fríalas en aceite caliente (375° F.). Salen unas 16 croquetas.

EMPANADAS

1½ taza de harina.　　　　　　4 cdas. de Crisco.
½ cdta. de sal.　　　　　　　1 huevo
1 cda. azúcar blanca　　　　　3 cdas. vino seco

Cierna la harina con la sal y el azúcar. Añádale la manteca Crisco y córtela con el estribo hasta que esté como una boronilla.

Póngale en el centro el huevo batido y el vino seco. Revuélvalo en forma circular hasta que esté todo unido. Tome la masa por porciones y extiéndala con el rodillo sobre una tabla enharinada de manera que quede lo más fina posible. Póngale el relleno que desee (pasta de guayaba, picadillo de carne, pescado, etc.). Dóblela y extienda nuevamente el borde o vuelo de la empanada con el rodillo de modo que quede bien finito. Córtela del tamaño que desee. Selle el borde con un tenedor humedeciéndolo ligeramente. Fríalas en aceite El Cocinero caliente (375°F.) hasta que se doren. Salen unas 12 empanadas de buen tamaño.

ROSQUILLAS DE PAPAS

5 tazas de harina.
4 cdtas. de polvos Royal.
1½ cdta. de sal.
1 cdta. de bicarbonato.
½ cdta. de canela.

1 taza de puré de papas.
1½ taza azúcar blanca

¾ taza de leche
¼ taza vino seco
2 huevos
¼ taza mantequilla
1 cdta. de vainilla.
Aceite suficiente para freir en grasa profunda.

Cierna la harina con los polvos Royal, sal, bicarbonato y canela. Bata el puré de papas añadiéndole poco a poco el azúcar. Corte la leche con el vino seco y añádale los huevos batidos, la mantequilla derretida y la vainilla. A la papa con el azúcar añádale los ingredientes secos alternando con los líquidos. Revuelva cuidadosamente después de cada vez. Unalo todo bien. Deje reposar la masa durante quince minutos. Extiéndala sobre una tabla enharinada hasta que tenga media pulgada de espesor. Córtela en forma de rosquillas y fríalas en el aceite caliente (375°F.). Salen aproximadamente 36 rosquillas.

DOUGHNUTS

Pan dulce frito en forma de rosquillas, muy sabroso para tomar con café con leche o chocolate.

4 tazas de harina
4 cdtas. polvos Royal.
½ cdta. de sal.
½ cdta. de nuez moscada.
½ cdta. de canela.

2 huevos
2 cdas. mantequilla
1 taza azúcar blanca
1 taza de leche

Cierna la harina con el Royal, sal, nuez moscada y canela en polvo. Bata los huevos con el azúcar y la mantequilla derretida.

Añada esto a los ingredientes secos alternando con la leche. Extienda la masa con el rodillo hasta que tenga un cuarto pulgada de espesor. Corte las rosquillas. Fríalas en grasa profunda a 375°F. aproximadamente tres minutos. Cuando se echan en el aceite, se van al fondo y después suben. Vírelas para que queden doraditas por ambos lados. No eche muchas a la vez, sólo las que puedan freírse al lado de las otras pero no una encima de otra. Después de fritas escúrralas sobre papel toalla. Salen aproximadamente 24 doughnuts.

Si desea guardarlos en una lata, déjelos refrescar antes. Para servirlos después calentitos, hornéelos a 325°F. aproximadamente 10 minutos.

Pueden polvorearse con azúcar y canela o cubrirse con azucarado de chocolate.

También pueden azucararse con una cubierta de azúcar en polvo como los coffee-cakes.

CHURROS

1 cdta. de sal.
1 taza de leche

1 taza de agua.
1 cda. mantequilla
2 tazas de harina.

Ponga al fuego la leche con el agua, mantequilla y sal. *Cuando rompa el hervor,* añádale de una sola vez toda la harina, retírelo del fuego y bátalo fuertemente hasta que la masa quede suave. Ponga la masa en la churrera y fríalos en aceite bien caliente (390°). Da aproximadamente 15 churros.

BUÑUELOS

1 lb. de yuca.
1 lb. de malanga.
1 huevo
1 cdta. anís molido o machacado.

1 cdta. de sal.
½ taza de harina.
1 lb. de aceite

Pele las viandas y cocínelas en agua hirviendo sin dejarlas ablandar demasiado. Páselas por la cuchilla más fina de la máquina de moler y luego amáselas con el huevo batido, anís, sal y harina hasta que no se pegue a los dedos. Déles forma de número ocho y fríalos en el aceite caliente a 375°F. Sírvalos con almíbar de punto de hebra.

Almíbar para los buñuelos:

2 tazas azúcar blanca
1 taza de agua.
¼ cdta. de jugo de limón.

1 rama de canela.
1 cdta. de vainilla.

Ponga al fuego todos los ingredientes menos la vainilla y déjelos hervir aproximadamente cinco minutos (230°F.), añádale la vainilla al bajarlo del fuego.

BUÑUELOS DE CATIBIA

5 lbs. de yuca.
½ lb. de malanga amarilla.
½ lb. de boniato.
½ lb. de calabaza.
1 plátano maduro.

1 rueda de ñame.
1 cda. de anís molido.
1 cda. de sal (aprox.).
4 huevos
1 cda. de aceite

Pele y ralle la yuca, póngala en un paño fino y exprímala hasta que suelte la mayor cantidad posible de agua. Póngala luego en una tartera llana a secar al sol. Después que esté seca pásela por un colador para obtener la catibía o harina de yuca. Salcoche el resto de las viandas y redúzcalas a puré. Mezcle la harina de yuca o catibía con la sal y el anís. Rocíela con agua hasta humedecerla lo suficiente para poder hacer unas bolas apretándola con la mano. Eche estas bolas en agua hirviendo y déjelas *un minuto*. Sáquelas en seguida y, así calientes ámáselas con el puré de viandas hasta que todo se una. Agregue los huevos uno a uno y la cucharada de aceite.

Pruebe la masa para saber si tiene suficiente sal. Coja pequeñas porciones de masa y forme los buñuelos sobre una tabla enharinada. Fríalos en aceite caliente (375°F.) y sírvalos con melado. Da aproximadamente 50 buñuelos.

BUÑUELOS DE QUESO

1 taza de harina.
2 cdas. azúcar blanca
½ cdta. de polvos Royal.
¼ cdta. de sal.

1 taza queso Patagrás.
2 huevos
1 lb. de aceite

Cierna la harina con el azúcar, polvos Royal y sal. Añádale el queso rallado y los huevos batidos. Unalo todo bien y déle la forma que desee. Fríalos en el aceite caliente hasta que estén doraditos. Sírvalos con melado o almíbar. Salen aproximadamente 20 buñuelos.

BUÑUELOS DE GUAYABA

2½ tazas de harina.
3 cdas. azúcar blanca
2½ cdtas. de polvos Royal.
½ cdta. de canela.
¼ cdta. de sal.
1 huevo

1 taza de leche

2 cdas. mantequilla
1 latica (1 lb.) cascos guayaba.
1 lb. de aceite

Cierna la harina con el azúcar, polvos Royal, canela y sal. Bata el huevo con la leche y mantequilla derretida, añada esto a los ingredientes revolviéndolo hasta que esté unido. Añádale los cascos de guayaba escurridos y picaditos. Fríalos por cucharadas en aceite caliente. Sírvalos con queso Patagrás Hacienda y el almíbar de los cascos. Da 32 buñuelos.

BUÑUELOS DANESES

4 tazas de harina.
⅔ taza azúcar blanca
1 cdta. de sal.
1 cdta. de anís machacado.

¼ lb. mantequilla
3 huevos
1 cda. de cognac.
¼ taza crema de leche.

Cierna la harina con el azúcar y sal. Machaque las semillas de anís hasta reducirlas a media cucharadita de polvo. Bata la mantequilla hasta que esté cremosa. Añádale la harina con el azúcar y la sal. Siga batiendo hasta que todo esté como una boronilla muy fina. Añada los huevos batidos con el cognac, crema y anís. Amáselo todo hasta unirlo bien. Tome la masa por porciones y extiéndalas a un cuarto pulgada de espesor. Corte la masa en tiras de 1x3 pulgadas. Hágale en un extremo una incisión con el cuchillo (como si fuera un ojal), pase la otra punta de la masa por ese ojal para formar el buñuelo. Fríalos en aceite El Cocinero caliente (375°F.) hasta que estén doraditos. Escúrralos sobre un papel absorbente y polvoréelos con azúcar. Déjelos enfriar antes de guardarlos en latas o pomos. Salen aproximadamente 60.

EMPANADITAS DE CREMA

Prepare una receta de masa de empanadas usando doble cantidad de cada ingrediente. Haga una crema para relleno de pasteles usando sólo la mitad de los ingredientes. Deje enfriar bien la crema. Corte la masa de empanadas en redondeles. Unalos de dos en dos con una cucharadita de crema en el centro. Cierre los bordes con un tenedor. Fríalas en aceite "El Cocinero" caliente (375°F.)) Sírvalas polvoreadas con azúcar. Salen aproximadamente 25 empanaditas.

Salsas

L a fama mundial de la cocina francesa se debe en gran parte a sus salsas que siempre están en armonía con el plato que acompañan. Muchas salsas sólo son variaciones de dos tipos básicos: salsa blanca y salsa oscura.

La salsa blanca puede hacerse con leche o con caldo. Cuando se hace con leche recibe el nombre de Salsa Bechamel, y cuando se hace con caldo se llama Salsa Velouté. Estas dos salsas blancas sirven de base a distintas salsas de la buena cocina.

La salsa oscura, llamada también salsa española, demi-glacé o media glasa es una salsa muy anticuada que requiere muchas horas de cocción a fuego lento para que se consuma el líquido, especialmente la llamada demi-glacé que es más espesa. La manera moderna de preparar esta salsa mediante el uso de caldos concentrados o jugos de carne ha simplificado mucho la receta.

A continuación encontrará las recetas básicas para salsa blanca y salsa oscura y algunas variaciones, así como una receta básica de mayonesa y variaciones, y sabrosas salsas para servir con pescados o mariscos.

SALSA BLANCA

4 cdas. mantequilla	2 tazas caldo o leche.
4 cdas. de harina.	1 cdta. de sal.

Derrita la mantequilla a fuego lento. Agregue la harina y haga una pasta. Añada la leche o el caldo poco a poco, revolviendo constantemente hasta que espese. Sazónela con sal.

Método Osterizer:

Derrita la mantequilla. Osterice la leche con la harina y sal. Añádala a la mantequilla. Cocínela a fuego lento revolviendo constantemente hasta que espese. Da 2 tazas.

SALSA BECHAMEL

Salsa blanca que se hace con leche. Puede sazonarse a gusto con pimienta y nuez moscada. Si lo desea puede añadirle una cucharadita de jugo de limón o vino después que esté espesa.

SALSA VELOUTE

Salsa blanca que se hace con caldo de pollo o pescado, según el plato en que se va a usar la salsa.

SALSA DE ANCHOAS

2 tazas de salsa Velouté.	1 cda. de perejil picadito.
6 anchoas.	1 cda. jugo de limón.
1 cdta. pasta de anchoas.	

Prepare la salsa Velouté con caldo de pescado o mariscos. Cuando la salsa esté espesa añádale los demás ingredientes. Sírvala caliente sobre pescado o mariscos, fritos o asados.

SALSA AURORA

2 tazas de salsa Bechamel.	1 cdta. de pimentón.
½ taza de salsa catsup.	

Prepare la Bechamel y cuando esté espesa añádale los demás ingredientes. Sírvala con huevos fritos, tortilla, huevos poché, sesos o pescado.

SALSA MORNAY

2 tazas salsa Bechamel.	¼ taza queso parmesano.
¼ taza queso Patagrás	⅛ cdta. de pimienta.

Prepare la Bechamel y cuando esté espesa añádale los quesos rallados y pimienta. Déjela al fuego unos minutos más hasta que el queso se derrita. Sírvala con vegetales, pescado, mariscos o pastas.

SALSA SUPREMA

2 tazas de salsa Velouté.   ¼ taza crema para batir.
1 yema de huevo.

Prepare la salsa Velouté usando caldo de gallina. Cuando la salsa esté ligeramente espesa añada un poco a la yema de huevo batida con la crema, únalo todo nuevamente y cocínela unos minutos más revolviendo constantemente. Sírvala con vegetales, pollo, huevos, etc.

SALSA OSCURA O SALSA ESPAÑOLA

2 cdas. mantequilla   1 lata de consommé.
¼ lb. de jamón.   1 taza de agua.
1 cebolla chica.   1 macito de perejil.
1 tallo de apio.   1 hoja de laurel.
1 zanahoria.   ¼ cdta. de tomillo.
2 tomates de ensalada.   ½ cdta. de sal.
2 cdas. de harina.   ¼ taza vino seco

Caliente la mantequilla hasta que empiece a dorarse ligeramente. Pique el jamón, cebolla, apio, zanahoria y tomate en pedacitos. Cocínelo todo en la mantequilla caliente durante aproximadamente cinco minutos revolviéndolo para que no se pegue. Polvorée la harina sobre los vegetales y revuélvalo todo para que se mezcle bien. Añádale poco a poco el consommé y el agua. Agregue el macito de perejil, laurel y tomillo. Tápelo y deje hervir la salsa a fuego lento durante una hora. Cuele la salsa. Añádale sal y vino seco. Déjela enfriar y quítele la grasa que se acumula en la superficie. Da 2 tazas. Puede prepararse en mayor cantidad y guardarse en el refrigerador varios días. En lugar de caldo puede usar agua con caldo Maggi o Bouillón.

En lugar de consommé también puede usar una lata de Bouillón o un cuadrito de caldo Maggi de res disuelto en 1½ taza de agua. También se puede usar caldo de res. La cantidad total de líquido debe ser 2½ tazas.

SALSA DE ALCAPARRAS

1 taza de salsa Española   1 cda. de vinagre.
1 cda. de alcaparras.

Caliente la salsa española. Añádale las alcaparras picaditas y el vinagre. Sírvala con carnes rojas.

SALSA COLBERT

1 taza de salsa Española.   1 cdta. de perejil.
2 cdas. jugo de limón.   1 cdta. concentrado de carne.
¼ taza mantequilla   ⅛ cdta. de pimienta.

Caliente la salsa española y añádale los demás ingredientes Sírvala con carnes.

SALSA MADEIRA

1 taza de salsa Española.   ½ taza de champignons.
2 cdas. mantequilla   ¼ taza vino de Madeira.

Caliente la salsa. Saltée los champignons en la mantequilla caliente. Añádales la salsa y el vino. Sírvala con pollo o ternera.

SALSA OPORTO

1 taza de salsa Española.   1 cda. de mostaza.
1 taza de vino de Oporto.   ⅛ cdta. de salsa picante.

Mezcle todos los ingredientes. Caliente la salsa. Sírvala con pollo, pato, guinea, etc.

SALSA DE PASAS

1 taza de salsa Española.   3 cdas. jalea de uvas.
4 cdas. pasas sin semillas.   1 cdta. jugo de limón.
¼ taza vino seco.   ⅛ cdta. de pimienta.

Cocine las pasas en el vino seco hasta que estén hinchadas. Añádales los demás ingredientes. Déjela al fuego unos minutos más. Sírvala con jamón, puerco, aves, etc.

SALSA HOLANDESA

¼ lb. mantequilla   ⅛ cdta. de pimienta.
2 yemas.   1 cda. jugo de limón.
¼ cdta. de sal.

Derrita la mantequilla al baño de María. Bata las yemas y añádales poco a poco la mantequilla derretida, revolviéndolo constantemente. Póngalo al baño de María y cocínela sobre agua caliente, *no hirviendo*, revolviéndolo constantemente hasta que espese. Añádale los demás ingredientes y sírvala. Da ½ taza.

Esta salsa se puede preparar media hora antes de servirla, pero siempre debe conservarse sobre el agua caliente bien tapada.

SALSA DE CHAMPIGNONS

1 cebolla chica.   ½ taza de leche
2 cdas. mantequilla
1 lata sopa crema champignons.

Corte la cebolla en ruedas y dórela en la mantequilla. Añada la sopa disuelta en la leche. Déjela al fuego hasta que se caliente pero sin dejar que hierva. Da 2 tazas.

SALSA DE MANTEQUILLA

¼ lb. mantequilla   1 cdta. de sal.
2 cdas. jugo de limón.   ⅛ cdta. de pimienta.
2 cdas. de perejil picadito.

Derrita la mantequilla y añádale los demás ingredientes. Sírvala bien caliente. Da ½ taza.

SALSA BARNESA

2 cdas. de cebolla picadita.   3 yemas.
⅛ cdta. de pimienta.   6 cdas. mantequilla
¼ taza de vinagre.   ¼ cdta. de sal.

Ponga en una cacerola pequeña la cebolla con la pimienta y el vinagre, déjelo hervir lentamente unos 10 minutos. Cuélelo y déjelo refrescar, añádale las yemas y una cucharada de mantequilla. Cocínelo lentamente al baño de María (con el agua caliente pero no hirviendo), revolviéndolo constantemente durante unos 3 minutos. Bájela del fuego y añádale la sal y el resto de la mantequilla. Sírvala inmediatamente. Si lo desea, añádale una cucharada de perejil picadito y un cuarto de cucharadita de nuez moscada. Da media taza de salsa.

SALSA MAYONESA

1 huevo	½ cdta. de sal.
1 cdta. jugo de limón.	½ cdta. azúcar blanca
1 cdta. de vinagre.	¾ taza de aceite

"Osterice" el huevo con los demás ingredientes, menos el aceite, que debe añadirse poco a poco hasta que esté espesa. Si desea una mayonesa más clara, puede añadir jugo de limón o vinagre al gusto. Da 1 taza.

MAYONESAS RAPIDAS DE DISTINTO SABOR

Mayonesa mostaza:

Añada 1 cucharada de mostaza.

Mayonesa rosada:

Añada 2 cucharadas de catsup y 1 cucharada de jugo de limón.

Mayonesa a la crema:

Añada 2 cucharadas de crema de leche y 1 cucharadita de azúcar.

Mayonesa de queso:

Añada 1/4 libra de queso Patagrás rallado, 1 cucharada de vinagre, 1/4 cucharadita de sal de ajo y 1/2 cucharadita de salsa inglesa.

Mayonesa para frutas:

Añada 1 cucharada de jugo de limón, 2 cucharadas de jugo de naranja o piña, 1 queso crema de 3 oz. y 1 {cucharadita :de azúcar.

SALSA TARTARA

1 taza mayonesa	1 cda. de alcaparras.
1 cda. de pepinillos.	1 cda. de cebolla.
1 cda. de perejil.	1 cda. de aceitunas aliñadas.

Mezcle la mayonesa con los demás ingredientes bien picaditos. Sírvala bien fría. Da 1⅓ taza.

SALSA VINAGRETA

½ cdta. azúcar blanca.
½ cdta. jugo de limón.
½ cdta. de sal.
1 cda. de cebolla picadita.
1 diente de ajo chico.
¼ cdta. de salsa inglesa.

3 cdas. de vinagre.
1 taza de aceite
2 huevos duros.
1 cda. de alcaparras.
1 cda. de aceitunas aliñadas.

Bata todos los ingredientes, menos los huevos, las alcaparras y las aceitunas, que debe añadirlas a la salsa bien picaditas. Sírvala fría o caliéntela al baño de María. Da 2 tazas aproximadamente.

SALSA DE MANZANA Y NARANJA

2 manzanas grandes.
1 taza jugo de naranja.

1 taza azúcar blanca
6 gotas de limón.

Pele las manzanas y córtelas en trozos. "Osterice" los trozos de manzana con el jugo de naranja hasta que todo esté unido. Añádale azúcar y limón, "ostericelo" nuevamente. Cocínela hasta que espese moviéndola de vez en cuando para que no se pegue. Sírvala con carnes, aves o jamón.

SALSA ESPAÑOLA RAPIDA

2 cdtas. mantequilla
1 cda. de harina.
1 taza consommé de lata.

1 hoja de laurel.
2 cdas. vino seco
¼ cdta. Kitchen Bouquet.

Derrita la mantequilla. Añádale la harina "osterizada" con el consommé. Agregue la hoja de laurel y déjela cocinar revolviéndola durante unos dos minutos· Añada vino seco y Kitchen Bouquet. Da 1 taza.

SALSA MARINARA

2 latas (1 lb. c/u.) de tomate
                     natural.
⅓ taza de salsa tomate
1 cda. pasta de tomate.
½ cdta. de sal.

½ cdta. de orégano.
¼ cdta. de pimienta.
3 cdas. aceite de oliva.
3 dientes de ajo.
12 anchoas.

Pase el tomate natural por un colador para quitarle las semillas. Vierta este puré en una cacerola con la salsa y pasta de tomate, sal, orégano y pimienta. Déjelo hervir *lentamente* aproximadamente 1 hora. Debe hervir destapado.

En el aceite caliente sofría los ajos machacados y las anchoas, triturando éstas para que se desbaraten en el aceite. Añada esto a la salsa y déjela a fuego lento media hora más. Da aproximadamente 2 tazas de salsa. Sírvala caliente con pastas, pescados o mariscos.

Ensaladas

L as ensaladas nos dan la mejor oportunidad de incluir vegetales y frutas frescas en nuestra alimentación diaria. Las de verduras, frutas y demás vegetales crudos son las más recomendables desde el punto de vista nutritivo. Ellas aportan al organismo una gran cantidad de vitaminas y minerales que no podemos obtener de muchos alimentos cocinados. Aun los vegetales que *cocinados correctamente* conservan muchas propiedades nutritivas, tienen más vitaminas y minerales cuando están crudos.

Casi todas las frutas y vegetales son ricos en vitaminas A y C.

Las frutas y vegetales pierden valor nutritivo, especialmente vitamina C, cuando se cocinan demasiado o están mucho tiempo pelados y picados en contacto con el aire. Debemos buscar vitamina C en frutas, verduras y demás vegetales crudos, y prepararlos sin que estén mucho tiempo picados ni destapados.

Son especialmente ricas en vitamina C la fruta bomba, mango, ají, perejil, rábano, lima, naranja, limón, toronja, canistel y piña. Nuestra guayaba criolla, el marañón y la cereza silvestre o acerola son las frutas más ricas en vitamina C conocidas hasta ahora.

Lamentablemente resulta difícil encontrar en La Habana un puesto de frutas que venda guayabas frescas y la cereza silvestre o acerola es casi totalmente desconocida.

Son especialmente ricos en vitamina A las frutas y vegetales amarillos como canistel, fruta bomba, mango, zanahoria, plátano verde, ají, etc.

Muchas personas creen que no necesitan comer vegetales ni frutas porque todos los días toman píldoras de vitaminas y minerales. Hasta cierto punto esto parece razonable. Pero hay algo importante que muchos desconocen. La ciencia de la nutrición es muy joven y cada día se hacen nuevos descubrimientos. Los científicos que realizan estas investigaciones aseguran que en los alimentos existen todavía otras sustancias o vitaminas sin descubrir. Por eso los nutricionistas recomiendan una alimentación variada que incluya frutas y vegetales crudos diariamente.

Cuando prepare ensaladas procure utilizar, por lo menos, una verdura o vegetal crudo. Las combinaciones de vegetales y verduras crudas resultan muy sabrosas si se preparan con gusto y se aliñan correctamente. Cuando usted prepare una ensalada de vegetales y verduras crudas procure utilizar vegetales de distinto color, sabor y forma para establecer contrastes que la hacen más apetitosa. También es importante variar los ingredientes de las ensaladas. No usar lo mismo todos los días. A veces caemos en la monotonía de servir la misma ensalada diariamente y esto aburre a cualquiera.

Hay épocas del año en que abundan algunos vegetales como el aguacate que tanto nos gusta, entonces todo el mundo come aguacate todos los días porque en el resto del año no lo encuentran. Otras veces, especialmente durante las secas, resulta difícil encontrar variedad de verduras en el mercado y tenemos que ceñirnos a una o dos simplemente. Y es entonces cuando el ama de casa debe recurrir con más interés a los aliños para variar sus ensaladas. Combinando verduras o frutas frescas con las enlatadas, de las que siempre hay una buena variedad, usted podrá servir una ensalada diferente todos los días del año. Los vegetales y las frutas enlatadas o congeladas correctamente, conservan todas las propiedades nutritivas de cualquier fruta o vegetal cocinado.

He aquí una lista de la gran variedad de ingredientes que usted puede utilizar para crear nuevos aliños usando como única receta su propio paladar.

Aceite	Sal	Perejil	Anchoas
Vinagre	Sal de ajo.	Mayonesa	Mostaza
Jugo de limón	Sal de cebolla	Leche	Catsup
Jugo de naranja	Sal de apio	Quesos	Pepinillos
Jugo de piña	Pimienta		
Jugo de tomate			

ENSALADA DE COL CRUDA
(COLESLAW)

6 tazas de col cruda picadita.	3 cdas. azúcar blanca
3 ajíes de ensalada.	1 cda. de mostaza.
1 taza crema agria o Yogurt.	1½ cdta. de sal.
5 cdas. de vinagre.	½ cdta. de cebolla.
4 cdas. mayonesa	1 cda. de aceite.

Pique la col en tiritas bien finitas. Añádale la crema agria y un ají cortado en tiritas. Osterice la cebolla, sal, mostaza, azúcar, mayonesa, aceite y vinagre. Añádalo todo a la col con la crema agria y revuélvalo bien. Sírvala bien fría adornada con el resto del ají cortado en anillos. Da 12 raciones.

Esta ensalada es más sabrosa si se prepara con varias horas de anticipación y se guarda en el refrigerador en un pomo o recipiente de cristal bien tapado.

ENSALADA DE VEGETALES CRUDOS MOLDEADA

1 cda. de gelatina sin sabor.	½ taza ají de ensalada cortado
¼ taza de agua.	en tiras finitas.
1 taza jugo de tomate	½ taza zanahoria cruda rallada.
2 cdas. azúcar blanca	½ taza de col cruda picadita.
½ cdta. de sal.	1 pimiento morrón picadito.
¼ taza de vinagre.	1 cdta. de aceite
1 cda. jugo de limón.	

Remoje la gelatina en el agua. Caliente el jugo de tomate, añada el azúcar y la sal y revuelva hasta que se disuelva. Añada vinagre y jugo de limón. Póngalo a enfriar vigilándolo cuidadosamente y cuando empiece a cuajar añada los demás ingredientes. Viértalo en moldecitos individuales engrasados con aceite. Déjelo enfriar y desmóldelo sobre lechuga. Da 6 raciones.

GUACAMOLE

1 piña grande.	½ cdta. de sal.
2 aguacates.	⅛ cdta. de pimienta.
¾ taza mayonesa	2 quesos crema de 2 oz.

Corte la piña por la mitad a lo largo. Déjele las hojas. Quítele la masa del centro con cuidado para no romper el cascarón. Pique la masa en trocitos. Corte los aguacates a la mitad y saque seis tajadas en forma de medialunas de aproximadamente una pulgada de espesor.

Corte el resto del aguacate en trocitos y mézclelos con la piña. Bata el queso crema con la sal y pimienta. Añádale poco a poco la mayonesa. Mézclelo con el aguacate y la piña. Sirva esta ensalada en los cascarones de la piña y adórnela con las tajadas de aguacate. Da 6 raciones.

ENSALADA DE PIÑA Y QUESO

1 queso crema de 6 oz.
1 cda. mayonesa
½ taza nueces picaditas.

8 ruedas de piña.
1 lechuga o un macito de berro.

Bata el queso crema con la mayonesa y las nueces. Unte esta pasta sobre las ruedas de piña y únalas de dos en dos como si fuera un sandwich o bocadito. Sírvalas bien frías sobre hojas de lechuga o berro. Da 4 raciones.

ENSALADA WALDORF

3 ó 4 manzanas.
1 cda. jugo de limón.
1 taza de apio picadito.

1 taza de nueces.
1 taza mayonesa

Corte las manzanas en cuadritos. *Deben dar aproximadamente dos tazas* de manzanas picaditas. Báñelas con el jugo de limón y añádales los demás ingredientes. Mézclelo todo. Sírvala sobre hojas de lechuga. Da 8 raciones.

Para hacer una ensalada Waldorf es mejor tener todos los ingredientes fríos y preparar la ensalada unos momentos antes de servirla.

ASPIC DE TOMATE Y BONITO

1 cda. gelatina sin sabor.
¼ taza de agua.
2 tazas jugo de tomate.
1 cdta. de vinagre.
1 cdta. de jugo de limón.
1 cdta. de salsa inglesa.

¼ cdta. de sal.
1 lata bonito
¾ taza de apio picadito.
½ cdta. de alcaparras picaditas.
1 cdta. de aceite
1 lata de pimientos morrones.

Remoje la gelatina en el agua durante cinco minutos. Añádala al jugo de tomate caliente, moviéndolo hasta que esté disuelta. Agregue jugo de limón, vinagre, salsa inglesa y sal. Póngalo en el refrigerador hasta que empiece a cuajar. Añádale el bonito desmenuzado, el apio y las alcaparras. Unalo todo bien y viértalo en un molde engrasado con aceite El Cocinero, dejándolo nuevamente en el refrigerador hasta que cuaje completamente. Desmóldelo y adórnelo con tiras de pimientos morrones y ruedas de limón. Sírvalo con mayonesa. Da 8 raciones.

ENSALADA DE TOMATE ESPECIAL

1 queso crema de 6 oz.
1 lata bonito

2 cdas. de cebolla picadita.
2 cdas. de catsup.
2 tomates de ensalada grandes.

Corte cada tomate en 4 ruedas. Mezcle el queso crema con el bonito desmenuzado, cebolla y catsup. Coloque esta pasta por cucharadas sobre cada rueda de tomate. Adorne cada uno con una aceituna rellena, una ramita de perejil y una tajadita de limón. Sírvalos sobre lechuga o berro. Da 8 raciones.

ENSALADA CAESAR

2 lechugas de repollo.
1 taza de aceite.
4 dientes de ajo.
2 tazas de pan de leche cortado en cuadritos de media pulgada.
1 cda. de salsa inglesa.
½ cdta. de mostaza.
1 cdta. de sal.
¼ cdta. de pimienta.

1 huevo crudo.
2 cdas. de vinagre.
¼ taza jugo de limón.
½ taza queso Patagrás rallado.
¼ lb. de queso Roquefort ligeramente desbaratado con un tenedor.

Prepare primero el aceite con ajo; machaque ligeramente los dientes de ajo y déjelos reposar en el aceite durante aproximadamente dos o tres horas para que el aceite tome sabor de ajo (esto puede prepararse en cantidades mayores y tenerlo a mano cada vez que se desee preparar la ensalada de este tipo).

Tueste el pan hasta que esté doradito (si no tiene horno para poder tostar el pan después de cortado en pedacitos, córtelo después de tostado).

Al momento de servir la ensalada: Corte la lechuga en pedazos como de una pulgada (puede añadírsele también, si se desea, berros, escarola o pedacitos de endibia).

Añádale la mitad del aceite (al cual se le quitan los dientes de ajo para usarlo en la ensalada), el jugo de limón, vinagre, salsa inglesa, sal, pimienta, mostaza, huevo ligeramente batido (crudo) y el queso; únalo todo y añádale por último el pan tostado remojado en el resto del aceite.

NOTA: Si no desea usar el huevo crudo puede pasarlo ligeramente por agua, pero debe quedar muy blandito. La receta original de esta ensalada creada por el Chef Caesar en un lugar de veraneo llamado Agua Caliente, en el Estado de California, es preparada con el huevo crudo.

ENSALADA DE PAPAS

2 lbs. de papas.	¼ taza de ají picadito.
1 cdta. de sal.	2 quesos crema de 2 oz.
¼ taza de cebolla picadita.	½ taza mayonesa

Cocine las papas cortadas en trocitos en agua hirviendo con la sal. Cuando estén blandas, escúrralas y añádales la cebolla y el ají. Póngalas en una cacerola con tapa y guárdelas en el refrigerador durante una hora. Bata el queso crema con la mayonesa y añádalo a las papas. Sírvala en hojas de lechuga. Da 6 raciones.

ENSALADA DE PAPAS A LA ALEMANA

2 lbs. de papas.	¼ cdta. de pimienta.
1 cebolla picadita.	¼ taza de vinagre.
½ lb. de bacon.	1 lb. de mortadella.
¼ taza de la grasa del bacon.	1 lata de salchichas.
6 huevos duros.	1 lechuga.
1¾ cdta. de sal.	

Salcoche las papas enteras con su cáscara. Cuando estén blandas, pélelas y córtelas en trocitos. Fría el bacon y píquelo en pedacitos. Fría la cebolla en un cuarto taza de la grasa del bacon y agréguesela a las papas. Añada tres huevos duros picaditos, el bacon, la sal, pimienta, vinagre, dos o tres lascas de mortadella picadita y dos o tres salchichas cortadas en rueditas. Sírvala caliente sobre hojas de lechuga y adórnela con el resto de la mortadella, salchichas y huevos duros.

Las salchichas y la mortadella se pueden sofreír ligeramente en la grasa del bacon, si lo desea. Da 8 raciones.

ENSALADA DE PAPAS MOLDEADA

3 lbs. de papas.	6 aceitunas rellenas.
1 taza de apio picadito.	2 pepinillos encurtidos dulces.
¼ taza de ají picadito.	1 latica de petit pois.
¼ taza cebolla picadita.	2 cdas. de perejil picadito.
2 pimientos morrones.	

1 cda. de gelatina sin sabor.	2 cdas. azúcar blanca
1¼ taza de agua.	¼ taza jugo de limón.
2 cdtas. de sal.	

½ taza crema para batir.	1 taza mayonesa

Corte las papas en cuadritos y cocínelas en agua con sal hasta que se ablanden, pero cuidando que no se desbaraten. Escurra el agua a las papas y añádales los ingredientes hasta el perejil. Déjelas enfriar. Remoje la gelatina en ¼ taza de agua. Caliente el resto del agua con la sal y azúcar. Disuelva en esto la gelatina remojada y añádale el jugo de limón. Deje refrescar esta mezcla, pero con cuidado no cuaje la gelatina. Cuando ya las papas estén frías, añádales la crema batida, la mayonesa y por último la mezcla de gelatina. Viértalo todo en un molde de anillo bien engrasado. El molde debe tener capacidad para unos 3 litros. Déjela enfriar hasta que cuaje la gelatina. Desmóldela y adórnela a gusto. Da 12 raciones.

ENSALADA DE FRUTAS HELADA

1 queso crema de 6 oz.
1 taza mayonesa
1 taza crema para batir.
1 lata (Nº 2½) cocktail de frutas

½ taza guindas picaditas.
25 pastillas de altea.
2 gotas de colorante rojo.

Forre dos gavetas chicas del refrigerador o una grande con papel encerado.

Escurra bien el almíbar a las frutas.

Con una tijera mojada corte las pastillas de altea en pedacitos. Bata la crema hasta que esté espesa. Bata el queso crema añadiéndole poco a poco la mayonesa. Agregue la crema batida y los demás ingredientes. *No añada el almíbar, sólo las frutas.* Revuélvalo todo. Viértala en la gaveta del refrigerador. Déjela enfriar hasta que esté firme. Sírvala cortada en triángulos sobre hojas de lechuga o berro. Da 12 raciones.

PIÑA RELLENA CON FRUTAS

2 piñas que tengan bonito penacho.
1 lata (Nº 2½) cocktail de frutas.

1 queso crema de 6 oz.
1 taza mayonesa

Abra las piñas a la mitad a lo largo cuidando de no desbaratar las hojas. Ahueque todo el cascarón de la piña. Corte la piña en trocitos. Escurra el exceso de jugo si la piña fuera muy jugosa. Escurra el almíbar al cocktail de frutas. Bata el queso crema con la mayonesa. Añada la piña picadita y las frutas. Sírvala en los cascarones de piña. Adórnelos con guindas y crema o queso batido. Da 8 raciones.

ENSALADA NASSAU

1 lata de coned beef.	1 pomo chico sandwich spread o
1 lata mediana de vegetales	mayonesa.
surtidos.	3 cdas. de cebolla picadita.

Una todos los ingredientes (escurriendo de antemano el agua a los vegetales) y sírvalos sobre hojas de lechuga con lascas de queso Patagrás.

ENSALADA DE POLLO

2 pollos (2½ lbs. c/u)	1 taza de petit pois.
2 lbs. de papas.	1 manzana picadita.
2 huevos duros.	1 latica puntas de espárragos.
½ taza de apio picadito.	1 taza mayonesa
½ taza aceitunas picaditas.	2 cdas. agua de los espárragos.

Para adornar:

Lechuga	Petit pois.
Pimientos morrones	Espárragos.
Aceitunas.	Huevos.

Cocine los pollos en cacerola de modo corriente. Corte las papas en cuadritos y cocínelas. Pique la masa del pollo en pedacitos chiquitos. Una el pollo con las papas y añada los demás ingredientes. Revuélvalo hasta unirlo todo bien. Sírvala sobre hojas de lechuga y adórnela al gusto con pimientos morrones, espárragos, aceitunas, etc. Da 15 raciones.

ENSALADA DE POLLO SUPREMA

2 pollos 2½ lbs. c/u.	10 aceitunas rellenas con pimientos.
1 taza de apio picadito.	1½ taza mayonesa
1 taza de petit pois.	½ cdta. de vinagre
1 latica de almendras saladas.	½ cdta. de sal.
3 huevos duros picaditos.	2 manzanas.
5 pepinillos dulces encurtidos.	1 cda. jugo de limón.
2 quesos crema de 2 oz.	

Cocine los pollos en cacerola y pique la masa en pedacitos, quitándole los huesos y la piel. Añádale el apio, petit pois, almendras picaditas, los huevos duros, pepinillos y aceitunas picaditas, el queso crema, la sal, la mayonesa, vinagre y por último las manzanas picaditas y bañadas con el jugo de limón.

Sírvala bien fría sobre hojas de lechuga adornándola al gusto. Da 12 raciones.

ENSALADA ANILLO DE POLLO Y PAPAS

Ensalada de pollo:

2 tazas de masa de pollo
    cocinada.
¼ taza apio picadito.
⅓ taza pepino picadito.
2 huevos duros picaditos.
½ taza mayonesa
½ taza de catsup.
1 cda. gelatina sin sabor.
½ taza de caldo de pollo.
½ cdta. de sal.
⅛ cdta. de pimienta.

Ensalada de papas:

2 tazas de papas cocinadas en
    cuadritos.
½ taza de apio picadito.
½ taza de petit pois.
½ taza mayonesa
⅓ taza de pepino picadito.
2 cdas. cebolla cruda picadita.
2 cdas. ají crudo picadito.
2 huevos duros picaditos.
1 cda. gelatina sin sabor.
½ taza de caldo de pollo.
1 cdta. de vinagre.
1 cdta. de sal.
⅛ cdta. de pimienta.

Mezcle todos los ingredientes de la ensalada de pollo menos la gelatina y el caldo. Remoje la gelatina en el caldo, luego póngalo unos minutos al baño de María y áñádalo a la ensalada de pollo. Vierta esto en un molde engrasado con aceite. (El molde debe tener capacidad para 6 tazas). Déjelo en el refrigerador hasta que cuaje. Prepare del mismo modo la ensalada de papas añadiendo la gelatina remojada en el caldo y puesta al baño de María. Vierta la ensalada de papas en el molde sobre la de pollo *ya cuajada.* Déjelo enfriar hasta que cuaje la ensalada de papas. Desmóldela y adórnela a gusto. Da 12 raciones.

Anillo de bonito y papas:

Use 2 tazas de bonito en lugar de pollo.

Anillo de jamón y papas:

Use 2 tazas de jamón molido en lugar de pollo.

Anillo de mariscos y papas:

Use 2 tazas de mariscos hervidos en lugar de pollo. Añádale 1 cucharadita de salsa inglesa.

Anillos con vegetales mixtos:

Prepare la primera parte con pollo, bonito, jamón o mariscos. Al preparar la segunda parte, use 2 tazas de vegetales mixtos en lugar de papas.

En cualquiera de estas variaciones puede usar agua en lugar de caldo. Rectifique siempre el punto de sal y pimienta a gusto.

ENSALADA DE POLLO CON FRUTAS

1 lata coctel de frutas (N° 2½).
3 tazas de masa de pollo cocinada y cortada en cuadritos.
1 taza de apio picadito.
1 taza de nueces picaditas.
1 manzana pelada y cortada en cuadritos.

El jugo de ½ limón.
1 taza mayonesa
1 queso crema de 6 oz.
¼ cdta. de sal.
1 cda. jugo de limón.

Para adornar:
peras en conserva
guindas
naranjas

Escúrrale el almíbar a la lata de coctel de frutas.

Una bien todos los ingredientes y sírvalos sobre hojas de lechuga. Adórnelo con pedazos de frutas naturales o en conserva. Da 8 raciones.

ENSALADA DE POLLO CON PIÑA

1 piña blanca.
1 taza masa de pollo cocinada.

1 taza mayonesa
½ taza de apio picadito.
½ taza de nueces picaditas.

Abra la piña a lo largo dejándole todas las hojas. Quite la masa a la piña, con cuidado de no romper el cascarón. Corte la masa de la piña y mézclela con el pollo, mayonesa, nueces y apio. Póngalo de nuevo en los cascarones de la piña. Sírvala bien fría. Da 6 raciones.

ENSALADA DE ARROZ CON POLLO

2 tazas de arroz cocinado.
2 tazas masa de pollo picadita.
2 huevos duros picaditos.
¾ taza de apio picadito.

½ taza de ají picadito.
12 aceitunas picaditas.
2 pimientos morrones picaditos.
½ taza mayonesa

El arroz debe estar frío y la masa de pollo cocinada.

Mezcle todos los ingredientes salteándolos con dos tenedores. Sírvala bien fría en hojas de lechuga y adórnela con ruedas de ají y huevos duros. Da aproximadamente 6 raciones.

Más que una ensalada, éste es un plato fuerte que puede ser el principal en un almuerzo o comida informal de verano.

ENSALADA DE MARISCOS

1 lb. de camarones.
2 langostas.
2 cangrejos.
2 lbs. de papas.
2 cdas. cebolla picadita.
2 cdas. ají picadito.
¾ taza de apio.

1 lata de petit pois.
1 lata de puntas de espárragos.
6 huevos duros.
1 taza mayonesa
½ taza de catsup.
1 cda. de jugo de limón.
1 cdta. de salsa inglesa.

Cocine los mariscos en agua con sal. Pele y pique los mariscos. Deje algunos enteros para adornar. Corte las papas en cuadritos. Cocine las papas en agua hirviendo con sal. Cuando las papas estén blandas, pero sin dejar que se desbaraten, escurra el poquito de agua que queda en la cacerola. Mezcle las papas con la cebolla y el ají. Deje enfriar las papas. Añada los demás ingredientes y sazónela con sal y pimienta a gusto. Da 15 raciones.

CIRUELAS RELLENAS

1 lb. de ciruelas pasas.
1 queso crema de 6 oz.

½ lb. de nueces.

Remoje las ciruelas durante un par de horas para poder quitarle las semillas. Rellene cada ciruela con una cucharadita de queso crema y póngale en el centro un pedacito de nuez. Sírvalas con jamón, ensaladas, piña en ruedas, etc.

AGUACATES RELLENOS

2 aguacates chicos.
Sal, pimienta, aceite y vinagre.

2 tazas de langosta.
¾ taza mayonesa
¼ taza de catsup.

1 cdta. salsa inglesa.
1 latica de petit pois.
___
1 latica pimientos morrones.
1 lechuga.
4 aceitunas rellenas.

Pique los aguacates a la mitad, quíteles la semilla y la cáscara. Corte una lasquita de la parte de abajo para que queden firmes sobre el plato. Pínchelos con un tenedor varias veces y alíñelos al gusto con sal, pimienta, aceite y vinagre.

Pique la langosta. Mezcle la salsa mayonesa con el catsup y la salsa inglesa. Viértala sobre la langosta hasta que se mezcle bien. Añada los petit pois y rellene las mitades de aguacate. Adorne cada mitad con las aceitunas y tiritas de pimientos morrones. Sírvalas sobre hojas de lechuga. Da 4 raciones.

ALIÑO DE QUESO Y PIÑA

⅓ taza azúcar blanca
4 cdtas. de maicena.
¼ cdta. de sal.

1 taza jugo de piña.
¼ taza jugo de naranja.
2 cdas. jugo de limón.

2 huevos.

1 queso crema de 6 oz.

Mezcle los primeros seis ingredientes. Cocínelos a fuego lento revolviéndolos constantemente aproximadamente 5 a 8 minutos. Bata los huevos y añádales poco a poco esta crema batiéndolo constantemente. Póngalo todo nuevamente a fuego lento y cocínelo unos 3 a 5 minutos, revolviendo constantemente. Déjelo refrescar cinco minutos. Bata los quesos crema añadiéndoles poco a poco la crema cocinada. Da 8 raciones. Puede guardarse en el refrigerador. Sírvalo con ensaladas de frutas frescas.

ALIÑO PARA ENSALADA DE FRUTAS

2 quesos crema de 2 oz.
2 cdas. de jugo de naranja.

1 cdta. de jugo de limón.
2 tazas mayonesa

Bata todos los ingredientes hasta que esté cremoso. Da ½ taza.

ALIÑO FRANCES

1 cdta. de sal.
½ cdta. sal de ajo.
1 cdta. de pimentón.
½ cdta. de mostaza.

½ cdta. azúcar blanca
¾ taza de vinagre.
1⅓ taza de aceite.

"Osterice" todos los ingredientes y guarde el aliño en un pomo tapado dentro del refrigerador. Da 2 tazas.

ALIÑO ROQUEFORT

1 taza de aceite.
3 cdas. de vinagre.
1 cdta. azúcar blanca

1 cdta. sal de cebollas.
1 cdta. de pimentón.
¼ lb. queso Roquefort.

Mezcle todos los ingredientes y guarde el aliño en un pomo tapado dentro del refrigerador. Da 2 tazas.

ALIÑO DE JUGO DE TOMATE

½ taza jugo de tomate
2 cdas. de vinagre.
½ cdta. de mostaza.
1 diente de ajo.

1 pedazo de cebolla.
½ cdta. salsa inglesa o pimienta
a gusto.

Mezcle bien todos los ingredientes y guárdelos en un pomo en el refrigerador. Da aproximadamente ⅔ taza de aliño. Esta cantidad proporciona un total de 25 calorías aproximadamente. Usando una cucharadita para las ensaladas apenas si hay que contar las calorías que tiene este aliño, por lo que resulta ideal para aquellas personas que tienen una dieta baja en calorías.

Cakes

L a preparación de cakes y panetelas es realmente fácil, cuando se sigue cuidadosamente una buena receta y se conocen todos los factores que pueden determinar el éxito o el fracaso de un cake. Sólo hay un gran secreto: haga lo que dice la receta. Mezcle de acuerdo con las instrucciones. Use los moldes adecuados y prepárelos antes de empezar a mezclar. Horneélo a la temperatura adecuada el tiempo indicado. Déjelo refrescar antes de cubrirlo. Así siempre su cake resultará delicioso.

Los ingredientes

La proporción de ingredientes que lleva una receta se determina de acuerdo con el método por el cual se va a mezclar. No siempre se pueden alterar o cambiar ni los métodos ni los ingredientes. Lo más acertado es seguir cuidadosamente y al pie de la letra las instrucciones de una receta ya probada.

La harina es uno de los principales ingredientes de un cake o panetela, y de las cualidades y clase de harina que usted emplee, dependerá mucho la clase de cake que usted obtenga. Fundamentalmente hay dos tipos de harina en el mercado: la llamada de todos los usos y la harina fina especial para cakes y panetelas.

Las recetas que aparecen en este libro están casi todas calculadas para ser realizadas con harina de la llamada de todos los usos. Si en esas recetas usted quiere usar harina especial para cakes recuerde que debe usar dos cucharadas más de harina por cada taza que indique la receta.

Es muy importante que todos los ingredientes que van a entrar en la elaboración del cake o panetela estén a la temperatura ambiente antes de empezar a utilizarlos. Si alguno de estos ingredientes ha estado en el refrigerador (leche, huevos, mantequilla-etc.), sáquelos con anticipación para que estén a la temperatura ambiente cuando vaya a utilizarlos.

Tenga todos los ingredientes preparados antes de empezar a mezclar. A través de todo este libro hemos insistido mucho en la necesidad de medir correctamente los ingredientes de una receta, y esto adquiere más importancia aún a la hora de hacer un cake o una panetela. Antes de hacer cualquiera de las recetas de este capítulo, le recomendamos que lea el capítulo "Cómo medir los ingredientes".

Cómo mezclar correctamente

Fundamentalmente las masas de cake no se baten. Precisamente, el decir batir es lo que confunde a muchas personas, porque creen que los cakes hay que batirlos fuertemente y esto es un error. Sólo debe batir cuando se trata de cremar o disolver el azúcar con la mantequilla. Cuando esto se hace a mano, debe ponerse la mantequilla en una taza bola, añadir poco a poco el azúcar y con la cuchara de madera disolver el azúcar hasta que quede bien ligada con la mantequilla. En esta parte de la mezcla de cake mientras mejor se disuelva el azúcar y menos se sienta el grano al tocar la mezcla, mejor. Cuando se añaden los huevos uno a uno debe siempre mezclarse bien cada huevo antes de añadir otro a la masa.

Al agregar los ingredientes secos *no debe batir*, sólo envolver suavemente. Algunas recetas se hacen añadiendo las claras batidas previamente a punto de nieve, cuando éstas se incorporan a la masa de cake debe hacerse con movimiento envolvente, suavemente y sin batir.

Cuando en alguna receta se añaden los ingredientes líquidos de una sola vez, parecerá que la mezcla se ha cortado y se ha echado a perder, pero al añadir los ingredientes secos poco a poco, ésta recobra nuevamente su uniformidad.

Para mezclar los ingredientes de un cake con una mezcladora eléctrica debe seguir las instrucciones del fabricante. Como indicaciones generales recuerde que para batir la mantequilla con el azúcar y para añadir los huevos se usa una velocidad moderada.

Al añadir los ingredientes secos y el líquido generalmente es más recomendable la menor velocidad, ya que mientras menos se bata más suave queda el cake o panetela.

Recuerde siempre que una mezcladora eléctrica bate con más fuerza y eficiencia de lo que usted puede hacerlo a mano, por eso necesita batir durante menos tiempo. No deje que la mezcla se bata demasiado en la mezcladora. La paleta de goma le será muy útil para raspar los lados de la taza, llevando la mezcla hacia los batidores. Si fuera necesario, debe parar la mezcladora para raspar también con la paleta el fondo de los batidores y la taza de modo que todo quede perfectamente mezclado.

Use los moldes adecuados

Es necesario que el molde o los moldes que usted vaya a usar tengan el tamaño apropiado para la receta, ya que éste es un factor que puede hacer fracasar un cake.

Para hacer cakes con éxito usted debe conocer cuáles son los distintos tamaños de moldes y de éstos cuáles sirven para la receta que usted va a hacer.

Algunos moldes traen en la parte de abajo el tamaño en pulgadas. Si no traen la medida, usted puede medirlos fácilmente con una regla; sólo tiene que poner la regla por encima del molde y medir de un borde a otro. Se mide el diámetro si son redondos, el largo si son cuadrados, y el largo y el ancho si son rectangulares. La profundidad del molde se mide colocando la regla verticalmente y apoyándola al lado del molde.

Los moldes usados para hacer cakes y panetelas son casi siempre de tamaño corriente o standard. Los siguientes tamaños de moldes les serán muy útiles para muchas recetas:

Moldes redondos de 8 pulgadas de diámetro y 1¼ de alto.

Moldes redondos de 9 pulgadas de diámetro y 1½ de alto.

Moldes cuadrados de 8x8x2 pulgadas; 9x9x2 pulgadas y 10x10x2 pulgadas.

Moldes rectangulares de 13x9x2 pulgadas y de 16x10x2 pulgadas.

Moldes de anillo, preferiblemente movibles, de 9 pulgadas de diámetro por 3½ de profundidad y de 10 pulgadas de diámetro por 4 de profundidad.

Moldes de pan de 10x5x3 pulgadas.

Moldes o tarteras llanas de 15x10 pulgadas, propias para panetelas que se van a enrollar como brazo gitano.

Además le serán útiles los moldes para panquecitos y las tarteras de aluminio que no tienen bordes y que se usan para distintos tipos de tortas o galleticas. Los moldes para hornear se hacen de distintos materiales que hasta cierto punto pueden influir en la receta. Es importante que los moldes de metal sean de aluminio y no de lata. Los moldes de lata son más baratos, pero se oxidan pronto y también se oscurecen y pierden el brillo. Aunque a usted le parezca que esto no tiene importancia, los moldes de lata que ya están oscuros por el uso, absorben más calor que los moldes que conservan su color original y esto hace que el cake quede más oscuro en los bordes y a veces se queme por las partes que están pegadas al molde. Le recomendamos compre moldes de aluminio de buena calidad, que aunque al momento de comprarlos le cuesten un poquito más que los de lata, le durarán mucho más y sus cakes siempre quedarán mejor horneados.

Para hacer cakes y panetelas puede usar también moldes de cristal que son resistentes al calor. Estos moldes transmiten más el calor que los moldes de aluminio. Cuando usted utilice para hacer cakes, moldes de cristal, con recetas donde el tiempo y la temperatura de horneo esté calculada para molde de aluminio, debe usar una temperatura de 25°F. menor u hornearlo aproximadamente cinco minutos menos.

Existen además algunos moldes de formas especiales como de arbolitos de Navidad, estrella, formas de animales, etc. Para saber si podemos utilizar uno de esos moldes para una receta, es necesario determinar la capacidad que ese molde tiene en comparación con el tamaño de molde que indica la receta.

Para determinarlo llene con agua hasta la mitad los moldes que indique la receta. Mida la cantidad de agua que ha utilizado con una taza de medida. Vierta entonces esa misma cantidad de agua en el molde de forma especial que usted quiere utilizar. Si el agua llena el molde hasta la mitad, esa receta quedará bien en ese molde de forma especial. Si el agua queda por debajo de la mitad, la receta, con esas cantidades, no alcanza para ese molde. Si el agua llena el molde mucho más de la mitad, entonces el molde es muy chico para la receta. En cualquiera de estos dos casos usted puede aumentar o disminuir la receta para obtener más o menos cantidad de mezcla, pero siempre en las proporciones adecuadas. Si el molde resulta chico, puede también hacer la receta llenando el molde sólo hasta la mitad y hornear el resto de la masa en forma de panquecitos.

Los mejores moldes de anillo para cakes de ángel y panetelas horneadas en esta forma son los que tienen el fondo movible. El tubo del centro es más alto que los lados y los bordes del molde están provistos de tres piezas de aluminio o "paticas". El tubo central más largo y las "paticas" permiten que una vez horneado el cake, éste pueda voltearse y el aire circule libremente por debajo del molde que es como debe refrescarse esta clase de cake.

Cómo preparar los moldes

La preparación de los moldes de cakes o panetelas es importante y debe hacerse siempre antes de empezar a mezclar. Los moldes pueden engrasarse simplemente, pueden engrasarse y además polvorearse con harina y también pueden forrarse con papel encerado. Cada receta indica cómo debe preparar los moldes requeridos.

Las técnicas modernas y las últimas investigaciones realizadas en cocinas experimentales han dado por resultado algo que quizás resulte revolucionario y raro para aquellas personas que durante muchos años han estado haciendo cakes con moldes engrasados totalmente. Ahora se sabe que los cakes crecen más y mejor si se hornean en un molde sin engrasar los lados. Lo mejor es *engrasar o forrar con papel encerado el fondo del molde y no los lados,* porque la masa de cake se adhiere mejor a los lados del molde sin engrasar, y podemos decir que los usa como punto de apoyo para subir hasta el máximum. Así el cake crece más y al mismo tiempo el fondo se desprende fácilmente.

Los panquecitos individuales también sólo requieren engrasarse en el fondo cuando se preparan con mezclas que tienen por lo menos una parte de grasa por cada tres o cuatro partes de harina. Desde luego, lo mejor para hacer panquecitos individuales es usar capacillos de papel. Estos se colocan en el molde sin engrasar y se llenan hasta la mitad con la mezcla. Después de horneados los panquecitos se sirven en el mismo capacillo de papel.

Los moldes muy profundos de tres o cuatro pulgadas como los moldes de anillo, los moldes de pan y los de formas especiales sí deben engrasarse por todos los lados y polvorearlos con harina.

Para engrasar los moldes puede usar grasa vegetal hidrogenada como la que se usa para hacer pasteles. También puede usar aceite vegetal sin olor ni sabor como el aceite de maní. Estos dos tipos de grasa son más recomendables para engrasar los moldes que la mantequilla, especialmente para aquellos cakes que requieren más tiempo al horno. La mantequilla se quema con más facilidad que estas grasas vegetales. Algunas personas prefieren usar la mantequilla porque es la grasa que usan para hacer el cake y la tienen más a mano.

Para polvorear el molde con harina, después de engrasarlo, eche aproximadamente una cucharadita de harina en el molde, sacúdalo para que la harina se pegue a la grasa por todas partes. Después vírelo y déle unos golpecitos de modo que salga la pequeña cantidad de harina que no quedó adherida a la grasa.

Las verdaderas panetelas y los cakes de tipo ángel necesitan apoyarse en los lados del molde para crecer. Los moldes para hornear cake de ángel y panetelas no se engrasan y siempre deben lavarse para que queden libres de cualquier residuo de grasa.

Cómo hornear un cake

La temperatura del horno es igualmente importante, y muchos cakes o panetelas medidos correctamente, mezclados a la perfección, vertidos en moldes apropiados, fracasan cuando se hornean a temperaturas inadecuadas e inestables. Lo ideal es el horno eléctrico o de gas equipado con termómetro que nos indique la temperatura y con termostato que la regule y mantenga siempre igual.

El horno debe encenderse siempre antes de empezar a mezclar el cake para así tener la temperatura indicada al momento de terminar la mezcla. Para facilitar esto al ama de casa, las cocinas modernas están equipadas con una luz-piloto que se enciende cuando uno enciende el horno y se apaga cuando ya ha adquirido la temperatura que marca el termómetro. Esta luz-piloto generalmente está situada al lado del termómetro del horno.

Algunos hornos tienen puerta de cristal y luz interior para poder ver lo que estamos horneando sin necesidad de abrir la puerta. Esto tiene cierta ventaja ya que cada vez que se abre la puerta del horno, éste pierde calor. Como regla general podemos decir que la puerta del horno no se debe abrir hasta que haya pasado por lo menos la mitad del tiempo total que necesita para hornearse, pero todavía es mejor no abrirlo hasta que haya transcurrido casi todo el tiempo de horneo, ya que los cakes crecen durante las primeras tres cuartas partes del tiempo que permanecen en el horno.

Todas las mezclas de cakes no pueden hornearse del mismo modo. La temperatura y tiempo de horneo que requiere cada receta se determina de acuerdo con la proporción de los ingredientes, la cantidad de la mezcla y el tamaño y profundidad del molde.

El calor del horno es más uniforme en el centro, por eso ahí es donde deben situarse las parrillas, con una separación entre una y otra que permita la colocación de los moldes.

Si usted usa los moldes de tamaño adecuado a la receta y la temperatura del horno es correcta, el cake debe estar cuando pase el tiempo indicado, pero para mayor seguridad le recomendamos que antes de sacar el cake del horno se fije en lo siguiente:

El cake debe haber crecido hasta llenar el molde y tener un color ligeramente tostadito con excepción de los de chocolate que lógicamente son más oscuros, o los que llevan azúcar prieta o melado. Al tocar ligeramente la superficie en el centro con la punta de los dedos, la masa del cake debe volver a su posición normal y no quedar huellas. Al insertar un palillo o probador de alambre en el centro del cake, debe salir seco. Esta prueba es generalmente infalible, con excepción de aquellas masas de cakes muy ricas en grasa y los de chocolate que tienen una masa ligeramente amelcochada.

Los cakes, con excepción de los cakes de ángel y las verdaderas panetelas, o sea, las que no llevan grasa, deben estar ligeramente desprendidos de los lados del molde.

Los moldes de forma especial que generalmente tienen más profundidad que los moldes corrientes para cakes, suelen necesitar más tiempo en el horno. La mejor manera de saber si ya el cake está es la de probarlo introduciendo un palillo o probador de alambre en el centro.

Cuando usted saque el cake del horno debe dejarlo refrescar antes de cortarlo. A veces resulta mejor preparar la masa y hornearla un día antes de vestir y cortar el cake. Los cakes que se hornean en moldes de forma corriente deben dejarse refrescar de cinco a quince minutos de acuerdo con el tamaño del molde y los ingredientes de la mezcla. Mientras mayor sea el molde, más tiempo debe dejarlo refrescar. Los cakes que se hacen con jugos de frutas como líquido, necesitan más tiempo para evitar que se desboronen al cortarlos. No permita que el cake se enfríe completamente en el molde, porque esto lo hará quedar gomoso y con correa debido al vapor que produce el calor. Termine siempre de enfriar los cakes colocándolos sobre una parrilla. No corte los cakes ni las panetelas mientras estén aún calientes.

Cómo vestir un cake

Una de las cosas que más nos invita a comer un cake es el aspecto que ofrezca a la vista y aquí juega un papel muy importante el azucarado. Hay dos clases de cubiertas básicas para vestir un cake: las de mantequilla o queso crema y las de clara de huevo o merengue. Además existe una gran cantidad de variaciones de estas recetas de las que usted encuentra en este libro buenos ejemplos.

Para cubrir un cake colóquelo primero sobre una dulcera, bandeja o fuente que le ofrezca un marco adecuado. Como regla general, la fuente o plato donde se coloca un cake debe tener unas dos pulgadas más de tamaño, de modo que le haga un buen marco al cake, ya que si el plato es muy chiquito o excesivamente grande, el conjunto luce poco atractivo por la poca relación de tamaño entre el plato y el cake.

Si el cake es del tipo ligeramente húmedo como los de chocolate o de los que tienen más grasa, polvorée un poco de azúcar en polvo sobre el plato antes de poner el cake, y así cuando usted lo corte no se pegará al plato.

Los cakes se pueden cubrir con azucarado estando aún en la rejilla y después con dos espátulas o paletas anchas cambiarlos para el plato o bandeja. También se puede hacer en la misma bandeja o plato poniéndole debajo cuatro triángulos de papel encerado que después se pueden retirar para que quede el borde del plato completamente limpio.

Si se guardan fuera del refrigerador, los cakes mantienen mejor textura. Aquéllos que tienen algunas cremas o relleno de mantequilla deben guardarse siempre en el refrigerador para evitar que se echen a perder. Si usted tiene un congelador, sus cakes pueden durar hasta 3 ó 4 meses. Se conservan mejor si se guarda la masa horneada sin ponerle la cubierta o azucarado. Después que el cake ya está completamente fresco, envuélvalo herméticamente en papel encerado y guárdelo en el congelador. Para descongelarlo déjelo a la temperatura ambiente aproximadamente dos horas, o quítele el papel y póngalo en el horno a 300°F. aproximadamente 10 ó 15 minutos.

Si usted desea congelarlo con el azucarado, póngalo primero en el congelador hasta que el azucarado esté completamente frío. Envuélvalo y guárdelo con cuidado. No le coloque encima paquetes grandes de alimentos. Los cakes que se congelan ya azucarados deben descongelarse solamente poniéndolos a la temperatura ambiente pero no en el horno.

CAKE CORRIENTE

1 taza mantequilla	1 cda. de vainilla.
2 tazas azúcar blanca	3 tazas de harina.
4 huevos	4 cdtas. de polvos Royal.
1 taza de leche	1 cdta. de sal.

Encienda el horno a 350°F. Engrase el fondo de tres moldes de 9 pulgadas de diámetro y polvoréelos con harina.

Cierna la harina antes de medirla sin darle golpes a la taza. Añádale el polvo Royal y la sal y ciérnala nuevamente.

Bata la mantequilla hasta que esté cremosa y añádale poco a poco el azúcar, luego los huevos enteros (clara y yema) uno a uno, batiendo después de cada uno. Agregue la leche con la vainilla. (Aquí parece que la mezcla se corta, pero se une después al añadir los ingredientes secos). Agregue la harina, Royal y sal y *no lo bata*, únalo suavemente con movimiento envolvente. Viértalo en los moldes. Hágale una hondonada en el centro a la masa para que no suba en el centro al hornearse. Hornéelo durante 30 minutos. Tenga cuidado de no abrir el horno hasta pasados los primeros 15 minutos.

Método Osterizer:

Ponga todos los ingredientes, menos la harina, sal y Royal en el vaso y bátalo hasta que esté unido. Viértalo en una taza bola y añádale los ingredientes secos del mismo modo explicado en el método anterior. Hornéese de igual modo.

CUBIERTA DE MERENGUE PARA CAKES

4 tazas azúcar blanca	4 cdas. azúcar blanca
8 ó 10 gotas de limón.	4 claras de huevo.
1 taza de agua.	

Ponga al fuego el agua con el azúcar y limón hasta que esté de punto de bola suave o que el termómetro marque 238°F. Bata las claras a punto de nieve y agregue las cuatro cucharadas de azúcar. Vierta el almíbar en el merengue y bátalo hasta que tenga la consistencia deseada. Si es para cubrir debe batirse hasta que monte ligeramente, pero si es para decorar con la manga debe batirse hasta que al dejar de batir no desaparezcan las marcas que deja la batidora.

Si desea teñir el merengue, use colorantes vegetales y añádalos a discreción. Si está decorando un cake grande para el cual deberá preparar merengue más de una vez, es conveniente medir con un gotero las gotas de colorante para que el merengue siguiente quede del mismo tono. La cantidad de merengue puede aumentarse o disminuirse a gusto, sólo deberá tener siempre en cuenta las proporciones siguientes:

Para cada clara de huevo, una cucharada de azúcar granulada y una taza de azúcar hecha almíbar a 238°F. con agua suficiente para mojar el azúcar. No debe omitir las gotas de limón ya que aseguran un buen almíbar sin peligro de azucararse.

Coloque el merengue en la manga o jeringuilla y déjelo refrescar unos instantes antes de empezar a decorar. Si no pone todo el merengue en la manga de una vez, cubra el recipiente donde está el resto con un paño mojado para que no se reseque demasiado. Este merengue puede usarse también para merenguitos, poniéndolos con la manga en forma de besitos, en una tabla cubierta de papel mojado y horneándolos hasta que estén doraditos. Al levantarlos péguelos de dos en dos.

CREMA DE MANTEQUILLA

¼ lb. mantequilla
3 tazas azúcar en polvo.

4 cdas. de leche

1 cdta. de vainilla.

Bata la mantequilla añadiéndole poco a poco los demás ingredientes. Da cantidad suficiente para un cake de 8 ó 10 pulgadas.

De naranja:

Use jugo de naranja en lugar de leche. Añádale una cucharada de ralladura de naranja.

De café:

Use dos cucharadas de café fuerte y sólo dos cucharadas de leche.

De chocolate:

Añádale dos o tres cucharadas de cocoa disueltas en la leche.

De menta:

Use extracto de menta en lugar de vainilla. Añádale unas gotas de tinte vegetal verde.

De maple y nueces:

Añádale extracto de maple en lugar de vainilla y una taza de nueces picaditas.

CREMA DE MANTEQUILLA MUSELINA

1 taza azúcar blanca
½ taza de agua.
Jugo de limón.

½ taza de yemas.
½ lb. mantequilla
1 cda. de vainilla.

Ponga al fuego el agua, azúcar y unas gotas de jugo de limón. Déjelo hervir hasta que sea un almíbar que pegue ligeramente a los dedos. Mientras se hace el almíbar, bata las yemas hasta que estén bien espesas. Añádale a las yemas el almíbar *caliente* y continúe batiendo constantemente hasta que la crema monte bien. Añada la vainilla. Déjela enfriar. Bata la mantequilla y añádale la crema de yemas batiendo unos minutos más.

Variaciones

Almendras:

Añádale ½ taza de almendras molidas al unir la mantequilla con la crema de huevo.

Chocolate:

Añádale ½ taza de cocoa amarga a la crema de huevo antes de ponerla a enfriar. Bata las yemas con una cucharada de agua.

Café:

Puede hacerse añadiendo Nescafé en lugar de vainilla o añadiendo café al almíbar.

Licor:

Añádale licor (Kirsch, Curaçao, etc.) en lugar de vainilla.

Praliné:

Añádale ½ taza de praliné molido.

CREMA DE QUESO

1 queso crema de 6 oz.   1 cdta. de vainilla.
3 tazas azúcar en polvo.

Bata el queso crema con la vainilla. Añádale poco a poco el azúcar en polvo. Da cantidad suficiente para un cake de 8 ó 9 pulgadas.

De naranja:

Añádale una cucharada de ralladura de naranja. Use una cucharada de jugo de naranja en lugar de vainilla.

De chocolate:

Añádale media taza de cocoa y use sólo dos y media tazas de azúcar en polvo.

De cereza:

Añádale una cucharada de cerezas marrasquino picaditas. Use una cucharada del almíbar de las cerezas en lugar de vainilla.

De almendra:

Use media cucharadita de extracto de almendras en lugar de vainilla. Añádale una cucharada de leche y una taza de almendras tostadas.

CREMA DE HUEVOS MOLES

½ taza de agua.   4 yemas de huevo.
1 taza azúcar blanca   1 cdta. de vainilla.
Jugo de limón.

Con el agua, azúcar y unas gotas de jugo de limón haga un almíbar que pegue ligeramente a los dedos. Déjelo enfriar. Bata ligeramente las yemas de huevo y añádales poco a poco el almíbar que debe estar fresco, *no caliente*. Cuélelo todo y póngalo nuevamente al fuego, moviéndolo constantemente en línea recta de un lado a otro, nunca en redondo. Cuando ya se vea el fondo de la cacerola al moverlo con la cuchara, bájelo del fuego, añádale la vainilla y déjelo refrescar. Da aproximadamente una taza de crema.

CAKE BLANCO

3 tazas de harina.   1¼ taza de leche
4 cdtas. de polvos Royal.
1 cdta. de sal.   1 cdta. de vainilla.
1 taza mantequilla   1 cdta. extracto de almendras.
1½ taza azúcar blanca   7 claras de huevo.
                                   ½ taza azúcar blanco

Encienda el horno a 350°F. Engrase tres moldes redondos para cake de 9 pulgadas o un molde rectangular de 9x13x2 pulgs.

Cierna la harina con los polvos Royal y la sal. Bata la mantequilla con 1½ taza de azúcar. Añada los extractos con la leche alternando con los ingredientes secos. Añada por último las claras batidas a punto de nieve con la media taza de azúcar. Viértalo en tres moldes de cake de 9 pulgadas y hornéelo a 350°F. durante 30 ó 35 minutos. Cúbralo con merengue o azucarado blanco.

Horneado en molde de 9x13x2 pulgadas durante aproximadamente 45 minutos, cortado en formas pequeñas y bañado con Fondant blanco, este cake resulta ideal para hacer los dulces blancos tradicionales en toda fiesta de bodas.

CAKE DE PIÑA

1¾ taza de harina.
1½ cdtas. de polvos Royal.
¼ cdta. de bicarbonato.
¼ cdta. de sal.
¼ lb. mantequilla
1 taza azúcar blanco

2 huevos
½ cdta. de vainilla.
¼ cdta. extracto de almendras.
¼ cdta. extracto de limón.
⅔ taza de piña triturada.

NOTA: Al medir la piña no la escurra, sino mida los ⅔ taza con el almíbar inclusive.

Encienda el horno a 350°F. Engrase dos moldes para cake de 8 pulgadas de diámetro. Cierna la harina con los polvos Royal, bicarbonato y sal. Bata la mantequilla, añadiéndole poco a poco el azúcar. Después los huevos uno a uno, la vainilla, extractos de almendra y limón. Añádale los ingredientes secos, alternando con la piña y envuélvalo todo suavemente. Viértalo en los moldes y hornéelo durante 25 minutos.

Relleno y cubierta:

½ taza azúcar blanca
½ cdta. de sal.
3 cdas. de maicena.
¾ taza jugo de piña.

1 taza de piña triturada.
1 cda. mantequilla
1 cda. jugo de limón.

NOTA: Al medir la taza de piña para el relleno, escúrrale todo el almíbar.

Mezcle todos los ingredientes y póngalos al fuego en una cacerola, revolviendo la mezcla hasta que espese. La mitad de esta mezcla se pone entre las dos capas del cake y con la otra mitad se cubre el cake por arriba. Vista los lados del cake con merengue o con crema batida. Da 10 raciones.

CAKE DE NARANJA

Masa del cake:

⅔ taza mantequilla
1⅓ taza azúcar blanco
3 huevos
⅔ taza de jugo de naranja.

2 cdas. polvos Royal.
1 cdta. de ralladura de naranja.
2 tazas de harina.
⅛ cdta. de sal.

Relleno del cake:

2 yemas.
½ taza azúcar blanca
2 cdas. de harina.

⅔ taza de jugo de naranja.
1 cdta. de jugo de limón.
1 cda. mantequilla

Cubierta del cake:

3 cdas. mantequilla
4 cdas. de jugo de naranja.

2 cdas. de jugo de limón.
3 tazas azúcar en polvo.

Masa del cake: Encienda el horno a 350°F. Engrase dos moldes redondos para cake de 9 pulgadas de diámetro y polvoréelos con harina. Cierna la harina con el Royal y la sal. Bata la mantequilla con el azúcar, huevos, ralladura y jugo de naranja. Añada esto a los ingredientes secos revolviéndolo suavemente. Viértalo en los moldes. Hornéelo unos 30 minutos o hasta que al introducirle un palillo al centro, éste salga seco. Déjelo refrescar. Coloque el relleno entre ambas capas. Cúbralo con el azucarado.

Relleno del cake: Mezcle las yemas con el azúcar, harina y jugo de naranja. Cocínelo al baño de María revolviéndolo constantemente hasta que espese. Añádale el jugo de limón y la mantequilla. Déjelo refrescar antes de ponerlo entre las capas del cake.

Cubierta del cake: Ponga al fuego la mantequilla con los jugos de limón y naranja, cuando rompa el hervor añádale el azúcar en polvo, batiéndolo hasta que esté cremoso. Cubra rápidamente el cake para evitar que el azucarado se endurezca. Da 10 ó 12 raciones.

CAKE VOLTEADO DE MELOCOTONES

Cubierta:

⅛ lb. mantequilla
½ taza azúcar blanca

1 lata (N° 2½) de melocotones.
9 guindas.

Masa del cake:

¼ lb. mantequilla
1⅓ taza azúcar blanca
2 huevos
½ taza de leche

½ taza de almíbar de los melocotones.
1 cdta. de vainilla.
2½ tazas harina
3 cdtas. de polvos Royal.
½ cdta. de sal.

Encienda el horno a 350°F.

Vierta en el fondo de un molde cuadrado de ocho pulgadas un octavo libra de mantequilla derretida. Polvoréela con media taza de azúcar y coloque en el molde los melocotones con la parte del hueco hacia abajo, y en cada hueco una guinda.

Bata la mantequilla con el azúcar, huevos, leche y almíbar de los melocotones. Añada esto a los ingredientes secos cernidos y revuélvalo todo. Viértalo sobre los melocotones con cuidado de no desarreglarlos. Hornéelo a 350°F. durante 50 minutos. Al sacarlo del horno voltéelo sobre la dulcera pero no le quite el molde hasta pasados cinco minutos.

Sírvalo adornado con crema batida o merengue en los bordes. Da 8 raciones.

Este cake puede hacerse también con piña o coctel de frutas. Con frutas secas, utilice ½ taza más de leche en lugar del almíbar.

CAKE DE CREMA

2 tazas de harina.
1½ taza azúcar blanca
2 cdtas. de polvos Royal.
½ cdta. de sal.

1½ taza de crema para batir.
3 huevos
1½ cdta. de vainilla.

Encienda el horno a 350°F.

Engrase dos moldes redondos para cake de 9 pulgadas.

Cierna los ingredientes secos. Bata la crema hasta que esté espesa. Añádale los huevos bien batidos de antemano. Agregue los ingredientes secos envolviendo la masa suavemente sin batirla. Añádale la vainilla. Viértalo en los moldes. Hornéelo durante 30 minutos.

Déjelo refrescar. Sírvalo con más crema batida y frutas frescas congeladas. Da 8 raciones.

CAKE DE QUESO

1½ taza de galleticas María molidas.

2 cdas. azúcar blanca
2 cdas. mantequilla

½ taza azúcar blanca

2 cdas. de harina.
¼ cdta. de sal.
1 lb. queso crema
1 cdta. de vainilla.
4 huevos
1 taza de crema de leche.

Este cake requiere un molde de fondo movible de nueve pulgadas de diámetro.

Encienda el horno a 325°F.

Mezcle las galletas molidas con las dos cucharadas de azúcar y la mantequilla derretida.

Engrase ligeramente el molde y cúbralo por dentro con la mezcla anterior.

Cierna el azúcar con la harina y sal. Añádale el queso crema uniéndolo todo bien. Agregue las yemas batidas, vainilla, crema de leche y por último las claras batidas a punto de nieve. Mézclelo suavemente para que no pierda el aire del batido. Vierta esta mezcla en el molde y hornéelo durante una hora. Apague el horno y déjelo una hora más en el horno apagado. Da 16 raciones.

CAKE DE QUESO Y PIÑA

Para hacer este mismo cake combinado con piña use además:

½ taza azúcar blanca   1 cda. de maicena.
1 lata (N° 303) piña en ruedas.

Disuelva azúcar y maicena en el almíbar de la piña. Póngalo en una cacerola al fuego hasta que espese. Déjelo refrescar. Añádale la piña picadita. Viértalo en el fondo del molde sobre la mezcla de galletas. Cúbralo con el resto de la receta. Hornéelo como el anterior.

CAKE ESPONJOSO DE CHOCOLATE

1⅔ taza de harina.   2 yemas.
¾ cdta. de bicarbonato.   2 pastillas chocolate
¾ cdta. de sal.   2 claras.
⅓ taza mantequilla   1½ taza azúcar blanca
1 taza de leche agria.

Encienda el horno a 350°F. Engrase y polvorée con harina dos moldes redondos para cake de 8 pulgadas de diámetro.

"Osterice" el chocolate y póngalo al baño de María hasta que esté fundido.

Si no tiene leche agria puede prepararla poniendo una cucharada de vinagre en una taza y añadiéndole leche fresca hasta la medida de una taza.

Cierna los ingredientes secos (harina, bicarbonato y sal), añádales la mantequilla derretida y la mitad de la leche agria. Bátalo un minuto a la menor velocidad de la mezcladora eléctrica o a mano contando hasta 150. Añádale el resto de la leche, el chocolate y las yemas y bátalo un minuto más del mismo modo anterior. Añádale por último las claras batidas a punto de nieve con el azúcar, envolviendo la masa suavemente. Viértalo en los moldes y hornéelo durante 30 ó 35 minutos.

Déjelo refrescar y vístalo con la siguiente crema:

2 tazas de crema para batir.   1 taza de azúcar en polvo.
½ taza de cocoa dulce.

Cierna la cocoa y el azúcar.

Bata la crema añadiéndole poco a poco la cocoa y el azúcar en polvo hasta que tenga consistencia espesa. Ponga la crema entre las dos camadas de cake y cúbralo con el resto. Debe guardarse siempre en el refrigerador para evitar que la crema de la cubierta se descomponga. Da 12 raciones.

CAKE DE CHOCOLATE

2 tazas de harina.	3 ó 4 huevos (⅔ taza).
1 cdta. de sal.	⅔ taza cocoa amarga.
1 cdta. de bicarbonato.	1⅓ taza leche
½ cdta. polvos Royal.	
⅔ taza mantequilla	1 cdta. de vainilla.
1⅔ taza azúcar blanca	

Encienda el horno a 350°F. Engrase dos moldes redondos de 9 pulgadas. Forre el fondo de los moldes con papel encerado. Engrase el papel. Polvorée los moldes con una mezcla de harina y cocoa. (1 cucharada de cocoa y 2 cucharadas de harina). Esto se hace para que la superficie de los cakes de chocolate quede del mismo color que la masa..

Cierna la harina con la sal, bicarbonato y Royal. Bata la mantequilla añadiendo poco a poco el azúcar. Agregue los huevos uno a uno. Mezcle la cocoa con la leche y vainilla. Añada los ingredientes secos alternando con la leche, cocoa y vainilla. Vierta la mezcla en los moldes. Hornéela aproximadamente 35 minutos.

Esta masa puede hornearse en un molde rectangular de 13x9x2 pulgadas aproximadamente 45 minutos.

En dos moldes rectangulares de 11x7x2 pulgadas aproximadamente 35 minutos.

Déjelo refrescar y póngale el relleno y cubierta que desee: natilla, crema de mantequilla, crema batida, merengue, etc.

CAKE SURTIDO DE CHOCOLATE

1½ taza de leche	¼ lb. mantequilla
	1 taza azúcar blanca
2 cdas. vino seco	1 huevo
2 tazas de harina.	3 pastillas chocolate
2 cdtas. de polvos Royal.	⅓ taza de dátiles picaditos.
½ cdta. de canela.	⅓ taza de pasas sin semillas.
½ cdta. de nuez moscada.	⅓ taza de nueces picaditas.
1 cdta. de bicarbonato.	⅓ taza de almendras tostadas.
½ cdta. de sal.	

Encienda el horno a 375°F.

Engrase con mantequilla un molde de 13x9x2 pulgadas.

Corte la leche con el vino seco.

Cierna la harina con el Royal, canela, nuez moscada, sal y bicarbonato.

Bata la mantequilla, añadiéndole poco a poco el azúcar, agréguele el huevo y bátalo nuevamente; añádale los ingredientes secos alternando con la leche cortada y osterizada de antemano con el chocolate. Empiece y termine con ingredientes secos. Añádale las nueces, almendras, dátiles y pasas polvoreados de antemano con una cucharada de harina o de los mismos ingredientes secos.

Viértalo en el molde. Hornéelo durante 35 minutos aproximadamente o hasta que al introducirle un palillo, salga seco.

Déjelo refrescar, cúbralo con azucarado de chocolate si lo desea y adórnelo con nueces. Da 20 raciones.

BOSTON CREAM PIE

Masa:

¼ lb. mantequilla	½ lb. de vainilla.
1 taza azúcar blanca	⅓ taza de harina.
3 huevos	½ cdta. de sal.
½ taza de leche	2 cdtas. de polvos Royal.

Relleno:

1 taza azúcar blanca	2 tazas de leche
1½ taza de harina.	
⅛ cdta. de sal.	4 yemas.
	1 cdta. de vainilla.

Prepare primero la masa. Encienda el horno a 350°F.

Cierna la harina con el Royal y sal. Bata la mantequilla con el azúcar, añádale uno a uno los huevos, la leche, vainilla y los ingredientes secos cernidos. Al añadir estos últimos no bata, revuelva suavemente. Viértalo en dos moldes de cake de 8 pulgadas engrasados y polvoreados de harina. Hornéelo durante 30 minutos.

Prepare el relleno. Cierna azúcar, harina y sal. Añádale la leche y póngalo al fuego, revolviéndolo hasta que tome espesor de crema. Añada un poco a las yemas, ligándolo bien. Incorpore esto al resto de la mezcla y manténgalo al fuego revolviéndolo, unos tres minutos más. Añádale la vainilla y déjela enfriar bien. Ponga esta crema entre las dos camadas de masa y polvorée la camada superior con azúcar en polvo. Da 8 raciones.

PANETELA CORRIENTE

6 huevos	½ cdta. de sal.
1½ taza azúcar blanca	6 cdas. de agua o leche.
1½ taza harina	1 cdta. de vainilla.
1 cdta. polvos Royal.	

Encienda el horno a 325°F. Engrase ligeramente el fondo de un molde de 13x9x2 pulgadas. Forre el fondo del molde con papel encerado. Engrase el papel.

Separe las claras de las yemas. Cierna la harina con el Royal y la sal. Bata las claras a punto de nieve añadiendo poco a poco el azúcar. Agregue las yemas una a una y luego los ingredientes secos alternando con el agua envolviéndolo todo suavemente sin batir. Vierta la mezcla en el molde y hornéela aproximadamente 40 minutos.

Panetela de naranja:

Use 6 cucharadas de jugo de naranja y 1 cucharadita de ralladura de cáscara de naranja en lugar de agua y vainilla.

Panetela de chocolate:

Use sólo 1¼ taza de harina; al cernir la harina con el Royal y sal añádale 6 cucharadas de cocoa amarga.

PANETELITAS DE YEMA

12 yemas de huevo.	⅛ cdta. de sal.
2 cdas. azúcar blanca	2 cdas. de harina.

Encienda el horno a 350° F. Forre con papel encerado un molde cuadrado de 8 ó 9 pulgadas. Bata las yemas con el azúcar y sal hasta que estén bien espesas y de color amarillo clarito. Añada la harina cernida y envuélvala suavemente con las yemas. Vierta la mezcla en el molde y hornéela aproximadamente 30 minutos. Deje refrescar la panetela. Quite el papel. Corte la panetela en forma de cuadritos o diamantes. Báñelas con almíbar. Salen aproximadamente 16 panetelitas.

PANETELA DE MANTEQUILLA

½ lb. mantequilla	½ cdta. de sal.
1 taza azúcar blanca	6 claras.
6 yemas.	¾ taza azúcar blanca
1¾ taza de harina.	1 cdta. de vainilla.
½ cdta. de polvos Royal.	

Encienda el horno a 350°F. Engrase con mantequilla un molde en forma de anillo de 10 pulgadas de diámetro. Bata la mantequilla añadiendo poco a poco una taza de azúcar. Añada las yemas una a una y bata aproximadamente cinco minutos. Agregue la harina cernida de antemano con el Royal y la sal.

Al añadir la harina no bata la mezcla sino envuélvala suavemente hasta que esté todo ligado. Bata las claras a punto de nieve y añádales poco a poco los ¾ taza de azúcar. Incorpore el merengue a la mezcla anterior con cuidado de no batir, sino envolver suavemente. Añádale la vainilla. Viértalo en el molde y hornéelo durante una hora. Da 16 raciones.

PANETELA ESPONJOSA DE MANTEQUILLA

11 yemas de huevo de	1 cdta. vainilla
2 tazas azúcar blanca	2 tazas de harina.
1 taza de leche	2 cdtas. de polvos Royal.
	½ taza mantequilla

Caliente la leche y déjela refrescar hasta que esté tibia.

Encienda el horno a 350°F. Engrase dos moldes cuadrados de 8 pulgadas y cúbrales el fondo con papel encerado. Bata las yemas añadiéndoles poco a poco el azúcar hasta que estén espesas y de color amarillo limón. Añádale la leche con vainilla, los ingredientes secos cernidos y por último la mantequilla derretida. Viértala en los moldes. Hornéela aproximadamente 35 minutos. Déjela refrescar y vístala con la crema que desee o córtela en rectángulos para servir con leche o chocolate caliente. Da 16 raciones.

PANETELA BORRACHA ESPECIAL

1 panetela esponjosa de mantequilla.	1 taza de agua.
	2 tazas de vermouth.
5 huevos	Canela en polvo.
2 tazas azúcar blanca	

Haga una panetela en dos moldes cuadrados de ocho pulgadas según la receta anterior. Déjela refrescar y corte cada una en dieciséis cuadraditos. Vierta una cucharada de vermouth sobre cada cuadradito y polvoréelo con canela. Ponga al fuego el azúcar y el agua para hacer un almíbar. Bata las claras a punto de nieve y agregue las yemas. Cuando el almíbar llegue al punto de melcocha suave (238°F.) viértalo inmediatamente sobre las claras y yemas y bátalo rápidamente hasta unirlo todo. Eche esta mezcla en seguida sobre las panetelas y déjelas refrescar antes de servirlas. Adorne cada cuadradito con un pedacito de guinda. Da 32 panetelitas.

PANETELA DE ALMENDRAS

½ lb. de almendras peladas.	10 huevos
6 cdas. harina	1¼ taza azúcar blanca
1 cdta. crémor.	1 cdta. de vainilla.

Forre el fondo de un molde de anillo de 10 pulgadas con papel encerado. Engrase el papel dejando los lados del molde sin engrasar. Encienda el horno a 375°F.

Muela las almendras en la licuadora. Cierna la harina con el crémor y mézclala con las almendras molidas. Separe las yemas de las claras. Bata las yemas y añádales poco a poco el azúcar hasta que estén bien espesas. Es importante que las yemas queden bien batidas con el azúcar. Añada la vainilla, la mezcla de harina y almendras y por último las claras batidas a punto de nieve, envolviéndolo todo suavemente *sin batirlo*. Vierta la mezcla en el molde y hornéela durante cincuenta minutos o hasta que al introducir un palito en el centro, salga seco. Voltee el molde sobre una rejilla de alambre y déjelo refrescar por lo menos una hora. Desprenda los lados de la panetela. Quítela del molde y sepárele el papel. Da aproximadamente 10 raciones.

PANETELA BORRACHA

2 tazas de harina.	1 taza azúcar blanca
2 cdtas. polvos Royal.	12 yemas de huevo
½ cdta. de sal.	1 cdta. de vainilla.
6 claras.	

Encienda el horno a 375°F. Engrase ligeramente un molde de panetela de 13x9x2 pulgadas. Forre el fondo del molde con papel encerado y engrase ligeramente el papel. Cierna la harina con los polvos de hornear y la sal. Bata las claras a punto de nieve añadiéndoles poco a poco el azúcar. Agregue las yemas una a una, luego los ingredientes secos cernidos (envolviéndolos suavemente, *sin batir*) y por último la vainilla. Vierta la mezcla en el molde y hornéela hasta que se vea doradita. Aproximadamente 30 minutos. Deje refrescar la panetela. Córtela en cuadraditos y báñela con el siguiente almíbar:

4 tazas azúcar blanca	Unas gotas de jugo de limón.
2 tazas de agua.	2 cdtas de vainilla.
1 ramita de canela.	1 taza de vino dulce o licor.
1 cáscara de limón.	

Ponga a la candela el azúcar con el agua, canela, jugo y cáscara de limón. Déjelo hervir aproximadamente cinco minutos. Bájelo del fuego, añádale la vainilla y déjelo refrescar. Antes de bañar las panetelas, échele el licor o vino dulce. Da aproximadamente 12 raciones.

PANETELA DE MARMOL

½ lb. mantequilla	1¾ taza de harina.
1¾ taza azúcar blanca	½ cdta. de polvos Royal.
6 huevos	½ cdta. de sal.
2 pastillas chocolate	1 cdta. de vainilla.

Engrase con mantequilla un molde de panetela de 13x9x2 pulgadas. Encienda el horno a 375°F.

Bata la mantequilla añadiendo poco a poco una taza de azúcar. Agregue las yemas una a una y bátalo cinco minutos aproximadamente. Divida esta mezcla en dos partes iguales y a una de ellas añádale el chocolate rallado y fundido al baño de María. Añada a cada parte una taza de harina cernida con un cuarto cucharadita de Royal y un cuarto cucharadita de sal. Al añadir la harina envuélvalo suavemente sin batirlo. Bata las claras a punto de nieve añadiéndole poco a poco el resto del azúcar (¾ taza). Agréguele la vainilla. Divídala en dos partes y añádalas por separado a las mezclas anteriores, de modo que quede una masa amarilla y otra de chocolate. Viértalo en forma alterna en el molde, y después pase una espátula o un cuchillo de un lado al otro del molde varias veces para que queden las mezclas veteadas como el mármol. Hornéelo a 375°F. 40 minutos aproximadamente. Da 12 raciones.

PANETELA ENROLLADA O BRAZO GITANO

1 taza de harina.	de medida, deben medir ⅔ taza en conjunto las claras y las yemas).
1 cdta. de polvos Royal.	
¼ cdta. de sal.	
———	1 taza azúcar blanca
3 ó 4 huevos	5 cdas. de agua.
(La cantidad de huevos depende del tamaño. En una taza	1 cdta. de vainilla.

Engrase un molde de panetela de 15½x10½x1 pulgada, fórrelo con papel encerado y engrase el papel. Encienda el horno a 375ºF.

Cierna la harina con el Royal y la sal. Bata los huevos durante 10 minutos aproximadamente o hasta que estén bien espesos y añada poco a poco el azúcar. Agregue el agua con la vainilla y por último los ingredientes secos cernidos, envolviendo suavemente o usando la menor velocidad en una mezcladora eléctrica. Vierta la mezcla en el molde y hornée la panetela durante 15 minutos. Después de horneada y antes de que se enfríe, desprenda los bordes de la panetela del molde con un cuchillo, voltée la panetela sobre un paño húmedo o uno seco polvoreado con azúcar en polvo. Quite con cuidado el papel y recorte los bordes con un cuchillo bien afilado. Enrolle la panetela en el paño y déjela refrescar. Cuando la panetela esté fresca desenróllela y rellénela con crema o mermelada de fruta al gusto. Enróllela nuevamente y adórnela como desee. Da 8 raciones.

MANTECADAS

2 tazas de harina.
2 cdtas. de polvos Royal.
½ cdta. de sal.
¼ cdta. de nuez moscada.
1 taza mantequilla

1½ taza azúcar blanca
6 huevos
1 cdta. de vainilla.
1 cdta. ralladura de limón.

Prepare unas 12 cajitas de papel. Use papel de 8½ por 5½ pulgadas. Encienda el horno a 375°F. Cierna la harina con Royal, sal y nuez moscada. Bata la mantequilla y añádale poco a poco el azúcar, luego los huevos uno a uno, la vainilla, ralladura y por último los ingredientes secos cernidos. Vierta la masa en las cajitas. Llénelas sólo hasta la mitad. Coloque las cajitas sobre una tartera y hornéelas aproximadamente 40 minutos. Salen 12.

DOBLE DELICIA DE CHOCOLATE

Azucarado:
¾ taza queso crema
½ taza mantequilla
½ cdta. de vainilla.
½ cdta. extracto de menta.
6 tazas de azúcar en polvo.
¼ taza de agua caliente.
4 pastillas chocolate

Cake:
2 tazas del azucarado.
¼ taza mantequilla
3 huevos
2¼ tazas de harina.
1½ cdta. de bicarbonato.
1 cdta. de sal.
¾ taza de leche

Prepare primero el azucarado. Bata el queso crema con la mantequilla, añada la vainilla y la menta. Agregue el azúcar en polvo alternando con el chocolate rallado y derretido con el agua caliente.

Tome dos tazas del azucarado y bátalo con la mantequilla del cake. Añada los huevos uno a uno batiendo bien después de cada uno. Añada los ingredientes secos alternando con la leche. Vierta la masa en dos moldes redondos de 9 pulgadas de diámetro engrasados y polvoreados con harina. Hornéelo durante aproximadamente 40 minutos a 350°F. Déjelo refrescar. Coloque parte del azucarado entre las dos capas y cúbralo todo con el azucarado restante. Da 16 raciones.

CAKE DE FRUTAS

1 taza mantequilla	1 taza de leche
1 taza azúcar blanca	
5 huevos	1 lb. de pasas sin semillas.
4 cdas. de apricot brandy.	1 lb. de higos.
1 taza de sirope de maíz.	1 lb. de dátiles sin semillas.
3½ tazas de harina.	1 taza de almendras.
4 cdtas. de polvos Royal.	2 tazas de nueces picaditas.
½ cdta. clavo molido.	1 lb. de frutas glaceadas.
1 cdta. de canela.	1 cdta. extracto de almendras.
1 cdta. de nuez moscada.	1 cdta. extracto de maple o
½ cdta. de pimienta dulce.	vainilla.
1 cdta. de sal.	

Encienda el horno a 275°F. Engrase dos moldes de forma de anillo o alargados. Fórrelos con papel de estrasa y engrase el papel.

Pique los dátiles, los higos, las nueces y las almendras. Cierna la harina con el Royal, la sal, clavo, canela, nuez moscada y pimienta dulce. Bata la mantequilla y añádale poco a poco el azúcar, hasta que esté cremosa. Agregue los huevos uno a uno y bata bien después de cada uno. Añádale el apricot brandy y el sirope de maíz. Agregue los ingredientes secos alternando con la leche. Deje aproximadamente media taza de los ingredientes secos para mezclarlos con las frutas, dátiles, higos, nueces, almendras y pasas, y agregue todo esto a la mezcla anterior. Añada los extractos de almendras y maple. Viértalo en los moldes y hornéelos durante 2½ a 3 horas. Da 2 cakes de frutas y cada cake aproximadamente 15 raciones.

PANETELA VIENESA

Caramelo:

¾ taza azúcar blanca   ½ taza de agua.

_____

Panetela:

6 huevos   1 cdta. de sal.
1 taza azúcar blanca   ½ cdta. de crémor.
¾ taza de harina.   ¾ taza de almendras tostadas
1 cdta. de Royal.   picaditas.

Cubierta:

½ taza azúcar blanca   ½ taza de leche
¼ taza mantequilla   ¼ taza crema de leche.
¼ cdta. de sal.

Encienda el horno a 350°F. Engrase dos moldes redondos de 9 pulgadas. Forre el fondo de los moldes con papel encerado y engrase ligeramente el papel.

Ponga en una cacerola los ¾ taza de azúcar del caramelo y revuelva constantemente hasta que se derrita. Añádale el agua caliente y déjelo al fuego hasta que se derrita el caramelo en el agua. Déjelo refrescar.

Separe las claras de las yemas de huevo. Cierna la harina con los polvos de hornear, sal y crémor. Bata las yemas hasta que estén espesas y de color amarillo clarito. Añádale a las yemas ½ taza de azúcar y bátalas bien. Añádales dos cucharadas de la mezcla de caramelo. Agregue los ingredientes secos cernidos, las almendras y por último las claras batidas a punto de nieve con el resto del azúcar. Unalo todo envolviéndolo suavemente, no lo bata. Vierta la mezcla en los moldes y hornéela aproximadamente 25 ó 30 minutos o hasta que esté doradita y no marque los dedos al tocar la superficie ligeramente.

Mientras se hornea la panetela, añada al resto del caramelo la leche, mantequilla, el azúcar y la sal. Déjelo hervir hasta que tenga punto de bola suave (aproximadamente 234°F.). Añádale la crema y sin revolverlo déjelo hervir hasta que vuelva a tener el mismo punto anterior. Déjelo refrescar.

Cuando ya la panetela esté horneada, déjela refrescar sobre dos parrillas y quíteles el papel. Bañe las panetelas con el caramelo y si lo desea, póngale crema batida entre ambas capas o sírvala con helado. Da 16 raciones.

PANETELA ARLEQUIN

Panetela:
6 huevos
6 cdas. azúcar blanca
6 cdas. de harina.
1 cdta. de polvos Royal.
1 cdta. extracto de almendras.

Crema de chocolate:
½ lb. mantequilla
1¾ taza azúcar en polvo.
1 taza de cocoa instantánea.
3 cdas. de leche

Adorno:
¾ taza de almendras (¼ lb.).
1 taza crema para batir.
2 cdas. azúcar blanca

Si las almendras tienen cáscara pélelas y póngalas en una tartera o molde llano. Encienda el horno a 350°F. Engrase el fondo de un molde Pyrex de 12x7 pulgadas. Cubra el fondo del molde con papel y engrase ligeramente el papel. Separe las claras de las yemas. Bata las claras a punto de nieve añadiéndoles poco a poco el azúcar. Añada las yemas una a una y el extracto de almendras. Añádale la harina cernida con el Royal y envuelva la mezcla suavemente sin batir. Viértala en el molde y hornéela aproximadamente 30 minutos. Al mismo tiempo que hornea la panetela, ponga la tartera con las almendras en la otra parrilla del horno para que se tuesten. Las almendras demorarán en tostarse aproximadamente el mismo tiempo que la panetela.

Deje refrescar ligeramente la panetela en el mismo molde y despréndale los bordes con un cuchillo. Voltée la panetela sobre una parrilla de alambre y colóquela de modo que el papel quede hacia abajo. Déjela enfriar completamente y si es posible espere unas horas para cortarla. Corte la panetela en tres lascas finas. Pique las almendras. Disuelva la cocoa en la leche caliente y déjela refrescar. Bata la mantequilla añadiéndole poco a poco el azúcar en polvo y luego la cocoa disuelta en la leche. Divida esta crema de chocolate en tres partes y exitenda una parte sobre cada camada de panetela, montando una sobre otra de modo que sobre la última camada quede una capa de crema de chocolate. Cubra esta camada de crema de chocolate con las almendras picaditas. Bata la crema añadiéndole poco a poco el azúcar. Ponga la crema batida en una manga con boquilla rizada y adorne la panetela con tres hileras de crema batida sobre las almendras. Déjela enfriar bien antes de servirla. Da 18 raciones.

CAKE DE FRUTAS RAPIDO

½ lb. mantequilla
½ taza de miel de abejas.
½ cdta. de canela.
½ cdta. de nuez moscada.
½ cdta. de sal.
1 taza de pasas sin semillas.
1 taza de dátiles picaditos.

1 taza de higos picaditos.
1 lb. frutas glaceadas surtidas
1 cda. jugo de limón.
¼ taza de apricot brandy.
2 taza galleticas María molidas.

Bata la mantequilla, que debe estar a la temperatura ambiente, con la miel de abejas, canela, nuez moscada y sal. Añádale los demás ingredientes uniéndolo todo bien. Viértalo en un molde de pan forrado con papel encerado. Póngalo en el congelador hasta que se endurezca. Queda mejor si se deja dos o tres días antes de desmoldarlo. Da 16 raciones.

CAKE DE FRUTAS DORADO

½ lb. mantequilla
1 taza azúcar blanca
½ taza jugo de naranja.
2 tazas de harina.
2¼ cdtas. de polvos Royal.
½ cdta. de sal.
½ cdta. extracto de almendras.

4 claras.
1 lb. frutas glaceadas surtidas.
1½ taza pasas sin semillas.
1 taza de nueces.
½ taza dátiles picaditos.
⅓ taza de harina.

Encienda el horno a 300°F. Forre un molde de anillo con papel engrasado. Bata la mantequilla con el azúcar. Añádale el jugo de naranja y los ingredientes secos cernidos. Al agregar estos últimos, no bata, envuélvalo todo suavemente. Agregue el extracto de almendras y las claras batidas a punto de merengue. Envuelva las frutas, nueces, pasas y dátiles en el tercio de taza de harina. Añádalo a la mezcla anterior. Viértalo en el molde y hornéelo durante dos horas o hasta que al introducirle un palillo, éste salga seco. Puede conservarlo durante varias semanas en una lata o recipiente con tapa, rociándolo cada dos o tres días con un buen vino dulce o licor. Da 16 raciones.

CAKE DE NUECES

¼ lb. mantequilla
1¼ taza azúcar blanca
2 huevos
¾ taza de leche

1 cdta. de vainilla.

2 tazas de harina.
1½ cdtas. de polvos Royal.
¾ cdta. de sal.
1 taza nueces picaditas.
1 cda. harina

Encienda el horno a 350°F. Engrase un molde cuadrado de 8 pulgadas. Bata la mantequilla con azúcar, huevo, leche y vainilla. Añádale los ingredientes secos cernidos envolviéndolo todo suavemente. Agregue las nueces polvoreadas con una cucharada de harina. Viértalo en el molde y hornéelo aproximadamente 35 minutos. Desmóldelo, déjelo refrescar y cúbrale los lados con el azucarado siguiente:

Azucarado de caramelo:

2 cdas. azúcar blanca	4 cdas. crema de leche.
⅛ lb. mantequilla	1½ taza de azúcar en polvo.

Ponga al fuego en una cacerola pequeña las dos cucharadas de azúcar, moviéndola constantemente hasta que se derrita y tome color de caramelo. Añádale la mantequilla derretida y la crema de leche alternando esta última con el azúcar en polvo. Bátalo hasta que tenga consistencia de crema. Cubra los lados del cake anterior con este azucarado. Adórnelo con pedacitos de nueces.

GLASEADO FONDANT

2 tazas azúcar blanca	4 gotas de limón.
1 taza de agua.	1½ taza azúcar en polvo (aprox.).

Haga el almíbar con el azúcar, agua y gotas de limón. Déjelo hervir hasta que el termómetro marque 226°F. Baje el almíbar de la candela y déjelo refrescar hasta aproximadamente 115°F. Añádale azúcar en polvo hasta formar una pasta.

Para usar el fondant en glaseados de dulces finos, añádale unas cucharadas de agua caliente hasta lograr la consistencia deseada para bañar los dulces. Lo que se cae debajo puede recogerse y calentarlo de nuevo repetidas veces.

GLASEADO FONDANT DE CHOCOLATE, FRESA, CAFE, etc.

Añádale a la receta anterior cocoa, extracto de fresa, café, etc. a gusto. El fondant se puede teñir con colorante vegetales a gusto

HOLANDESA DE CHOCOLATE

Torta:

1 cda. mantequilla
1½ oz. chocolate amargo.
2 huevos
1 taza azúcar blanca

1¼ taza de harina.
2 cdtas. polvos Royal.
¼ cdta. de sal.
½ taza leche

Relleno:

¼ taza azúcar blanca
½ cda. cocoa amarga.
1 cda. maicena.

1 taza leche

⅛ cdta. de sal.
1 cdta. de vainilla.

Encienda el horno a 350°F. Engrase un molde redondo de 9 pulgadas. Forre el fondo del molde con papel. Engrase el papel. Polvoree el molde con harina. Ponga la mantequilla al baño de María con el chocolate hasta que se derritan. Bata los huevos añadiendo poco a poco el azúcar. Añada la mezcla de chocolate y mantequilla, luego los ingredientes secos cernidos alternando con la leche. Viértalo en el molde y hornéelo aproximadamente 30 minutos. Déjela enfriar bien y córtela en tres capas finas.

Para hacer la crema del relleno "osterice" azúcar, cocoa, maicena, leche y sal. Cocínelo revolviendo constantemente hasta que espese. Añada la vainilla y déjela enfriar antes de ponerla entre las capas de torta. Polvoréela con azúcar y raspaduras de chocolate y adórnela con crema batida a gusto. Da 8 raciones.

Pasteles

L a masa para hacer pasteles puede ser de varias clases: tipo americano o *pie*, de masa real, de hojaldre, pasta choux, etc. En este capítulo encontrara recetas básicas para elaborar estos tipos de masa, y algunos pasteles con masas rápidas como las de galleticas, biscuit, nueces, etc.

Los pasteles tipo *pie*, los de masa real y de masas rápidas son de uso más frecuente en el hogar. Los de hojaldre, por requerir más cuidado y tiempo en su elaboración, han sido siempre los que las amas de casa han considerado más difíciles. En este capítulo encontrará una receta de masa de hojaldre ilustrada con fotografías que la ayudarán a interpretarla con éxito.

Los reposteros profesionales prefieren un ambiente frío para elaborar sus pasteles, y ésa es una razón del porqué las modernas pastelerías instalan aire acondicionado en sus cocinas. No esperamos que su cocina tenga aire acondicionado, aunque, desde luego, en nuestro país esto sería maravilloso para cualquier ama de casa. Sí le recomendamos que por lo menos media hora antes de empezar a hacer cualquier masa de pastel, guarde en el refrigerador los utensilios que va a usar para que se enfríen. Así asegura más el éxito de su pastel. La excepción a esta regla la constituyen los moldes de cristal que no deben enfriarse antes de hornear el pastel porque el cambio brusco de temperatura del frío del refrigerador al calor intenso del horno, puede romperlos. También le recomendamos que tanto el líquido como la grasa, con excepción del aceite, estén fríos.

La harina es uno de los principales ingredientes de cualquier pastel, y es muy importante usar la clase de harina adecuada. La harina fina, especial para cakes, debe reservarse para panetelas y cakes. Los pasteles deben hacerse con harina de la llamada "de todos los usos", que es la que tiene la consistencia necesaria para hacer masa de pastel. Y si la harina que usted usa es enriquecida, su pastel tendrá mayor valor nutritivo en vitaminas y minerales.

La masa de pastel puede hacerse con distintos tipos de grasa: vegetal hidrogenada como Crisco, aceite de maní, mantequilla y queso crema, etc. Aquí usted encontrará recetas que requieren una u otra. Todas le quedarán bien, si usted sigue las instrucciones. No cambie la grasa indicada en cada receta. Utilice siempre el tipo que la receta requiere.

En lugar de agua se pueden utilizar otros líquidos como leche, vino seco o jugos de frutas. La leche hace que el pastel al hornearse tome un color más tostadito. El vino seco da a la masa de pastel de carne, pescado o pollo un mejor sabor. Los jugos de frutas se pueden usar en la masa de los pasteles de frutas. También se le puede añadir ralladura de cáscara de limón o naranja. Al usar jugos o vino seco puede combinarlos con partes de agua.

La cantidad de líquido que se recomienda en una masa de pastel es siempre aproximada. La temperatura y humedad del ambiente hacen que esto sea variable. Use sólo la cantidad necesaria para humedecer la harina. Le recomendamos que añada el líquido poco a poco, porque si añade demasiado, la masa cogerá correa.

Cuando extienda la masa de pastel con el rodillo, añada sólo la cantidad de harina necesaria. Así evitará que la masa quede enharinada y poco suave. Extienda la masa entre dos pedazos de papel encerado que eliminan casi completamente la necesidad de enharinar el rodillo y la masa. Esto facilita también la colocación de la masa en el molde.

Una vez extendida la masa, quítele el papel de la parte de arriba, colóquela sobre el molde de modo que el otro papel quede arriba y quite este último.

Los pasteles pueden hacerse con dos capas de masa entre las que se coloca el relleno o con una sola capa o concha que se hornea primero, se rellena y se cubre con merengue o crema.

Los pasteles de frutas en los que generalmente se usa la fruta cruda deben hornearse más tiempo que los de carne, pescado o pollo en los que el relleno se pone cocinado en el pastel.

Las conchas de pastel que se hornean sin rellenar necesitan menos tiempo en el horno que los pasteles rellenos.

La siguiente tabla podrá servirle de guía para hornear cualquier pastel hecho con las recetas básicas que aparecen en este capítulo y el relleno que desee:

	Temperatura	Tiempo aprox.
Conchas de pastel	425°F.	15 minutos
Pasteles con relleno cocinado	425°F.	10 minutos
	350°F.	50 minutos más
Pasteles con relleno crudo	425°F.	10 minutos
	350°F.	20 minutos más

Observe que en los pasteles que se hornean con el relleno siempre se comienza con una temperatura alta que asegura una masa de pastel tostadita y se termina de hornear a una temperatura más baja. Para hacer esto encienda el horno primero a la temperatura alta y pasados los primeros diez minutos baje la temperatura sin quitar el pastel del horno.

Los rellenos de carne, pescado o ave deben estar previamente cocinados en forma de picadillo o fricasé.

Los rellenos de frutas pueden hacerse con frutas frescas, en conserva, pastas, mermeladas, etc. Las frutas crudas como manzanas, mangos, etc., deben cortarse en lascas finas y polvorearse con azúcar y canela al gusto. Para un pastel puede usarse de ¾ a 1 taza de azúcar. Deben llenarse bien los pasteles con frutas crudas porque éstas se reducen al hornearse y si no se llena bien, el pastel queda hundido en el centro.

Los rellenos de vegetales pueden hacerse con vegetales mixtos combinados con algún resto de carne, pescado, ave o jamón. Deben ser previamente cocinados.

Para un pastel de 9 pulgadas la cantidad de relleno será aproximadamente 3 tazas.

RECETAS BASICAS PARA MASAS DE PASTEL

Todas estas masas de pastel pueden prepararse de antemano y guardarse uno o más días en el refrigerador. Todas tienen cantidad suficiente de grasa, por lo que *no debe engrasar los moldes que usa para hacer pasteles de este tipo.*

RECETA BASICA No. 1
(Para pasteles cubiertos de 8 ó 9 pulgadas)

2¼ tazas de harina.
1 cdta. de sal.

¾ taza de Crisco.
5 cdas. de agua fría.

Cierna la harina con la sal. Añádale la mitad del Crisco. Córtelo con un estribo o dos cuchillos, hasta que la mezcla quede como una boronilla fina. Añádale el resto del Crisco y córtelo nuevamente hasta que la mezcla forme unas boronillas del tamaño de frijoles o chícharos. Añada el agua poco a poco, rociándola por encima de la mezcla y revolviendo con un tenedor para que todas las partículas queden húmedas. Unalo todo apretando la mezcla con la mano, *sin amasarla.*

Para hacer el pastel encienda el horno primero a la temperatura indicada en el cuadro anterior. Divida la masa en dos partes, coloque cada parte entre dos pedazos de papel encerado y extiéndala con el rodillo moviendo éste desde el centro hacia afuera hasta que la masa tenga aproximadamente ¼ de pulgada de espesor y por lo menos una pulgada más de diámetro que el molde que usted va a utilizar.

Coloque la masa en un molde y rellene el pastel. Cúbralo con el resto de la masa extendida en la misma forma que la anterior. Doble los bordes de la parte superior de la masa por debajo de la parte inferior, humedeciéndolos ligeramente con agua para que se peguen bien. Selle los bordes con un tenedor o rícelos con la punta de los dedos.

Si usted desea hacer un pastel más grande, por ejemplo de 10 pulgadas, o quiere que la masa de pastel le quede más gruesa, use las cantidades siguientes:

3¼ tazas de harina.
1¼ cdta. de sal.

1 taza más 1 cda. de Crisco.
6 cdas. de agua fría.

Si usted desea hacer una concha de pastel para rellenarla con crema o natilla y después cubrirla con merengue, como por ejemplo el pastel de limón, use las siguientes medidas para la masa.

Para concha de 8 ó 9 pulgadas:

1¼ taz ade harina.
½ cdta. de sal.

7 cdas. de Crisco.
3 cdas. de agua fría.

Para concha de pastel de 10 pulgadas o de masa más gruesa, use las mismas medidas de la receta básica que lleva 2¼ tazas de harina.

Para hacer las conchas de pastel haga la masa en la misma forma pero extiéndala en un solo redondel que debe tener aproximadamente ¼ pulgada de espesor y aproximadamente 1½ pulgada más de diámetro que el molde que usted va a usar. Coloque la masa sobre el molde de modo que no queden bolsas de aire entre el molde y la masa. Apriete bien los bordes de la masa contra los bordes del molde haciéndole una orilla rizada alrededor. Pinche la masa por varias partes con un tenedor y hornéela a 425°F. durante aproximadamente 15 minutos. Déjela refrescar antes de verterle la crema o relleno.

RECETA BASICA No. 2
(Para pasteles cubiertos de 8 ó 9 pulgadas)

2 tazas de harina.	½ taza aceite
1 cdta. de sal.	¼ taza de leche

Cierna la harina con la sal. Agregue la leche al aceite, sin revolverla y viértala sobre la harina. Revuélvalo todo con el tenedor. Unalo todo apretando la mezcla con las manos *sin amasarla*. Divida, extienda y hornée la masa como en la receta básica No. 1.

Para hacer una concha de pastel con esta masa, use las proporciones siguientes:

1⅓ taza de harina.	⅓ taza aceite
¾ cdta. de sal.	3 cdas. de leche

RECETA BASICA No. 3
(Para pasteles cubiertos de 8 ó 9 pulgadas)

2 tazas de harina.	¼ lb. mantequilla
1 cdta. de sal.	1 queso crema de 6 oz.

Cierna la harina con la sal. Añada la mantequilla y córtela con el estribo o con un cuchillo hasta que esté como una boronilla fina. Añádale el queso crema y córtela nuevamente hasta que la mezcla forme una boronilla del tamaño de frijoles o chícharos. Unalo todo, apretando la mezcla con la mano, *sin amasarla*.

Divida, extienda y hornée la masa como en la receta básica No. 1.

Si desea hacer una concha de pastel con esta masa, use las proporciones siguientes:

1⅓ taza de harina.   5 cdas. mantequilla
¾ cdta. de sal.   2 quesos crema de 2 oz.

Los pasteles con relleno frío como los de tipo chiffon deben sacarse del refrigerador unos quince minutos antes de servirlos para que la masa resulte más sabrosa.

Un pastel de 8 pulgadas da seis o siete raciones. Y un pastel de 9 pulgadas, de siete a ocho raciones.

Para variar el sabor de su masa de pastel, añada un cuarto taza de nueces molidas a la harina.

Para evitar que los bordes del pastel queden demasiado tostaditos cúbralos con una tirita mojada mientras los hornea.

Cuando el merengue suelta agua después de horneado el pastel, es porque usted ha añadido mucha azúcar. Sólo deben añadirse dos cucharadas por cada clara de huevo.

Si el merengue del pastel de limón se le agua después de horneado el mismo, es porque usted añadió más de dos cucharadas de azúcar por cada clara de huevo, o porque lo puso a refrescar en un lugar donde había una corriente de aire.

Si el azúcar que va a utilizar para hacer merengue está un poco gorda muélala en la licuadora sin que llegue a convertirse en polvo. Así su merengue quedará mejor. Siempre mida la cantidad de azúcar antes de osterizarla.

Si le sobran recorticos de la masa de pastel, únalos nuevamente sin amasar. Extiéndalos con el rodillo y córtelos en tiritas. Polvoréelas con azúcar y canela. Hornéelas a 400°F. durante unos 10 minutos y tendrá unos ricos chiviricos. Si en lugar de polvorearlas con azúcar y canela, las polvorea con queso rallado o con sal de ajo, pueden ser unos sabrosos saladitos.

Si a usted le gustan los rellenos de frutas muy jugosos, sirva el pastel tibio o acabadito de sacar del horno. Si le gusta un relleno más espeso, déjelo refrescar un par de horas.

Barnice su pastel para que le quede más bonito. Antes de hornearlo, úntele por arriba, con una brochita: huevo, clara, yema o leche.

Si usa huevo, bátalo ligeramente antes de untarlo. Para barnizarlo con clara sola, no la bata. Cuando barnice con yema, deslíala en una cucharada de agua, leche o vino seco.

Si al hornear la concha de pastel, usted nota que se encoge y se cae de los lados del molde, es porque no apretó bien los bordes de la masa a los del molde. Para evitar esto, también es bueno esperar unos minutos después de extendida la masa antes de colocarla en el molde.

Si la masa de una concha de pastel hace bolsas de aire, es porque no la pinchó bien con el tenedor antes de hornearla. Para asegurar esto, después que la concha lleve cinco minutos en el horno, ábralo un momentico y si ve que la masa tiene bolsas de aire o "ampollas", pínchelas con el tenedor para que desaparezcan.

Los pasteles cubiertos deben siempre perforarse en la capa superior para permitir la salida del vapor de agua que despide el relleno al hornearse.

Las conchas y tartaletas que se hornean separadas del relleno, deben siempre pincharse con un tenedor para evitar que se hagan bolsones de aire en la masa al hornearse.

Cualquiera de las masas que se usan para pasteles puede usarse para tartaletas y empanaditas horneadas.

Cuando las frutas que se emplean en el relleno son muy jugosas deben polvorearse con harina para que el relleno tenga consistencia y no se desbarate al cortar el pastel.

Los pasteles se conservan mejor a la temperatura ambiente, con excepción de los que tienen relleno de crema que requieren refrigeración, para que no se eche a perder la crema. Por eso le recomendamos que cuando usted termine de servir cualquier pastel que esté hecho con leche o crema, si queda algún pedazo, no lo deje sobre la mesa, guárdelo en el refrigerador.

PIE DE MANZANA

Prepare una masa para pastel con cubierta siguiendo cualquier receta básica.

Ingredientes para el relleno:

6 manzanas medianas.	⅛ cdta. de sal.
1 taza azúcar blanca Aspuru.	1 cdta. jugo de limón.
1 cdta. de canela.	1 cda. mantequilla
½ cdta. de nuez moscada.	

Después que ya tenga la masa de pastel en el fondo de un molde de 9 pulgadas, pele las manzanas y córtelas en lascas *muy finas*. Ponga todas las lascas de manzana en el pastel. (Aunque parezca mucho, tenga en cuenta que las manzanas al hornearse se aplastan, y si usted no pone mucho relleno el pastel le quedará muy hundido en el centro). Mezcle el azúcar con la canela, nuez moscada, sal y jugo de limón. Cubra con esto las manzanas. Corte la mantequilla en pedacitos y métalos entre las manzanas. Cubra el pastel con el resto de la masa, selle los bordes y perfore la capa superior. Hornéelo a 425°F. durante diez minutos y luego 50 a 60 minutos más a 350°F. Da 8 raciones.

Variaciones del pastel de manzana:

El pastel de manzana se puede variar de distintas formas.

Mezcle ½ taza de queso Patargás Hacienda rallado con la harina y la sal.

Sustituya una manzana por una taza de pasas sin semillas o nueces en el relleno.

Use ½ taza de azúcar prieta y ½ taza de azúcar blanca al hacer el relleno, o ¾ taza de azúcar blanca con ¼ taza de melado de caña.

PIE DE LIMON

Prepare una concha de pastel de 9 pulgadas de acuerdo con cualquier receta básica.

Hornéela a 425°F. durante 10 ó 15 minutos.

Relleno:

1½ taza de agua caliente.
1¼ taza azúcar blanca
7 cdas. de maicena.
½ taza de agua fría.

3 yemas de huevo
¼ taza jugo de limón.
1 cdta. ralladura de limón.
1 cda. mantequilla

Ponga al fuego el agua caliente con el azúcar. Cuando rompa el hervor añádale la maicena disuelta en el agua fría. Cocínelo a fuego lento o al baño de María, revolviéndolo constantemente hasta que espese y esté transparente.

Bata las yemas y añádales poco a poco la mezcla anterior. Cocínelo unos 3 ó 4 minutos más revolviendo constantemente. Añádale la ralladura, el jugo de limón y la mantequilla. Déjelo refrescar, viértalo en la concha horneada y cúbralo con el siguiente merengue:

Cubierta:

6 claras.
¾ cdta. de crémor.

12 cdas. azúcar blanca
2 cdas. jugo de limón.

Bata las claras con el crémor y cuando comiencen a tomar punto de nieve agregue poco a poco el azúcar, batiendo bien. Añada el jugo de limón.

Cubra con este merengue el pastel y hornéelo nuevamente a 325°F. hasta que el merengue esté dorado. Aproximadamente 20 minutos. Da 8 raciones.

PIE DE CALABAZA

Prepare una concha de pastel de 9 pulgadas de acuerdo con cualquier receta básica, pero no la pinche con el tenedor. En la concha cruda vierta los siguientes ingredientes bien batidos:

2 tazas puré de calabaza.
1 taza azúcar blanca
3 huevos
1 taza leche evaporada.

1 cdta. de canela.
½ cdta. de nuez moscada.
½ cdta. de sal.
1 cdta. de jengibre.

Hornée concha y relleno de una sola vez en un horno a 425°F. durante aproximadamente 45 minutos o hasta que se vea cuajado el relleno en el centro del pastel. Sírvalo frío. Da 8 raciones.

RECETA BASICA DE MASA REAL

4 tazas de harina.
3 cdas. azúcar blanca
2 cdtas. de sal.
2 cdtas. de polvos Royal.

¾ taza de Crisco.
¼ taza mantequilla

3 huevos
2 ó 3 cdas. vino seco

Encienda el horno a 425°F. Engrase ligeramente un molde de 9 pulgadas.

Cierna la harina con el azúcar, sal y Royal. Añada la mantequilla y el Crisco. Córtelo con el estribo o dos cuchillos hasta que esté como una boronilla fina. Añada los huevos batidos y el vino seco revolviéndolo todo hasta que esté húmedo. Amáselo ligeramente hasta unirlo y separe la masa en dos porciones. Extienda una parte de la masa con el rodillo hasta que tenga aproximadamente ½ pulgada de espesor. Colóquela en el molde y cúbrala con el relleno que desee (aproximadamente 3 tazas de picadillo de res, ave, pescado, frutas o vegetales). Doble el borde de abajo sobre la capa superior. Barnice el pastel con un huevo batido. Hágale unos cortes en la parte superior para que no se reviente al hornearse. Hornéelo a 425°F. durante 10 minutos y luego a 350°F. durante 30 ó 40 minutos más. Da 8 raciones.

RECETA BASICA PARA PASTELES DE PASTA CHOUX
(Eclairs, Montecristos, Petit Choux, Profiterolles, etc.)

Esta masa se usa para pasteles salados y dulces de diversos tamaños y formas.

¼ lb. mantequilla
1 taza de agua.
¼ cdta. de sal.

4 huevos
1 taza de harina.

Encienda el horno a 425°F. Ponga al fuego el agua con la mantequilla y la sal. Cuando vea el agua hirviendo a borbotones, eche *de una vez* la harina. Revuelva bien hasta que se separe de la cacerola y se forma una bola de masa. Bájela del fuego y déjela refrescar de cinco a diez minutos. Añada los huevos enteros uno a uno. Bata bien después de añadir cada huevo y no añada otro hasta que la masa se vea unida. Al añadir los huevos la masa se separa y se pone resbaladiza, pero luego al batir se vuelve a unir. Ponga la masa en una manga de decorar para darle forma a los pasteles, o póngala por cucharadas en tarteras ligeramente engrasadas. Deje por lo menos una pulgada de separación entre uno y otro, para que no se peguen en el horno. Hornéelos durante 10 minutos y después, *sin abrir el horno*, baje la temperatura a 325°F. y hornéelos aproximadamente 25 minutos más. El tiempo de horneo varía con el tamaño de los pasteles. No abra el horno mientras los esté horneando. Déjelos refrescar. Abralos a la mitad y si tienen un poco de miga en el centro, quítesela. Rellénelos con helados, cremas, natillas, ensaladas, queso, etc.

NOTA: El tamaño de los huevos es un factor muy importante en esta receta. Si son muy grandes no debe echar el último huevo entero, sino por cucharadas, y si son muy chicos, quizás necesite más de cuatro. La masa ha de quedar con suficiente consistencia para que no se pierda la forma de los dientes del tenedor o la boquilla al marcarla.

PASTEL DE MEDIANOCHE

Masa:

2½ tazas de harina.	¼ lb. mantequilla
½ taza azúcar blanca	2 yemas.
2 cdtas. de polvos Royal.	1 huevo entero
¼ cdta. de nuez moscada.	¼ taza vino seco
½ cdta. de sal.	¼ taza de aceite

Relleno:

½ lb. lascas de jamón en dulce.	¼ lb. lascas pechuga de pavo.
½ lb. lascas queso	½ pepino encurtido.
½ lb. lascas pierna de puerco.	1 cdta. de mostaza.

Barniz:

1 yema de huevo	1 cda. de leche

Encienda el horno a 375°F.

Cierna la harina con el azúcar, Royal, sal y nuez moscada. Añádale la mantequilla cortando con un estribo hasta que todo esté como una boronilla fina. Agregue las yemas batidas con el huevo, aceite y vino seco, revolviéndolo todo con un tenedor hasta que esté unido. Amáselo ligeramente. Divida la masa en dos porciones, extiéndalas con el rodillo, ponga una en el fondo de un molde de pastel de 9 pulgadas de diámetro engrasado con mantequilla. Untele mostaza, coloque las lascas de jamón, pierna, pavo, queso y pepino. Cúbralo con el resto de la masa. Barnícelo con la mezcla de yema y leche. Selle los bordes con un tenedor y ábrale unas incisiones en la parte superior. Hornéelo hasta que esté doradito aproximadamente 50 minutos.

Da 8 raciones.

PASTEL DE PLATANO Y CREMA

Cubierta:

1 taza de crema para batir.   2 plátanos Johnson o manzanos.
2 cdas. azúcar blanca

Relleno:

2¼ tazas de leche   ¼ cdta. de sal.
                                  3 yemas.
¾ taza azúcar blanca   1 cdta. de vainilla.
⅔ taza de harina.   4 plátanos Johnson o manzano.

Prepare primero la concha de pastel de 9 pulgadas siguiendo cualquier receta básica. Encienda el horno a 425°F.

En lo que hornea la concha prepare la crema del relleno.

Mezcle la leche con el azúcar, harina y sal, póngalo al fuego moviéndolo constantemente hasta que tenga espesor de crema. Añada un poco a las yemas e incorpórelo todo nuevamente a la mezcla anterior manteniéndolo al fuego unos dos o tres minutos más, revolviéndolo constantemente. Retírelo del fuego, añádale la vainilla y déjelo refrescar.

En el fondo de la concha horneada, ponga los cuatro plátanos cortados en rueditas, cúbralos con la crema relleno ya fresca. Bata la crema de leche con el azúcar y cuando esté espesa decore la parte superior del pastel con la crema y el resto de los plátanos cortados en rueditas. Da 8 raciones.

PASTEL DE MELOCOTONES

1 concha de pastel de 9 pulgadas.

Relleno:

2 latas de melocotones.   2 cdas. de harina.
⅔ taza azúcar blanca   2 cdas. mantequilla
⅓ taza almíbar de los   2 cdas. jugo de limón.
        melocotones.   ¼ cdta. de canela.
1 huevo

Prepare la concha del pastel siguiendo cualquier receta básica. Encienda el horno a 425°F.

Ponga en la concha cruda los melocotones cortados en lascas (dejando dos mitades para adornar). Mezcle el azúcar, con el almíbar, harina, mantequilla, jugo de limón, huevo y canela; vierta esto por encima de los melocotones y horneélo todo a 425°F. durante 10 minutos, baje la temperatura del horno a 325° y hornéelo durante 50 minutos más. Déjelo enfriar y adórnelo con crema y pedacitos de melocotones. Da 8 raciones.

PASTEL DE CARNE ENROLLADO

2 tazas de harina.	½ taza de leche
¼ taza azúcar blanca	
3 cdtas. de polvos Royal.	⅓ taza aceite
1 cdta. de sal.	1½ taza de picadillo cocinado.

Encienda el horno a 425°F. Cierna la harina con los polvos Royal, el azúcar y la sal. Una la leche con el aceite y añádalo todo de una vez a los ingredientes secos. Revuélvalo hasta que todo esté ligado. Amáselo ligeramente y extiéndalo con el rodillo hasta formar un rectángulo de 9x13 pulgadas. Cubra la masa con el picadillo y enróllelo como un brazo gitano. Ponga este rollo sobre una plancha de aluminio engrasada y hornéelo durante 20 minutos. Sírvalo caliente cortado en ruedas de una pulgada de espesor. Da 12 raciones.

PASTEL DE QUESO Y FRUTAS

1 lb. queso crema	1 cdta. de vainilla.
3 huevos de	———
⅔ taza azúcar blanca	6 mitades de peras en conserva
⅛ cdta. extracto de almendras.	———
	1 pqte. de fresas congeladas.
———	½ taza azúcar blanca
2 tazas de crema agria.	2 cdas. harina
3 cdas. azúcar blanca Aspuru.	

Encienda el horno a 350°F.

Bata el queso hasta que esté cremoso, añádale uno a uno los huevos, después el azúcar y el extracto de almendras. Bátalo todo aproximadamente cinco minutos. Viértalo en un molde de 9 pulgadas y hornéelo 50 minutos. Déjelo refrescar fuera del horno 20 minutos. Bata la crema agria con las tres cucharadas de azúcar y la vainilla, viértala sobre el pastel y hornéelo nuevamente a la misma temperatura durante 15 minutos. Deje refrescar el pastel a la temperatura ambiente y en el tiempo que se refresca, cocine las fresas ya descongeladas, con el azúcar y la harina disuelta en el almíbar de las fresas. Debe cocinarse a fuego lento, revolviéndolo constantemente hasta que tenga ligero espesor de crema. Déjela refrescar. Sirva el pastel cubierto con la crema de fresas y las peras. Da aproximadamente 8 raciones.

PASTEL DE BONIATO Y CASTAÑAS

Relleno:

3 huevos	1 cdta. de sal.
¾ taza puré de boniato.	½ cdta. de nuez moscada.
¾ taza castañas asadas molidas.	1½ taza de leche
1½ cdta. de canela.	
	¾ taza azúcar blanca

Encienda el horno a 450°F. Prepare primero la concha de pastel de 9 pulgadas siguiendo cualquier receta básica.

Mezcle todos los ingredientes del relleno y viértalos en la concha que debe estar sin hornear. Hornéelo a 425°F. durante diez minutos y después baje la temperatura del horno a 325°F. durante aproximadamente cuarenta y cinco minutos o hasta que introduciéndole un palito en el centro salga seco. Da 8 raciones.

PASTEL DE QUESO
(Quiche Lorraine)

Concha:

2 tazas de harina.	2 cdas. aceite
1 cdta. de sal.	5 cdas. agua fría.
¼ lb. mantequilla	

Relleno:

3 huevos	¼ lb. queso Gruyére.
1 taza de leche	¼ lb. jamón en dulce.
	1 cdta. de sal.
½ taza de crema.	5 cdas. agua fría.

Encienda el horno a 400°F. Prepare la concha. Cierna la harina con la sal. Añádale el aceite, la mantequilla y tres cucharadas de agua. Corte la masa con el estribo o con dos cuchillos hasta formar una boronilla. Añada el resto del agua y una bien la masa. Extienda la masa entre dos pedazos de papel encerado y colóquela en el molde de pastel. Hágale un borde levantado o rizado.

Bata los huevos, añádale los demás ingredientes, vierta esta mezcla en la concha de pastel (sin hornear) y hornéelo todo junto hasta que esté dorado y al introducirle un palito, éste salga seco. Aproximadamente 40 minutos. Da 8 raciones.

PASTEL DE PASAS EN CREMA

Relleno:

3 huevos
4 cdtas. de harina.
1⅓ taza crema de leche.
¾ taza azúcar blanca

2 cdtas. de canela.
½ cdta. de clavo molido.
½ cdta. de sal.
1½ taza de pasas sin semillas.

Encienda el horno a 350°F.

Prepare primero una concha de pastel de 9 pulgadas siguiendo cualquier receta básica. Bata los huevos con la harina, crema, azúcar, canela en polvo, clavo y sal. Añádale las pasas y viértalo todo en la concha anterior cruda. Hornéelo todo a la vez durante aproximadamente una hora. Da 8 raciones. Puede servirse tibio o frío con crema batida.

PASTEL ACARAMELADO DE ALMENDRAS

Concha:

1 taza galletas María

¼ taza de almendras molidas.

¼ taza azúcar blanca
¼ taza mantequilla derretida.

Relleno:

1 cda. de gelatina sin sabor.
¼ taza de agua.
¾ taza de leche.

½ lb. pastillas de caramelo.*
1 taza de crema para batir.
¼ taza de almendras tostadas.
2 cdas. azúcar blanca

*Las pastillas de caramelo que se emplean en esta receta son blandas, parecidas a las de café con leche, vienen envueltas en papel celofán.

Una las galletas molidas con los demás ingredientes de la concha. Póngalo en un molde de 8 pulgadas y déjelo enfriar.

Relleno:

Remoje la gelatina en el agua. Ponga al fuego las pastillas de caramelo con ¼ taza de leche, moviéndolas constantemente hasta que se disuelvan. Añádale la gelatina y el resto de la leche. Déjelo refrescar hasta que empiece a cuajar y añádale la crema batida. Viértalo en la concha. Polvoréelo con las almendras acarameladas picaditas.

Almendras acarameladas:

Ponga al fuego, en una cacerola, las almendras con el azúcar. Revuélvalas constantemente hasta que el azúcar se derrita. Viértalas en un molde o mármol engrasado hasta que se enfríen y córtelas en pedacitos.

Deje enfriar bien el pastel para que cuaje el relleno y sírvalo adornado con crema batida. Da 8 raciones.

CANGREJITOS DE JAMON

Haga una masa para pasteles de acuerdo con la receta básica No. 3. Extienda la masa y córtela en triángulos de aproximadamente unas cuatro pulgadas de base y dos pulgadas de alto. Coloque una cucharadita de jamón molido en el centro de cada triángulo. Enrolle la masa sobre el jamón. Doble las puntas para darle la forma de cangrejito. Barnícelos con huevo. Hornéelos en tarteras sin engrasar aproximadamente 20 minutos en el horno a 400°F. Salen aproximadamente 30 cangrejitos.

TORTA DE NUECES

4 yemas de huevo
1 taza azúcar blanca
2 cdas. de harina.
½ cdta. de sal.

½ cdta. de polvos Royal.
1 cda. de Bacardí Carta Oro.
2 tazas de nueces molidas.
4 claras.

Encienda el horno a 350°F. Engrase dos moldes de cake de 8 pulgadas de diámetro. Fórrelos con papel encerado y engráselos nuevamente.

Bata las yemas hasta que estén espesas y añádales poco a poco el azúcar. Añádales la harina cernida con la sal y polvos Royal, envolviéndolo suavemente. Agregue el Bacardí, las nueces molidas y por último las claras batidas a punto de nieve envolviéndolas suavemente para que no pierdan el aire. Vierta la mezcla en los moldes. Hornéela 20 ó 25 minutos aproximadamente. Déjela refrescar y sírvala con sirope y helado de chocolate.

TORTA DE MERENGUE

Masa:
1¼ taza de harina.
¾ cdta. de polvos Royal.
¼ cdta. de sal.
⅓ taza mantequilla

⅓ taza azúcar blanca
2 yemas de huevo
1 cda. de leche

⅓ taza de nueces picaditas.

Merengue:
2 claras de huevo
4 cdas. azúcar blanca

½ cdta. jugo de limón.

Encienda el horno a 375°F. Engrase dos moldes redondos de 9 pulgadas.

Cierna la harina con el Royal y la sal. Bata la mantequilla añadiéndole poco a poco el azúcar, luego las yemas, la leche y por último los ingredientes secos cernidos. Revuelva hasta unirlo todo y coloque esta masa en el fondo de los dos moldes polvoreándola con las nueces picaditas. Hornéelas hasta que estén doraditas aproximadamente 12 ó 15 minutos. Quite las tortas del molde y déjelas refrescar sobre una rejilla de alambre. Cuando estén frescas colóquelas sobre una plancha de aluminio y cúbralas con el merengue. Hornéelas a 350°F. aproximadamente 15 minutos. Sirva las dos capas de la torta una sobre otra, rellénela con helado, crema batida o natilla. Adórnela con frutas frescas o en conserva. Da 10 raciones.

TORTA DE MANZANAS

1½ taza compota de manzanas (sin azúcar).
2½ tazas de harina.
1½ cdta. de bicarbonato.
1½ cdta. de sal.
¾ cdta. de canela.
½ cdta nuez moscada
½ cdta. de clavo molido.

½ taza vino seco
2 huevos
2 tazas azúcar blanca
¼ lb. mantequilla (a la temperatura ambiente).
½ taza nueces picaditas.
1 taza pasas sin semillas.

Para preparar la compota de manzanas se necesitan seis manzanas de cocinar, las cuales se pelan y se cortan en cuartos, quitándoles el corazón y las semillas, luego se ponen al fuego con ¼ taza de agua durante unos 10 ó 15 minutos, moviéndolas de vez en cuando para que no se peguen; cuando estén cocinadas se "osterizan" y se deja enfriar la compota antes de preparar la masa de la torta.

Encienda el horno a 350°F. Engrase con mantequilla un molde de 13 x 9 x 2 pulgadas. Cierna la harina con el bicarbonato, sal, canela en polvo, nuez moscada y clavo. Mezcle el vino seco, los huevos batidos, azúcar y mantequilla. Añada esto a la compota de manzana y únalo todo bien. Agregue los ingredientes secos. las nueces y pasas polvoreadas con una cucharada de harina. Viértalo en el molde. Hornéelo durante 45 ó 50 minutos.

Después que la torta esté fría, cúbrala con un azucarado sencillo.

Azucarado:
¾ taza de azúcar en polvo.   1⅓ cda. de leche

Añada la leche caliente al azúcar en polvo batiendo hasta que esté cremoso. Cubra con esto la torta y polvoréela con media taza de nueces y media taza de pasas. Da 16 raciones.

TORTA RAPIDA ALEMANA
(Blitz Torte)

1 taza de harina.	3 cdas. de leche
1 cdta. de polvos Royal.	
⅛ cdta. de sal.	
¼ lb. mantequilla	4 claras.
½ taza azúcar blanca	¾ taza azúcar blanca
4 yemas.	
1 cdta. de vainilla.	½ taza de almendras peladas.
	1 cda. azúcar blanca Aspuru.
	½ cdta. de canela.

Encienda el horno a 350°F. Engrase dos moldes redondos de 8 pulgadas de diámetro. Cierna la harina con el Royal y la sal. Bata la mantequilla añadiéndole poco a poco la media taza de azúcar, luego las yemas bien batidas, la vainilla, la leche y los ingredientes secos cernidos. Extienda esta masa en el fondo de los moldes. Cúbrala con un merengue hecho con las claras y ¾ taza de azúcar. Cubra el merengue con almendras picadas en lascas y polvoréelo todo con azúcar y canela. Hornéela a 350°F. aproximadamente 30 minutos. Deje refrescar las capas de la torta. Sírvala con natilla, helado o crema batida, entre una capa y otra. Da 8 raciones.

TORTA SIN RIVAL
(Gateau Sans Rival)

Torta de pasta almendrada:

1 taza de claras.	3 tazas azúcar en polvo.
2 tazas almendras molidas.	1 cdta. de vainilla.

Crema de mantequilla:

1 taza azúcar blanca	1 taza mantequilla
½ taza de agua.	1 cda. vainilla
½ taza de yemas.	½ taza almendras molidas.

Para esta receta debe comprar una libra de almendras crudas.

Pele y tueste las almendras. Muélalas en la Osterizer y luego páselas por un colador grueso. Separe dos tazas de almendras molidas para las tortas y media taza para la crema. Las almendras gruesas que quedan en el colador guárdelas para adornar.

Encienda el horno a 300°F.

Engrase seis moldes redondos de 9 pulgadas. Cubra el fondo de los moldes con papel encerado. Engrase el papel. Polvorée los moldes con harina.

Bata las claras a punto de nieve. Agrégueles el azúcar en polvo, almendras y vainilla. Vierta esta mezcla en los moldes. Hornéelos aproximadamente 35 minutos o hasta que se vean doraditas las tortas. Desprenda la orilla con un cuchillo. Quítelas con cuidado de los moldes volteándolas sobre parrillas de alambre. Desprenda el papel encerado y déjelas refrescar.

Para hacer la crema ponga al fuego el agua con el azúcar. Déjela hervir aproximadamente tres minutos o hasta que pegue ligeramente a los dedos. Mientras hierve el almíbar, bata las yemas hasta que estén bien espesas. Eche el almíbar *caliente* a las yemas batidas y bátalas unos minutos más. Añada la vainilla. Déjela refrescar. Bata la mantequilla con las almendras. Agregue la crema de yemas y bata unos minutos más.

Monte las tortas poniendo la crema entre una y otra. Cubra los lados con el resto de la crema y polvoréelos con las almendras gruesas. Sírvalo bien frío. Da 10 raciones.

TORTA VOLTEADA DE MANZANA Y JENGIBRE

Cubierta:

4 tazas de manzanas cortadas en lascas (se requieren 4 a 5 manzanas).	1 cdta. de canela.
	2 cdas. mantequilla
1 taza azúcar blanca	1 cda. vino seco
1 cda. de harina.	1 cda. jugo de limón.
	1 cda. de agua.

Combine todos estos ingredientes y póngalos en una cacerola a fuego mediano hasta que las manzanas estén blandas (pero no desbaratadas). Debe moverse una o dos veces para que no se peguen.

Vierta esta mezcla de manzana cocinada en un molde de 13x9x2 pulgadas que esté *bien engrasado* con mantequilla.

Prepare la masa de la torta:

2¼ tazas de harina.	⅔ taza de leche
2 cdas. de polvos Royal.	
1 cdta. de jengibre en polvo.	¼ taza de melado de caña.
½ cdta. de sal.	¼ cdta. de bicarbonato.
¼ lb. mantequilla	1 cdta. de canela.
1 taza azúcar blanca	¼ cdta. de clavo.
2 huevos	¼ cdta. de nuez moscada.

Cierna la harina con los polvos Royal, jengibre y sal.

Bata la mantequilla añadiéndole poco a poco el azúcar. Cuando esté cremosa agregue los huevos uno a uno, batiendo bien después de cada uno. Añádale los ingredientes secos alternando con la leche, envolviéndolos suavemente sin batirlos.

Divida esta masa en dos partes y a una de las partes añádale melado, bicarbonato, canela, clavo y nuez moscada.

Tome las dos mezclas por cucharadas y viértalas en forma alterna sobre las manzanas. Hornéelo a 350°F. durante aproximadamente 50 ó 60 minutos. Da 16 raciones.

Si desea reducir toda la receta a la mitad, debe usar un molde de 8 pulgadas y hornearlo sólo 30 minutos aproximadamente.

GATEAU PARIS BREST

1 masa de pasta choux.	1 cda. de huevo batido.

¼ taza almendras crudas picaditas.

Haga la pasta choux como indica la receta básica. Colóquela en una manga con boquilla lisa de una pulgada de diámetro. Ponga la masa en una tartera engrasada dándole forma de anillo. Brochéelo con huevo y póngale por encima las almendras. Hornéelo a 425°F. durante 15 minutos, luego a 375°F. aproximadamente 30 minutos más. Al quitarlo del horno ábralo por la mitad con tijeras, quítele a ambas partes el migajón. Coloque cada parte boca arriba en tarteras y póngalas unos minutos más al horno para que se sequen por dentro.

Rellénelo con una crema para pasteles (pág. 339) mezclada con una taza de praliné (pág. 340).

Polvoréelo con azúcar y adórnelo con crema batida a gusto. Sírvalo bien frío. Da 8 raciones.

TORTA DE GUAYABA

1 taza de harina.
1 cdta. de polvos Royal.
¼ cdta. de sal.
½ cdta. de canela.
¼ lb. mantequilla
2 huevos de
⅓ taza de almíbar de los cascos
de guayaba.

½ taza azúcar blanca
½ cdta. de vainilla.
1 lata chica cascos de guayaba.
1 queso crema de 6 oz.
2 cdas. de leche

Encienda el horno a 375°F. Engrase un molde redondo de 9 pulgadas. Cierna la harina con el Royal, la sal y la canela. Bata la mantequilla con los huevos, almíbar, azúcar y vainilla. Añada esto a los ingredientes secos y viértalo todo en un molde. Hornéela durante treinta minutos. Déjela refrescar. Cúbrala con los cascos de guayaba y adórnela con el queso crema batido con la leche. Da 8 raciones.

TORTA GENOVESA

½ lb. mantequilla
4 huevos
2 cdas. vino seco
¼ cdta. de sal.
2 tazas azúcar blanca
1¾ taza de harina.

2 tazas de crema, batidas con
4 cdas. de azúcar.
¾ taza de almendras tostadas.
¾ taza de frutas glaceadas.
1 pastilla chocolate

Bata la mantequilla con los huevos, vino seco y sal; añádale los ingredientes secos cernidos uniéndolos suavemente. Viértalo en dos moldes redondos de cake (9 pulgadas de diámetro) engrasados con mantequilla, y hornéelo a 350°. aproximadamente una hora. Déjela enfriar y sírvala con crema batida a la cual se le añaden frutas glaceadas y almendras picaditas; polvoréela con virutas de chocolate y sírvala bien fría. Da 8 raciones.

TORTA DE NAVIDAD

Linda torta en forma de Arbolito de Navidad que engalanará su mesa de Nochebuena.

Masa de la torta:

1 taza de harina.
2½ cdtas. de polvos Royal.
3 cdas. azúcar blanca
1 cdta. de sal.

1 cdta. de ralladura de limón.
½ lb. mantequilla
1 huevo
⅓ taza de leche

Relleno:

½ taza de agua.
½ taza azúcar blanca
½ taza de pasas.
½ taza de dátiles.

½ taza de higos.
½ taza de nueces.
1 cda. jugo de limón.

Azucarado:

1 cda. de mantequilla
4 cdas. de leche
½ cdta. de vainilla.

Adorno:

½ taza de frutas glaceadas o caramelos de colores.

Ponga todos los ingredientes del relleno, *menos las nueces,* en una cacerola chica. Cocínelo a fuego mediano durante cinco minutos sin revolver. Cuando esté espeso y se vea el fondo de la cacerola *al moverlo con la cuchara,* añádale las nueces. Déjelo refrescar mientras prepara la masa de la torta.

Encienda el horno a 400°F. Del cuarto de libra de mantequilla tome una cucharada y engrase bien una tartera de aluminio. Cierna la harina con el Royal, azúcar y sal. Añádale la ralladura de limón y la mantequilla. Córtelo todo con un estribo o dos cuchillos hasta que esté como una boronilla fina. Agregue el huevo batido con la leche. Amáselo ligeramente añadiendo 2 ó 3 cucharadas más de harina.

Divida la masa en dos partes iguales. Extienda las dos partes de la masa con el rodillo *entre pedazos de papel encerado* dándole forma de triángulo, como los arbolitos de Navidad. A la base del triángulo, o sea, a la parte de abajo de lo que será el arbolito, córtele una tira de masa de una pulgada de espesor. *Le deben quedar dos tiras separadas, una que se corta de cada parte de la masa. Guárdelas para hacer la base del arbolito.* Coloque una parte de la masa sobre la tartera engrasada y úntela de la pasta del relleno, dejando aproximadamente media pulgada del borde u orilla de la masa sin cubrir con el relleno. Con una brochita o con el dedo mojado, humedezca todo ese borde de la masa. Cúbralo con la otra parte extendida de la masa. Apriete ligeramente los bordes para que queden pegados.

A cada lado del triángulo déle cuatro cortes *sin llegar al centro*. Voltee un poquito estas partes cortadas para que se vea el relleno. Coloque ahora en el centro de la parte inferior las tiras de masa doblándolas en forma de espiral. Humedezca ese borde ligeramente para que se pegue bien. Hornée la torta a 400°F. durante 15 ó 20 minutos. Déjela refrescar y después prepare el azucarado.

En una cacerola derrita la mantequilla con la leche y vainilla, añádale el azúcar y bátalo bien hasta que esté cremoso. Si queda muy espeso puede añadir una cucharadita más de leche. Unte este azucarado por las ramas del arbolito de modo que parezca la escarcha o nieve y en seguida, antes que se seque, póngale los pedacitos de frutas o caramelos de colores que simularán los adornos del árbol. Da 8 ó 10 raciones.

TARTALETAS DE FRESAS Y CREMA

Crema para el relleno:

1 pqte. pudín Royal, de vainilla.	¼ taza azúcar blanca
2 tazas de leche.	1 cdta. vainilla

Masa de las tartaletas:

1 taza de harina.	¼ taza mantequilla
½ cdta. de sal.	½ taza queso crema

Cubierta y adorno:

¾ taza mermelada de fresas.	1 cda. azúcar blanca
¾ taza queso crema	4 cdtas. de leche

Prepare el pudín con la leche y el azúcar siguiendo las instrucciones del paquete. Al bajarlo del fuego, añádale la vainilla. Déjelo refrescar.

Encienda el horno a 375°F. Cierna la harina con la sal. Añádale la mantequilla cortándola con el estribo hasta que esté como una boronilla, añádale el queso crema y córtelo todo nuevamente con el estribo hasta que esté bien mezclado. Unalo todo sin amasarlo. Extienda la masa con el rodillo, córtela en redondeles y colóquela en los moldes de tartaletas. Pínchelas con el tenedor por varios lados y hornéelas durante aproximadamente 15 minutos.

Deje refrescar las tartaletas. Rellénelas con el pudín. Cubra la natilla con mermelada de fresas. Bata el queso crema con el azúcar y la leche, ponga esta crema en la manga o jeringuilla para decorar y adorne con ella todo el borde de las tartaletas. Salen 6 u 8 tartaletas.

Quedan muy bonitas si se hacen en forma de corazón para el Día de los Enamorados.

PASTEL SAN HONORE

Pasta Brisée para el fondo:

1 taza de harina.	¼ taza, mantequilla
¼ cdta. de sal.	1 yema de huevo.
¼ taza azúcar blanca	¼ cdta. vainilla

Cierna la harina con la sal y azúcar. Añada la mantequilla y córtela con el estribo hasta que esté como una boronilla fina. Añada la yema de huevo batida con la vainilla. Mézclelo todo bien. Una la masa y extiéndala en forma de un redondel de 9 pulgadas de diámetro. Coloque la masa sobre una tartera engrasada y hornéela a 375° aproximadamente 25 a 30 minutos hasta que se vea doradita. Déjela refrescar sobre una parrilla de alambre.

Pasta Choux para los lados:

½ taza de agua.	1 cda. azúcar blanca
¼ taza mantequilla	½ taza de harina.
¼ cdta. de sal.	2 huevos

En una cacerola ponga el agua, mantequilla, sal y azúcar. En el momento que rompa el hervor añada de una sola vez la harina y revuelva fuertemente hasta formar una pasta que se separa de los lados de la cazuela. Deje refrescar esta pasta y añada luego los huevos uno a uno batiendo bien después de cada uno. Tome esta masa por cucharaditas y colóquela sobre una tartera engrasada procurando que salgan aproximadamente 28 bolitas como del tamaño de una nuez. Hornéelos a 375°F. aproximadamente 25 a 30 minutos.

Las dos pastas pueden hornearse a la vez en el horno.

Con caramelo o almíbar a punto de caramelo, pegue los petit choux alrededor del fondo de pasta brisé. Báñelos por encima con más caramelo y polvoréelos con almendras si lo desea. Coloque cuatro o cinco petit choux formando un anillo en el centro del pastel. Rellene el pastel con natilla o crema de charlota rusa. Déjelo enfriar. Adórnelo con crema batida.

MASA DE PAN PARA PIZZA, EMPANADA ESPAÑOLA, COCAS, etc.

4⅔ tazas de harina.	2 cdas. de Crisco.
1 cdta. de sal.	1 cda. levadura
¼ cdta. de pimienta.	1 taza más 2 ó 3 cdas. agua tibia.

Cierna la harina con la sal y pimienta. Añada el Crisco y córtelo con el estribo hasta que esté bien unido con la harina. Añada la levadura disuelta en una taza de agua tibia. Revuelva bien y amáselo hasta unirlo todo añadiendo poco a poco el agua restante hasta que toda la masa se una bien. Mientras más se amasa, mejor. Ponga la masa en una taza bola grande engrasada con manteca. Tápela y déjela reposar en un lugar tibio durante dos horas. La masa crecerá casi el doble. Vuelva a amasarla bien y déjela reposar nuevamente por lo menos una hora. Para hacer la pizza extienda la masa lo más fina posible. Para la coca española o empanada se extiende hasta aproximadamente media pulgada de espesor.

PIZZA

Una masa de pan según la receta anterior da cantidad suficiente para 2 pizzas de 12 ó 14 pulgadas. Para cada pizza se necesitan:

3 dientes de ajo.	1 lb. queso mozzarella o proceso.
1 cdta. de orégano.	½ taza salsa de tomate
2 cdtas. de sal.	Además aceitunas, cebolla, an-
½ cdta. de pimienta.	choas, jamón, camarones, bo-
6 cdas. aceite de oliva.	nito, bacon, etc. a gusto.

Después de hacer la masa de pan extiéndala bien fina en dos moldes de 12 a 14 pulgadas engrasados. También pueden hacerse en moldes de tamaño más pequeño. Siempre cuidando que la masa quede lo más fina posible para que luego resulte tostadita. Machaque los dientes de ajo con orégano, sal y pimienta. Añádale el aceite. Unte la masa con esta mezcla. Colóquele encima pedazos de queso, salsa de tomate y cualquiera o varios de los ingredientes a gusto. Hornéela a 425°F. aproximadamente media hora o hasta que se vea doradita la orilla de la masa y el queso derretido.

EMPANADA ESPAÑOLA

Haga una masa de pan como indica la receta básica. Divídala en dos partes y extiéndala hasta que tenga media pulgada de espesor aproximadamente. Póngala en un molde con el relleno que desee, chorizo, sardina, etc. Barnícela con huevo batido. Hornéela a 375°F. hasta que se vea doradita. Aproximadamente 45 minutos.

TORTA ALEMANA DE ALMENDRAS
(Mandeltorte)

6 huevos	¼ cdta. de sal.
1 taza azúcar blanca	1 taza almendras crudas molidas.
1 cdta. ralladura de limón.	1 taza migas de pan tostado y
1 cdta. jugo de limón.	molido.
1 cdta. de canela.	1 cdta. de vainilla.

Muela las almendras sin pelarlas. Encienda el horno a 350°F. Engrase un molde de anillo de 9 pulgadas que tenga el fondo movible. Bata las claras a punto de nieve añadiendo poco a poco el azúcar. Agregue las yemas una a una, luego los demás ingredientes envolviéndolo todo suavemente sin batirlo. Viértalo en el molde y hornéelo aproximadamente 35 minutos. Déjela refrescar. Sírvala con crema de chocolate o helados. Da 8 raciones.

PASTEL DE CHOCOLATE

3¼ tazas leche	6 cdas. cocoa amarga.
	½ cdta. de sal.
1 taza azúcar blanca	4 yemas.
4 cdas. mantequilla	1 cdta. de vainilla.
5 cdas. maicena.	

Haga una concha de pastel de 10 pulgadas siguiendo cualquier receta básica. Encienda el horno a 425°F. Hierva la leche con la mitad del azúcar y la mantequilla. Mezcle el resto del azúcar con la maicena, cocoa y sal. Añádale un poco de leche caliente, mézclelo bien y vuélvalo a unir con el resto de la leche. Cocínelo a fuego mediano revolviendo constantemente hasta que espese. Agregue un poco de crema a las yemas ligeramente batidas, incorpórelas nuevamente al resto de la crema y cocínelo unos minutos más revolviendo constantemente. Bájela del fuego, añada la vainilla. Vierta esta crema en la concha de pastel cruda. Hornéela durante 10 minutos y luego baje la temperatura del horno a 300°F. Hornéelo aproximadamente 40 minutos más. Déjelo enfriar bien. Adórnelo con crema batida y virutas de chocolate. Da 10 raciones.

DOBOS
(Torta Húngara)

Tortas:
6 huevos
¾ taza azúcar blanca
1 taza de harina.

Relleno:
6 huevos
1¼ taza azúcar blanca
5 pastillas chocolate

½ lb. mantequilla
1 cdta. vainilla.
1 cda. café fuerte.

Caramelo:
½ taza azúcar blanca

2 cdtas. mantequilla

Para hornear las capas de la torta deben usarse moldes redondos como los de cake, pueden ser de 8 ó 9 pulgadas de diámetro. Los moldes deben engrasarse por la parte de afuera, o sea al revés, y luego se polvorean con harina. Esta masa se pone por fuera de los moldes y se hornea con los moldes colocados bocabajo en el horno. Con estas cantidades se obtendrán unas 7 u 8 capas pero no es necesario tener tantos moldes ya que la masa puede esperar e ir horneando capas poco a poco; desde luego que por lo menos debe tener cuatro moldes para trabajar con rapidez.

Encienda el horno a 350°F. Prepare los moldes. Bata las yemas con el azúcar hasta que estén bien espesas. Añada la harina, mezcle bien. Agregue por último las claras batidas a punto de nieve y envuélvalas suavemente con la mezcla anterior. Extienda esta masa en los moldes por la parte de abajo como indicamos anteriormente. Cada capa llevará aproximadamente un tercio taza de la masa y debe extenderse con la ayuda de una espátula. Hornéelas aproximadamente 10 minutos o hasta que se vean ligeramente doradas. Al sacar las capas del horno despréndalas con un cuchillo afilado y déjelas refrescar sobre una parrilla. Repita esto hasta terminar con la masa y tener 8 ó 9 capas de masa horneada.

Para hacer el relleno bata los huevos con el azúcar y cocínelo al baño de María, revolviendo constantemente hasta que espese. Añádale el chocolate rallado y fundido al baño de María. Bátalo al baño de María hasta que se mezcle bien. Añada la vainilla y café. Déjelo refrescar. Bata la mantequilla hasta que esté cremosa, añádale la mezcla de chocolate. Extienda esta crema entre las capas de torta montando una sobre otra. No le ponga crema a la capa.

Ponga a derretir en una cacerola el azúcar con la mantequilla, revolviendo constantemente hasta que se haga un caramelo. Cubra con este caramelo la capa superior del dobos. Después que el caramelo se endurezca márquelo en tajadas usando un cuchillo caliente.

Postres variados

E l postre nos da siempre una oportunidad más de redondear el menú desde el punto de vista nutritivo, incluyendo en él los alimentos que faltan en el resto de la comida, ya que la variedad de alimentos diarios es un factor importante para la buena nutrición. Si los platos que lo preceden son ligeros, el postre debe ser de tipo fuerte como pastel, pudín, etc. Si la comida es pobre en proteínas, el postre debe ser preferiblemente de huevo, queso o leche para subsanar esta falta. Cuando la comida sea fuerte y casi completa, escoja un postre ligero como gelatina, helado de fruta o fruta fresca. Si su menú no tiene un plato de fécula o vianda como papa, arroz, macarrones, etc., puede servir un postre como arroz con leche, pudín de pan, boniatillo o harina en dulce.

Muchas recetas de flan, pudín y dulces en almíbar dicen: "viértase en un molde bañado con caramelo" o hablan de almendras tostadas y almíbares de medio punto o de punto de caramelo. La novata que lee la receta se pregunta: ¿Cómo se hace este caramelo? ¿Cómo se tuestan las almendras? ¿Qué es un almíbar de medio punto? Si usted no lo sabe, aquí está la respuesta.

Cómo hacer caramelo para bañar moldes de flan o pudín.

¾ taza de azúcar blanca.

Ponga el azúcar en una cacerola chica y coloque la cacerola al fuego. Revuelva el azúcar constantemente con una cuchara de madera hasta que se derrita y tome color de caramelo. Vierta el caramelo en el molde que desea acaramelar y mueva el molde de un lado a otro para que el caramelo se vaya pegando a los lados. Debe continuar moviendo el molde hasta que el caramelo ya se haga muy espeso y no se desprenda de los lados del molde.

Esta cantidad alcanza para un molde de tamaño corriente (aproximadamente un litro de capacidad). Si desea hacer más caramelo aumente la cantidad de azúcar.

Si se equivoca al calcular el azúcar y no le alcanza el caramelo para bañar todo el molde puede hacer más y verterlo sobre la parte del molde que quedó sin caramelo.

El caramelo se cristaliza y a veces se cuartea si se prepara con mucha anticipación; si todavía está caliente al añadir la mezcla, se sentirá el sonido de crujir que parece se está partiendo el molde. Esto no altera la receta ... no tiene importancia.

Al preparar caramelo para un molde, hágalo con cuidado y proteja sus manos con un guante, agarradera o paño de cocina, pues la quemadura con caramelo es muy dolorosa.

Cómo determinar el punto de un almíbar.

Hacer un almíbar es muy sencillo. Se pone en una cacerola a la candela el agua con el azúcar. La proporción es generalmente media taza de agua por una taza de azúcar, aunque algunas recetas sólo recomiendan el agua necesaria para humedecer el azúcar.

Un almíbar muy ligero como el que se usa para los buñuelos, frituras, etc., no requiere mucho cuidado en su preparación. Sólo evitar que se azucare y para esto lo que tiene que hacer es no revolverlo después que lo pone al fuego, y añadirle siempre unas gotas de limón. Desde que empieza a hervir hasta aproximadamente cinco minutos después, usted puede retirarlo del fuego de acuerdo con su gusto. Recuerde siempre que el almíbar espesa más cuando se enfría.

Desde este punto, después de aproximadamente cinco minutos de estar hirviendo, al punto de caramelo, hay una serie de puntos intermedios que son más difíciles de determinar y, precisamente, éstos son los que requieren muchas recetas de dulces finos.

Para determinar con precisión el punto de un almíbar, lo mejor es usar un termómetro especial. Algunos termómetros pueden usarse lo mismo para determinar las temperaturas de almíbar que la de la grasa al freír. Son termómetros especiales de cocina, y si a usted le gusta hacer dulces, le será muy útil poseer uno.

Como hasta ahora todos los termómetros que hemos visto de este tipo tienen las indicaciones en inglés, creemos que le será útil la tabla siguiente:

Punto de hebra	230°F.
Punto de melcocha suave	238°F.
Punto de melcocha dura	254°F.
Punto de caramelo claro	290°F.
Punto de caramelo oscuro	310°F.

El punto de hebra o de hilo (230°F.) se demora aproximadamente cinco minutos después de haber empezado a hervir. Lo podemos reconocer porque si echamos una gotica en un poquito de agua fría se disuelve en el agua y no podemos distinguirla. Pega ligeramente a los dedos cuando uno lo toca después de haberlo dejado refrescar en la cuchara, y hace un hilito fino al separar los dedos.

El punto de melcocha suave (238°F.) se demora aproximadamente siete minutos después de haber empezado a hervir. Lo podemos reconocer porque al echar una gotica en el agua fría, no se disuelve y se puede distinguir. Forma como una bolita de melcocha ligera que apenas podemos amasar.

El punto de melcocha dura (254°F.) se demora aproximadamente nueve minutos después de haber empezado a hervir. Tiene un poco más de consistencia que la anterior; cuando la echamos en agua fría forma una bolita que conserva su forma y se puede amasar como melcocha.

El punto de caramelo claro (290°F.) se demora aproximadamente diez minutos después de haber empezado a hervir. Cuando echamos una gotica en agua, cruje ligeramente. No se puede amasar. Forma una bolita dura, como de cristal.

El punto de caramelo oscuro (310°F.) se demora aproximadamente once minutos después de haber empezado a hervir. La consistencia es la misma que la del caramelo claro, pero el color empieza a cambiar y el almíbar coge color de caramelo.

Los minutos que indicamos para cada punto de almíbar los hemos calculado usando una proporción de media taza de agua por cada taza de azúcar, empezando a contarlos después que el almíbar rompe el hervor e hirviéndola siempre a fuego vivo. Cuando se usa una proporción con mayor cantidad de agua, el almíbar se demora más en llegar a estas temperaturas y por el contrario cuando se usa menos de media taza de agua por cada taza de azúcar, alcanzará estas temperaturas en menos tiempo. La intensidad del fuego puede variar el tiempo necesario para que un almíbar llegue a una temperatura en un tiempo determinado; por todos estos factores es que le recomendamos que compre un termómetro de almíbar si le gusta la repostería.

Si usted tiene un termómetro no tiene que probar el almíbar para determinar su punto y temperatura. Fíjese en lo que indica la columna de azogue o mercurio a medida que va subiendo con el calor del almíbar. Cuando llegue a la rayita que está frente al número que indica la temperatura que exige la receta, entonces quítelo del fuego para que no adquiera más punto y siga la receta.

Estos termómetros tienen un ganchito que permite ajustarlos al borde de la cacerola. Ponga el termómetro en la cacerola de modo que pueda leerlo fácilmente de frente. La base del termómetro debe quedar sumergida en el almíbar sin descansar en el fondo de la cacerola. Ponga siempre el termómetro en la cacerola antes de colocarla al fuego. Cuando termine de hacer almíbar deje que el termómetro se refresque antes de meterlo en agua; el cambio brusco de temperatura puede romperlo.

No revuelva el almíbar después que ponga la cacerola al fuego, hágalo antes mientras el agua está fría.

Añádale siempre jugo de limón para que no se azucare. Dos o tres gotas por cada taza de azúcar será suficiente.

Cómo pelar y tostar almendras

Ponga las almendras en una cacerolita. Cúbralas con agua y déjelas al fuego hasta que el agua rompa el hervor. Retire la cacerola del fuego. Deje refrescar las almendras o páselas por agua fresca para que pueda desprenderles la cascarita sin quemarse los dedos. Déjelas secar o séquelas con un paño o papel toalla. Para tostar las almendras póngalas sobre una tartera o molde llano. Hornéelas hasta que estén doraditas. Puede usar cualquier temperatura entre 350°F. y 400°F. para tostarlas. El tiempo que demoran varía de acuerdo con la temperatura. Si usted quiere puede aprovechar la ocasión de encender el horno para otra receta. Después guarde las almendras tostadas en una lata o pomo hasta que las necesite. Se conservan bien durante varios días. Si las va a guardar, déjelas enfriar antes.

PUDIN DIPLOMATICO

2 tazas de leche

1 ramita de canela.
1 pedacito cáscara de limón.
6 huevos
1 taza azúcar blanca
1 cdta. de vainilla.
⅛ cdta. de sal.

2 cdas. de apricot brandy, crema
de cacao u otro licor dulce.
1 taza de cocktail de frutas (bien
escurridas).
4 lascas de panetela, pound cake,
pan de molde o bizcochos sufi-
cientes para cubrir el molde.

Hierva la leche con la canela y cáscara de limón, déjela refrescar. Bata los huevos con el azúcar, vainilla, sal y licor; añada
la leche (quitándole la canela y el limón), mézclelo todo bien y
viértalo en un molde de flan alargado bañado con caramelo (el
molde debe tener capacidad para 4 tazas por lo menos). Sobre
esta mezcla vierta las frutas y cuando vea que las frutas ya flotan
en la superficie coloque sobre ellas las lascas de panetela que
deben cubrirlo todo.

Hornéelo al baño de María aproximadamente 1½ hora a 350°F.
Déjelo enfriar antes de quitarlo del molde. Da 12 raciones.

PUDIN DE PAN EN LA OLLA DE PRESION

4 rebanadas de pan de leche.
1¾ taza de leche

4 huevos
¾ taza azúcar blanca
½ cdta. de canela.

1 cdta. de vainilla.
¼ cdta. de sal.
¼ cdta. de nuez moscada.
½ taza de pasas.
½ taza de nueces.

Adorno:
6 oz. de queso crema.
1 latica chica de melocotones en almíbar.
3 cdas. del almíbar de los melocotones.
1 guinda.

Engrase un molde con capacidad para 3 ó 4 tazas usando una
cucharada de mantequilla o báñelo con caramelo si lo desea. Para
el caramelo necesitará aproximadamente media taza de azúcar.

Pique el pan en trocitos sin quitarle la corteza. Remoje el
pan en la leche mientras bate los huevos con el azúcar, vainilla,
canela, sal y nuez moscada. Mezcle los huevos batidos con el pan
y la leche. Agregue las pasas y nueces. Viértalo en el molde.
Cocínelo a 15 libras de presión durante 15 minutos con una
taza de agua en la olla. Siga las instrucciones del fabricante de
su olla de presión. Déjelo enfriar antes de quitarlo del molde.

Adórnelo con el queso batido con almíbar, los melocotones y la guinda. Da 8 raciones.

PUDIN DE PAN Y QUESO

1 queso crema de 6 oz.
1 lata leche condensada

2 cdas. mantequilla
1 taza de agua.

1 taza de migas de pan.
6 huevos
½ taza de pasas sin semillas.
1 cda. de vainilla.

Mezcle bien todos los ingredientes. Viértalo en un molde bañado con caramelo. Cocínelo al baño de María en el horno a 350°F. hasta que al introducirle un palillo, salga seco. Aproximadamente 1 hora 30 minutos.

Sírvalo bien frío. Da 12 raciones.

PUDIN DE COCO Y QUESO

1 queso crema de 6 oz.
1 latica de dulce de coco (1 lb.).
6 yemas.

3 claras.
1 cdta. de vainilla.

Mezcle bien todos los ingredientes y viértalos en un molde bañado con caramelo. Hornéelo al baño de María a 350°F. aproximadamente 1 hora 30 minutos. Puede hacerse en olla de presión a 15 libras de presión durante 30 minutos o en una cacerola corriente hasta que al introducirle un palillo salga seco.

Da 8 raciones.

PUDIN DE MANZANAS DANES

Primera parte:

7 manzanas.
1 taza azúcar blanca
1 cda. mantequilla
1 cdta. ralladura de limón.

1 cda. jugo de limón.
¼ taza de agua.
¼ taza vino seco.

Segunda parte:

3 tazas migas de pan.
1 taza azúcar blanca

¼ lb. mantequilla
1 taza nueces picaditas.

Pele las manzanas y córtelas en lascas finas. Ponga las manzanas al fuego con los demás ingredientes de la primera parte y

Para hacer pudines y flanes en la Olla de Presión existen moldes especiales con tapa y agarradera. Son muy útiles.

cocínelas durante unos 15 minutos, hasta que las manzanas estén blandas.

Una con el estribo o dos cuchillos los ingredientes de la segunda parte. Ponga las dos partes por camadas alternas en un molde con capacidad para 2 litros, *engrasado con mantequilla*, de manera que la última capa sea de la segunda parte. Hornéelo durante una hora a 350°F.

Sírvalo tibio o frío con crema batida. Da 8 raciones.

FLAN DE LECHE

2 tazas de leche	6 yemas.
	3 claras.
1 cáscara de limón.	¾ taza azúcar blanca
1 rama de canela.	1 cdta. de vainilla.
¼ cdta. de sal.	

Hierva la leche con la canela, cáscara de limón y sal. Déjela refrescar. Bata ligeramente las yemas con las claras, azúcar y vainilla. Añádale la leche. Cuélelo todo y viértalo en un molde bañado con caramelo. Cocínelo al baño de María hasta que al introducirle un palillo en el centro, salga seco. Puede hacerlo en el horno al baño de María a 350°F. aproximadamente una hora. En olla de presión ponga una taza de agua en la olla y cocínelo a 15 lbs. de presión aproximadamente 25 minutos. Da 6 raciones.

FLAN DE LECHE

½ taza azúcar blanca	1 taza leche
5 huevos	
1 lata leche condensada	1 cdta. de vainilla.

Ponga al fuego la media taza de azúcar hasta que se derrita y bañe con ese caramelo un molde de flan. Bata los huevos, claras y yemas, y añádales la leche condensada, la de vaca y la vainilla. Unalo todo bien y póngalo en el molde acaramelado. Cocínelo al baño de María hasta que al introducirle un palillo salga seco. En una olla de presión cocínelo a 15 libras de presión con tres cuartos taza de agua durante 20 ó 25 minutos.

PUDIN DE COCO

2 cocos secos.	8 huevos
3 tazas azúcar blanca	1 cdta. de vainilla.
¼ lb. mantequilla	

Corte la masa de los cocos en pedazos pequeños y ostérícela. Bata la mantequilla con el azúcar y cuando ya esté cremosa, añádale las yemas de huevo una a una y el coco. Agregue las claras batidas a punto de merengue y por último la vainilla. Bañe un molde con caramelo y vierta en él la mezcla anterior. Cocínelo al baño de María por espacio de una hora a 350°F. o hasta que al introducirle un palillo en el centro, salga seco. Da 8 ó 10 raciones.

FLAN DE COCO

½ taza azúcar blanca
1 lata de 14 oz. dulce de coco.

3 huevos
3 yemas de huevo.

Ponga al fuego la media taza de azúcar hasta que se derrita y bañe con ese caramelo un molde de flan. Bata los huevos enteros y las yemas ligeramente. Añádale el dulce de coco y únalo todo bien. Viértalo en el molde y hornéelo al baño de María a 350°F. durante hora y media. En la olla de presión hágalo a 15 lbs. de presión durante 20 minutos.

FLAN DE NARANJA

6 yemas.
3 claras.
1 taza de agua.

½ taza azúcar blanca
¼ taza jugo de naranja.

Hierva el agua con el azúcar para hacer un almíbar de punto de hebra (230°F.) que pegue ligeramente a los dedos. Debe hervir aproximadamente cinco minutos. Deje refrescar el almíbar, y añádalo a las yemas batidas con las claras. Agregue el jugo de naranja. Viértalo todo en un molde chico de aproximadamente dos tazas de capacidad, bañado con caramelo. Cocínelo al baño de María durante unos veinticinco minutos o hasta que al introducirle un palillo salga seco. Da 6 raciones.

MANZANAS RELLENAS CON ALMENDRAS

6 u 8 manzanas (depende del
        tamaño).
1 taza almendras peladas.
½ taza azúcar blanca

¼ lb. mantequilla
2 cdtas. extracto de almendras.
2 cdas. de agua.
3 cdas. vino seco

Lave las manzanas y ahuéquelas de manera que no se rompa el fondo y quede una abertura en el centro de aproximadamente una pulgada de diámetro para colocar el relleno.

Muela las almendras, añádales el azúcar, el extracto de almendras y la mantequilla derretida. Unalo todo bien. Rellene con esta pasta las manzanas de manera que el relleno quede colmado.

Ponga las manzanas en un molde con dos cucharadas de agua. Bañe las manzanas con el vino seco. Horneéelas a 350°F. durante una hora aproximadamente. Sírvalas con crema o helado de vainilla.

MELOCOTONES CHANTILLY

Crema:

1 litro de leche	3 cdas. de harina.
	1 cdta. de vainilla.
⅛ cdta. de sal.	1 lata grande de melocotones.
1 ramita de canela.	1 pomo mermelada de fresas.
10 yemas de huevos.	Merengue o crema batida para
1 taza azúcar blanca	adornar.

Ponga al fuego la leche con la sal y la canela. Bata las yemas con el azúcar y la harina. Añádale la leche poco a poco. Cuélelo todo y póngalo nuevamente al fuego moviéndolo constantemente hasta que tenga espesor de crema. Sirva esta crema bien fría en copas o vasos largos alternándola con los melocotones y la mermelada de fresa. Adorne las copas con crema batida o merengue. Da 6 raciones.

DULCE DE TORONJA

3 toronjas de cáscara gruesa.	4 tazas de agua.
6 tazas azúcar blanca	1 limón.
2 tazas azúcar prieta.	1 rama de canela.

Abra las toronjas a la mitad y sáqueles con cuidado toda la masa y los hollejos. Pele las cáscaras y déjelas en remojo durante una noche. A la mañana siguiente cámbieles el agua y póngalas a hervir unos quince minutos. Cambie el agua y vuélvalas a hervir nuevamente dos o tres veces más, siempre cambiando el agua. Deben hervirse hasta que se vean algo transparentes. Sáquelas del agua y cuando se hayan refrescado un poco, exprímalas con cuidado entre paños de cocina o pedazos de papel toalla para sacarles un poco el agua.

En una cacerola grande ponga el agua fresca, azúcar, un pedazo de cáscara de limón, la canela y algunas gotas de jugo de limón. Revuelva bien antes de ponerlo a la candela. Cuando el almíbar haya hervido aproximadamente cinco minutos, eche las toronjas. Déjelas cocinar *a fuego lento* aproximadamente dos horas o hasta que el almíbar tenga punto y pegue a los dedos. Saque las toronjas. Corte cada mitad en dos pedazos, colóquelas en una dulcera o pomo y cúbralas con el almíbar. Da 12 raciones.

Después de poner el almíbar a la candela no se debe revolver porque se azucara.

Para este dulce pueden usarse las toronjas después de extraerles el jugo. Si desea reunir las de uno o dos días, consérvelas siempre en agua para que no se resequen. Del mismo modo se hace el dulce de naranja. Casi siempre se usan las cáscaras de naranja agria.

Si lo desea puede hacer una crema de huevos moles bien espesa y ponerla entre los pedazos de toronja al doblarlos en la dulcera.

Para que queden abrillantadas, deje que el almíbar tenga buen punto y esté espeso. Escurra las toronjas y colóquelas sobre un mármol o fuente engrasado hasta que se sequen.

Para que queden azucaradas o escarchadas no le eche limón al almíbar y cuando ya tenga punto bátalo un poco. Luego pase los pedazos de toronja por el almíbar y déjelos secar como las abrillantadas.

TARTALETAS DE MERENGUE

¾ taza de claras.	1½ cdta. de vinagre.
2 tazas azúcar blanca	

Bata las claras a punto de nieve añadiéndoles poco a poco una taza de azúcar. Añádales la segunda taza de azúcar alternando con el vinagre. Póngalo por cucharadas sobre una tartera forrada con papel ligeramente engrasado, dándole forma de conchas o tartaletas de unas tres pulgadas de diámetro y una pulgada de espesor. Hornéelas a 275°F. durante 40 minutos. Quítelas con cuidado del papel. Cuando estén frías sírvalas rellenas con helado o mermelada de frutas. Salen 12 tartaletas.

HARINA EN DULCE
(En Olla de Presión)

1 taza harina de maíz fina.	1 taza de agua.
3 tazas de agua.	¼ taza azúcar blanca
½ cdta. de sal.	¼ taza de pasas.
1 rama de canela.	2 cdas. mantequilla
1 lata leche condensada	1 cdta. de vainilla.

Ponga en la olla de presión el agua con la sal y la canela. Cuando el agua rompa el hervor añádale la harina (lavada de antemano si no es de paquete). Tape la olla y cocínela durante 5 minutos a 15 libras de presión siguiendo las instrucciones del fabricante de la olla. Pasados los cinco minutos enfríe la olla. Abrala y agregue la leche condensada disuelta en una taza de agua, el azúcar, las pasas y la mantequilla. Póngala nuevamente al fuego, moviéndola constantemente hasta que espese (aproximadamente cinco minutos). Añádale la vainilla al bajarla del fuego. Viértala en una dulcera o platicos individuales y polvoréela con canela. Da 6 raciones.

CHAYOTES RELLENOS

3 chayotes de tamaño regular.	1 taza azúcar blanca
1 cdta. de sal.	3 yemas.
	1 cdta. de vainilla.
3 cdas. de maicena.	½ taza de pasas.
1 taza de leche	½ taza de almendras.
	6 cdas. galleta molida.
1 ramita de canela.	6 cdtas. de canela.
1 cascarita de limón.	

Abra los chayotes a la mitad, a lo largo, y cocínelos en agua con la sal hasta que se ablanden. Déjelos refrescar y extráigales la pulpa, cuidando de no romper los cascarones. Pase la pulpa por un colador, añádale la maicena disuelta en la leche, la canela en rama, el azúcar y las yemas y póngalo al fuego, revolviéndolo hasta que tenga espesor de crema. Bájelo del fuego, añada la vainilla y las pasas y rellene con esta crema los cascarones. Entierre las almendras, polvoréelos con galleta molida y canela y hornéelos a 425°F. hasta que se doren. Da 6 raciones.

TORREJAS ESPECIALES

1 pan de huevo y canela.	¼ taza vino seco
3 yemas.	1 cdta. de vainilla.
1 lata de leche evaporada.	1 cdta. de canela.
1 taza azúcar blanca	4 huevos
	½ lb. aceite

Almíbar:

1 taza azúcar blanca	½ cdta. de vainilla.
1 taza de agua.	1 ramita de canela.
1 cascarita de limón.	

Bata las yemas y añádales la leche evaporada, azúcar, vino seco, vainilla y canela en polvo. Remoje las ruedas de pan en esta mezcla unos minutos. Páselas por huevo batido y fríalas en aceite. Haga un almíbar de punto de hebra. Sirva las torrejas frías con el almíbar. Da 16 raciones.

BONIATILLO CON NARANJA

2 lbs. de boniatos.
2 lbs. azúcar blanca
2 tazas de agua.
1 naranja.
½ limón.

4 yemas.
1 cda. mantequilla
2 cdas. vino seco
Canela en polvo.

Cocine los boniatos en agua con un poco de sal. Ponga al fuego el agua con el azúcar, jugo de limón, cáscara y jugo de la naranja, cuando rompa el hervor, «osterice» los boniatos pelados calientes con el almíbar también caliente. Póngalo todo al fuego nuevamente con la cáscara de naranja hasta que esté ligeramente espeso. Revuélvalo para que no se pegue. Coja un poco y añada a las yemas e incorpórelo nuevamente todo al fuego. Añádale el vino seco y la mantequilla y déjelo un rato más al fuego, hasta que tome el espesor deseado, moviéndolo siempre. Viértalo en una fuente o dulcera y polvoréelo con canela.

BONIATILLO CON QUESO

1 lb. de boniatos.
2 tazas azúcar blanca
1 taza de agua.
1 cda. mantequilla

1 queso crema de 3 oz.
2 yemas.
1 cdta. de vainilla.

Salcoche los boniatos. Haga un almíbar con el azúcar y el agua. Echesela a los boniatos mientras los reduce a puré. Agregue los demás ingredientes y mézclelo todo bien. Enfríelo antes de servirlo. Da 6 raciones.

NATILLA

1 litro de leche

1 ramita de canela.
1 pedazo cáscara de limón.
¼ cdta. de sal.

8 yemas.
1½ taza azúcar blanca
4 cdas. de maicena.
¼ taza de agua.
1 cdta. de vainilla.

Hierva la leche con la canela, cáscara de limón y sal. Déjela refrescar. Bata las yemas con el azúcar y la maicena disuelta en el agua. Añádale la leche. Cuélelo todo y cocínela al baño de María o a fuego mediano, revolviendo constantemente hasta que espese. Añádale la vainilla y viértala en la dulcera. Déjela enfriar bien. Polvoréela con canela o plánchela con azúcar al gusto. Da 6 raciones.

NATILLA DE CHOCOLATE

Añádale a la receta media libra de chocolate La Estrella. Ralle el chocolate y póngalo al baño de María hasta que se funda. Añádalo a las yemas con el azúcar.

NATILLA CON SOUFFLE DE CHOCOLATE

Natilla:

2 yemas.	2 tazas de leche
3 cdas. de harina.	
⅛ cdta. de sal.	1 cdta. de vainilla.
½ taza azúcar blanca	

Soufflé:

2 pastillas chocolate	¼ taza de leche
¼ taza azúcar blanca	
	2 claras de huevo.

Encienda el horno a 350°F.

Prepare primero la natilla. Bata las yemas con la harina, sal, azúcar y leche. Cocínela a baño de María, revolviendo constantemente hasta que espese. Añádale la vainilla y viértala en seis moldecitos Pyrex individuales.

Osterice el chocolate con el azúcar y la leche. Cocínelo a fuego lento dos o tres minutos. Bata las claras a punto de nieve y añádale la mezcla de chocolate, envolviéndolo suavemente. Viértalo sobre la natilla. Ponga los moldecitos dentro de un molde grande y llénelo con agua para que se horneen al baño de María. Hornéelos aproximadamente 45 minutos. Sírvalos inmediatamente. Da 6 raciones.

CAPUCHINOS

10 yemas de huevo.	2 cdas. azúcar blanca
1 clara de huevo.	4 cdtas. de maicena.

Encienda el horno a 375°F. Prepare los cucuruchos de papel y colóquelos en los huequitos del molde para capuchinos. Bata las yemas, la clara y el azúcar durante unos 15 minutos hasta que esté bien espeso. Añádale poco a poco la maicena cernida envolviéndolo suavemente. Viértalo en una manga con boquilla mediana y llene los cucuruchos hasta las dos terceras partes.

Hornéelos aproximadamente 15 minutos o hasta que estén doraditos en la parte superior. Para evitar que se quemen las puntas ponga una tartera llana con un poco de agua en la parrilla inferior del horno, mientras hornea los capuchinos con el molde colocado en la parrilla superior. Después de horneados quíteles el papel y báñelos con almíbar. Salen aproximadamente 20 capuchinos.

Almíbar:

3 tazas azúcar blanca	1 rama de canela.
1½ taza de agua.	1 cdta. de vainilla.
1 limón.	

Ponga al fuego el azúcar, agua, canela, la cáscara y unas gotas del jugo de limón. Déjelo hervir durante tres minutos. Añada la vainilla. Déjelo refrescar antes de añadirlo a los capuchinos.

YEMAS DOBLES

1 taza de yemas.	1 cdta. de vainilla.
1 cdta. de polvos Royal.	Canela en rama.
2 tazas azúcar blanca	Cáscara de limón.
2 tazas de agua.	Gotas de limón.

Bata las yemas con el Royal hasta que estén bien espesas y de color amarillo claro. Ponga en una cacerola llana el agua, el azúcar, canela, cáscara y gotas de limón. Cuando empiece a hervir el almíbar, vaya echando cucharadas de yema y déjelas que se cocinen por un lado. Dóblelas y déjelas cocinar aproximadamente un minuto más. Repita esta operación hasta terminar con las yemas. Debe cuidar que el almíbar no hierva a borbotones para que no se rompan las yemas. Cuando termine de cocinar todas las yemas, cuele el almíbar, añádale la vainilla y viértalo sobre las yemas dobles. Da 8 raciones.

YEMAS DOBLES ESPONJOSAS

6 yemas.	2 cdas. de harina.
2 claras.	1 cdta. de polvos Royal.
⅛ cdta. de sal.	

Prepárelas del mismo modo que las anteriores, añadiendo a las yemas bien batidas, las claras batidas a punto de nieve, alternando con la harina cernida con el Royal y la sal.

ISLAS FLOTANTES

6 claras de huevo.	6 cdas. azúcar blanca
1 litro de leche	1 pedacito cáscara de limón.
	¼ cdta. de sal.
1 rama de canela.	

6 yemas.	¾ taza azúcar blanca
1 cda. de harina.	1 cdta. de vainilla.

Bata las claras a punto de nieve y agrégueles poco a poco las seis cucharadas de azúcar.

En una cacerola llana ponga a hervir la leche con la sal, canela en rama y cáscara de limón. Cuando la leche empiece a hervir vaya echando por cucharadas las claras batidas, cuidando de no echar más de una o dos a la vez para que no se peguen, y que la leche no hierva a borbotones para que no se rompan. Déjelas cocinar aproximadamente un minuto. Voltéelas y cocínelas igualmente del otro lado. Con una espumadera o cuchara-colador quítelas de la leche y vaya colocándolas en una dulcera. Cuando termine de cocinar las claras, añada la leche que queda en la cacerola a las yemas batidas con la harina y el azúcar, cuélelo todo y cocínelo a fuego lento o a baño de María, revolviéndolo constantemente hasta que espese. Añádale la vainilla y vierta esta crema en la dulcera con las islas flotantes, de modo que el merengue cocinado quede flotando sobre una natilla. Polvorée cada merengue o isla flotante con un poquito de canela en polvo o adórnela con la mitad de una guinda. Da 8 raciones.

CREPES SUZETTE

Crêpes:

1 taza de harina.	2 cdas. mantequilla
2 yemas.	1 taza de leche
2 huevos	
2 cdas. aceite	

Salsa Suzette:

⅔ taza azúcar blanca	¼ lb. mantequilla
2 naranjas.	½ cdta. de vainilla.
1 limón.	¼ cdta. ralladura cáscara naranja
	¼ cdta. ralladura cáscara limón.

Crêpes:

Bata los huevos con el aceite, mantequilla derretida, leche y yemas adicionales, añada esto poco a poco a la harina para que la mezcla quede suave. Déjela enfriar por lo menos media hora. Viértala por cucharadas en una plancha de aluminio caliente. Voltéelas para que se doren de ambos lados. Enróllelas o dóblelas a la mitad.

Salsa Suzette:

Derrita la mantequilla, añádale azúcar, jugo de naranja y ralladuras. Déjelo hervir hasta que espese ligeramente. Añada la vainilla. Sírvala caliente sobre las crepas polvoreadas con azúcar. Si se desea pueden rociarse con alguna bebida como Curaçao, Cointreau, Grand Marnier, etc., y prenderse con un fósforo. Esto se hace al momento de servirlas.

Todo se sirve caliente, crêpes y salsa.

MERENGON CHANTILLY

Merengón:

10 claras.	1 cdta. de vainilla.
20 cdas. azúcar blanca	

Crema Chantilly:

10 yemas.	
2 tazas de leche	⅛ cdta. de sal.
	¾ taza azúcar blanca
1 ramita de canela.	1 cdta. de vainilla.

Encienda el horno a 400°F.

Bata las claras a punto de nieve añadiéndole poco a poco el azúcar. Añádale la vainilla. Vierta el merengue en un molde bañado con caramelo. Ponga el merengón en el horno. *Apague el horno.* Déjelo en el horno apagado aproximadamente cuatro horas o de un día para otro.

Para hacer la crema hierva la leche con la canela, sal y limón. Déjela refrescar. Bata las yemas con el azúcar. Añádales la leche. Cuélelo todo y cocínelo a baño de María (agua caliente, no hirviendo) revolviendo constantemente hasta que espese ligeramente. Añada la vainilla.

Para servirlo desmolde el merengón como si fuera un flan y sírvalo con la crema bien fría. Da 8 raciones.

PUDIN DE PAN

½ lb. de pan de leche.   2 **tazas** de leche

¾ taza de azúcar blanca para el caramelo.

4 huevos	¼ cdta. de nuez moscada.
1 taza azúcar blanca	¼ cdta. de canela.
4 cdas. mantequilla	½ cdta. de vainilla.
2 cdas. vino seco	½ cdta. extracto de almendras.

½ taza de pasas sin semillas.   ½ taza de almendras tostadas.
1 cda. de harina.

Encienda el horno a 350°F. Corte el pan en pedacitos y remójelo en la leche.

Haga el caramelo poniendo el azúcar en una cacerolita al fuego revolviendo constantemente hasta que se derrita. Bañe con este caramelo un molde con capacidad para 6 tazas.

Bata los huevos con el azúcar, mantequilla derretida y vino seco. Añádales la canela, nuez moscada, vainilla, extracto de almendras, el pan remojado en la leche y las pasas y almendras polvoreadas con la harina. Viértalo todo en el molde y hornéelo al baño de María aproximadamente dos horas o hasta que al introducirle un palillo, salga seco. Déjelo refrescar antes de desmoldarlo. Da 12 raciones.

ARROZ CON LECHE

½ taza de arroz.	1 taza azúcar blanca
1½ taza de agua.	¼ cdta. de sal.
1 pedazo cáscara de limón.	1 cdta. de vainilla.
1 rama de canela.	Canela en polvo.
1 litro de leche	

Lave el arroz y póngalo a cocinar con el agua, limón y canela en rama hasta que se ablande. Añádale la leche, sal y azúcar. Déjelo cocinar a fuego mediano hasta que espese, aproximadamente una hora. Revuélvalo de vez en cuando para que no se pegue en el fondo. Viértalo en la dulcera y polvoréelo con canela. Da aproximadamente 8 raciones.

Con leche evaporada, use una lata de leche evaporada diluída en 2¼ tazas de agua.

Con leche condensada, use una lata de leche condensada diluída en 3 tazas de agua. No use azúcar.

De acuerdo con esta receta básica pueden hacerse distintas combinaciones de arroz con leche, usando leche de vaca combinada con evaporada, condensada o con las tres a la vez. Siempre debe ablandarse el arroz en agua antes de añadir la leche.

Para servir el arroz con leche a la española, polvoréelo con azúcar después de ponerlo en la dulcera, y queme el azúcar con una plancha o salamandra caliente.

DELICIA DE NAVIDAD

24 pastillas de altea.	½ taza de dátiles picaditos.
½ taza de leche	¾ taza de nueces picaditas.
	¾ taza de frutas glaceadas.
¼ taza de vino seco.	¼ cdta. canela
2 tazas galleticas María	¼ cdta. nuez moscada
	⅛ cdta. clavo
1 taza de pasas sin semillas.	

Corte las pastillas de altea en pedacitos pequeños. Puede hacerlo fácilmente con una tijera mojada. Añádale los demás ingredientes y únalo todo bien. Envuélvalo en papel encerado y déle forma de cilindro. Guárdelo en el congelador durante un par de horas hasta que se endurezca. Sírvalo cortado en ruedas de una pulgada y cubra cada rueda con la siguiente crema:

Crema al marrasquino:

1 taza crema de leche al 30%.	16 guindas.
3 cdas. azúcar blanca	2 cdas. almíbar de las guindas.

Bata la crema (que debe estar bien fría) añadiéndole poco a poco el azúcar. Cuando esté espesa añádale las guindas picaditas y el almíbar.

COMO TEÑIR HEBRAS DE COCO SECO

En una taza bola eche unas gotas de colorante vegetal McCormick. Añádale unas gotas de agua. Déle algunas vueltas a la taza para distribuir bien el colorante por los lados de la taza. Eche el coco seco en la taza y revuélvalo hasta que todas las hebras tengan el mismo color.

YEMITAS
(Receta Básica)

2 tazas azúcar blanca	1 pedazo cáscara de limón.
1 taza de agua.	1 taza yemas de huevo.
⅛ cdta. de crémor.	½ cdta. vainilla.
1 ramita de canela.	

Haga primero un almíbar con el azúcar, agua, cremor, canela y limón. Déjela hervir hasta que el termómetro marque 226°F. Bájela del fuego y déjela enfriar hasta 110°F. Mida una taza de almíbar y añádala a las yemas ligeramente batidas. Viértala en una cacerola de fondo doble o baño de María. Cocínela hasta que espese bien y se vea el fondo de la cacerola. Mientras se cocina debe moverse con una cuchara de madera para que no se pegue. Añádale la vainilla y viértala por cucharaditas sobre una tartera engrasada. Cuando se refresquen déles forma de bolitas pasándolas por azúcar en polvo. Salen aproximadamente 25 yemitas.

BONIATILLO CON COCO

2 lbs. de boniato.	6 yemas de huevo.
2 lbs. azúcar blanca	1 taza leche de coco.
3 tazas de leche	Canela en polvo.

Salcoche los boniatos y redúzcalos a puré. Añádales la leche y azúcar. Páselo todo por un colador y cocínelo a fuego mediano hasta que espese. Mezcle las yemas con la leche de coco. Añádale un poco del boniatillo caliente. Mézclelo todo nuevamente y cocínelo aproximadamente media hora más o hasta que se vea el fondo de la cazuela al revolverlo. Da 12 raciones.

CREMA PARA RELLENO DE PASTELES

2 tazas de leche	6 yemas.
	1 rama de canela.
¼ cdta. de sal.	1 pedazo cáscara de limón.
⅔ tazas de harina.	4 cdas. mantequilla
2 tazas azúcar blanca	2 cdtas. de vainilla.

Mezcle la leche con sal, harina, azúcar y yemas. Agregue canela y cáscara de limón. Cocínela a fuego vivo hasta que empiece a espesar y luego a fuego mediano revolviendo constantemente. *Esta crema al cocinarse empieza a espesar de modo que parece que va a quedar llena de pelotas. Revuelva rápidamente y con fuerza mientras se espesa y todas las pelotas desaparecerán.* Debe cocinarse hasta que se vea bien espesa y se separe bastante del fondo de la cacerola al moverla con la cuchara de madera. Al bajarla del fuego añádale la mantequilla y vainilla. Déjela enfriar bien antes de usarla.

PRALINE DE ALMENDRAS

½ taza almendras crudas sin pelar   ½ taza azúcar blanca

Ponga las almendras sin pelar en una cacerola con el azúcar. Coloque la cacerola al fuego y revuelva constantemente hasta que el azúcar se convierta en caramelo. Viértalo inmediatamente sobre una tartera o mármol engrasado con aceite "El Cocinero". Déjelo enfriar bien hasta que se endurezca, entonces pártalo en pedazos y muélalo. Este polvo de caramelo y almendras es el praliné que se emplea en repostería fina para muchos dulces como el Gateau París Brest, Bavarois Praliné, Crema Muselina al Praliné, etc. Da una taza de polvo de praliné. Puede hacerse en cantidades mayores y después de molido conservarlo en latas o pomos para no tenerlo que hacer cada vez que se va a emplear en una receta.

ZUPPA INGLESA

1 panetela corriente.   ½ taza frutas confitadas.
3 tazas de natilla.   ½ taza Bacardí Carta Blanca.
2 cdas. mantequilla   ½ taza crema de cacao.

Corte la panetela en pedazos de media pulgada de espesor. Añádale a la natilla todavía caliente, las dos cucharadas de mantequilla. Cuando ya esté fresca agréguele las frutas. En un molde de 13 x 9 x 2 pulgadas ponga la tercera parte de la natilla. Cúbrala con la mitad de la panetela. Bañe la panetela con el Bacardi. Cubra la panetela con otra capa de natilla, luego con el resto de la panetela bañada con la crema de cacao y por último la natilla restante. Déjela enfriar bien. Si lo desea puede cubrirlo todo con merengue y dorarlo unos minutos al horno. Da 12 raciones.

Galleticas

Unas sabrosas galleticas pueden servirse a cualquier hora. Usted puede hacerlas en un momento y después guardarlas en latas o pomos. Además de la íntima satisfacción que se siente al ofrecer algo hecho por uno mismo, usted puede, al hacerlas en casa, aumentar el valor nutritivo de las galleticas que los suyos comen al añadirles pasas, nueces, avena y otros ingredientes altamente nutritivos.

Las galleticas pueden hacerse con distintos tipos de masa, de acuerdo con el procedimiento que se vaya a usar para darles forma: galleticas cortadas, galleticas de prensa o galletera, galleticas de refrigerador y las llamadas galleticas de cuchara. Además hay gran variedad de torticas y pastillas que se hornean en moldes cuadrados o rectangulares y después se cortan en formas variadas como triángulos, cuadrados o rectángulos.

Para hacer galleticas cortadas, primero se estira la masa con el rodillo y después se usan cortadores especiales para lograr formas variadas.

Para las galleticas de prensa necesitará una prensa o galletera que tenga varias formas con las cuales pueda lograr galleticas de distintos tipos. Estas galleteras sirven además para hacer churros, bizcochos, eclairs y montecristos.

Las llamadas galleticas de refrigerador se preparan dándole a la masa forma de cilindro y enfriándola bien. Después estos cilindros se cortan en rueditas y se colocan en las tarteras. Las galleticas llamadas de cuchara son las más fáciles porque sólo hay que poner la masa por cucharaditas en las tarteras o planchas de aluminio. De este modo se preparan casi todas las mezclas para galleticas a las que sólo hay que añadir agua o leche. Las masas para galleticas pueden hacerse de varios colores y lograr bonitas combinaciones como las de vainilla y chocolate que pueden hacerse en forma de espirales, tableros de damas, etc.

Para hacer galleticas igual que para hacer cualquier otro producto horneado, prepare la receta cuidadosamente, mida correctamente, mezcle como indica la receta y siempre encienda el horno de antemano. Las galleticas suelen hornearse en muy poco tiempo y un reloj o cronómetro de cocina donde usted pueda marcar el tiempo y al sonar le avise, evitará que usted se distraiga y se le quemen las galleticas. Como muchos hornos tienen termostato, le recomendamos mida bien el tiempo de la primera hornada y por éste hornée las demás.

Además de los utensilios propios para mezclar —tazas bolas, cucharas de madera, mezcladoras, etc—, usted necesitará para hacer galleticas unas buenas tarteras de aluminio, preferiblemente del tipo de planchas lisas que no tienen orilla. Para que las galleticas se horneen bien y no queden muy oscuras en la parte de abajo, estas planchas deben ser de buen aluminio y conservarse siempre con un buen brillo. Por lo menos dos planchas de este tipo son indispensables en una cocina bien equipada. Si usted quiere hacer muchas galleticas es mejor tener cuatro planchas, porque así puede ir preparando la segunda tanda de galleticas en lo que se hornea la primera. Las parrillas de alambre son también muy útiles para poner a refrescar las galleticas antes de guardarlas. Una espátula ancha le servirá para desprender las galleticas y levantarlas de la plancha una vez horneadas.

ESTRELLAS DE CHOCOLATE

Galletas:

½ lb. mantequilla	3 tazas de harina.
1½ taza azúcar blanca	3 cdas. de leche en polvo.
2 huevos	1 cdta. de sal.
¼ lb. chocolate	1 cdta. de polvos Royal.

Relleno:

1 queso crema de 3 oz.	1½ taza de azúcar en polvo.
½ cdta. extracto de menta.	

Cubierta:

½ lb. chocolate	1 cda. de agua caliente.
2 cdas. mantequilla	1 lata hebras de coco seco.

Encienda el horno a 375°F. Engrase dos tarteras de aluminio. Bata la mantequilla añadiéndole poco a poco el azúcar. Agregue los huevos uno a uno, luego el chocolate rallado y fundido al baño de María y por último la harina cernida con la leche en polvo, sal y Royal. Amáselo bien y extienda la masa con el rodillo hasta que tenga un cuarto pulgada de espesor. Corte la masa en forma de estrellas usando un cortador de galleticas. Colóquelas sobre las tarteras engrasadas dejando una pulgada de separación entre cada galletica. Hornéelas durante seis minutos aproximadamente. Déjelas enfriar sobre una parrilla antes de untarles el relleno y la cubierta. Para preparar el relleno bata el queso crema con el extracto de menta añadiéndole poco a poco el azúcar en polvo. Unte esta crema sobre las galleticas y únalas de dos en dos de modo que la crema quede en el centro. Para la cubierta ralle el chocolate y mézclelo con la mantequilla derretida y el agua caliente. Unte esta crema de chocolate sobre las galleticas y antes que se seque polvorée los bordes de las estrellas con el coco seco picadito. Salen aproximadamente 25 estrellas.

TEJAS

¾ taza claras de huevo.	¼ taza de Crisco.
1⅔ taza azúcar blanca	1 taza de harina.
¼ cdta. de sal.	1 taza almendras tostadas
¾ taza mantequilla	picaditas.

Encienda el horno a 350°F. Mezcle las claras de huevo (sin batir) con el azúcar y sal. Revuélvalo hasta que el azúcar esté disuelta y la mezcla se vea espesa. Derrita la mantequilla y el Crisco. Déjelos refrescar hasta que estén tibios y añádalos a la mezcla de azúcar. Agregue la harina y las almendras. Bátalo hasta que esté todo unido. Vierta esta mezcla por cucharaditas en tarteras *sin engrasar*. Deje por lo menos cuatro pulgadas entre una y otra porque se extienden mucho. Hornéelas hasta que se vean doraditas, aproximadamente 8 ó 10 minutos. Quítelas con una espátula y colóquelas sobre el rodillo para que queden dobladitas o encorvadas como tejas. Déjelas enfriar sobre el rodillo. Guárdelas en latas o pomos. Para hacerlas con éxito debe hornearlas poco a poco para que le dé tiempo de quitarlas en seguida de la tartera y ponerlas aún calientes sobre el rodillo. Salen aproximadamente 60 tejas.

Estas galleticas deben su nombre a la forma de tejas que toman al ponerlas aún calientes sobre el rodillo u otra superficie similar.

POLVORONES MATANCEROS

2 tazas de Crisco.
2 tazas azúcar blanca
3 huevos
1 cda. de vainilla.

7¾ tazas de harina.
1 cdta. de sal.
1 cdta. de polvos Royal.

Encienda el horno a 350°F. Una la manteca y el azúcar hasta formar una pasta, añádale los huevos batidos y la vainilla, revolviéndolo hasta que esté todo ligado. Añádale poco a poco la harina cernida con la sal y los polvos Royal. Amáselo hasta que esté todo unido. Extienda la masa con el rodillo entre dos pedazos de papel encerado hasta que tenga espesor de un cuarto pulgada, córtelo con un cortador redondo de dos pulgadas de diámetro. Coloque los polvorones en tarteras ligeramente engrasadas con Crisco y hornéelos unos 20 minutos. Da aproximadamente 100 polvorones.

Si desea hacer sólo unos 33 polvorones emplee las siguientes cantidades:

⅔ taza de Crisco.
⅔ taza azúcar blanca
1 huevo
⅜ cdta. de Royal.

2⅔ tazas de harina.
1 cdta. de vainilla.
⅜ cdta. de sal.

ESPIRALES DE VAINILLA Y CHOCOLATE

¼ lb. chocolate
4 tazas de harina .
1 cdta. de polvos Royal.
1 cdta. de sal.

½ lb. mantequilla
2 tazas azúcar blanca
2 huevos
1 cda. de vainilla.

"Osterice" el chocolate y póngalo al baño de María hasta que se haga una pasta.

Cierna la harina con el Royal y la sal. Bata la mantequilla hasta que esté cremosa. Añada poco a poco el azúcar. Agregue los huevos uno a uno y la vainilla. Separe esta mezcla en dos recipientes distintos. Añada a una de las mezclas el chocolate. Revuelva hasta que quede bien mezclado. Divida la harina en dos partes iguales y añada una parte a cada mezcla. Amáselas por separado de modo que quede una parte de vainilla y otra de chocolate. Extiéndalas entre pedazos de papel encerado hasta formar dos cuadrados de 12 pulgadas cada uno. Quite el papel que cubre las dos porciones de masa extendidas. Monte la masa de vainilla sobre la de chocolate con *cuidado de que no quede papel entre las dos.* Córtelas a la mitad. Enróllelas como si fueran dos brazos gitanos. Envuelva cada rollo en papel encerado. Guárdelos en el congelador hasta que se endurezcan. (Pueden dejarse varios días si lo desea). Para hornearlos encienda el horno a 375°F. Quite el papel a los rollos. Córtelos en rueditas de un cuarto de pulgada de espesor. Coloque los espirales sobre tarteras engrasadas dejando una pulgada de separación entre uno y otro. Hornéelos aproximadamente 10 minutos. Déjelos refrescar antes de guardarlos en pomos o latas. Salen aproximadamente 48 espirales.

TORTICAS DE ALMENDRAS

¼ lb. mantequilla	1 cda. jugo de limón.
¼ taza azúcar blanca	½ cdta. de vainilla.
1 huevo	1 taza de harina.
1 cdta. ralladura de limón.	1 pomito de guindas.
1 cdta. ralladura de naranja.	1 taza almendras tostadas picaditas.

Una la mantequilla con el azúcar. Añádale la yema del huevo y la vainilla. Bátalo bien y añádale las ralladuras de limón y naranja y el jugo de limón. Añada la harina cernida. Unalo todo bien y déjelo enfriar. Tome la masa por cucharaditas y forme pequeñas bolitas. Pase cada bolita por la clara del huevo sin batir y luego por las almendras picaditas. Colóquelas en una tartera engrasada y en el centro de cada una coloque una guinda. Hornéelas a 350'F. durante 30 minutos. Salen aproximadamente 25 torticas.

TORTICAS DE MORON

1 taza azúcar blanca	3 tazas de harina.
1 taza de Crisco.	1 cdta. ralladura de limón.

Una el Crisco con el azúcar y añádale la harina poco a poco y la ralladura de limón. Cuando todo esté unido, extiéndalo con el rodillo y corte la masa en redondeles o déle forma de torticas con la mano. Colóquelas en una tartera cubierta con papel encerado y hornéelas a 350°F. durante 20 ó 25 minutos. Si lo desea, polvoréelas antes o después de hornearlas con un poco de azúcar.

GALLETICAS DE NARANJA

½ taza de harina. ½ taza azúcar blanca
½ cdta. de polvos Royal. 1 yema de huevo.
¼ cdta. de nuez moscada. 1 cda. ralladura de naranja.
½ taza mantequilla 4 cdas. jugo de naranja.

Encienda el horno a 375°F.

Cierna juntos la harina, Royal y nuez moscada. Bata la mantequilla y añádale poco a poco el azúcar, luego la yema de huevo y la ralladura de naranja. Añádale los ingredientes secos alternando con el jugo de naranja. Haga un rollo y envuélvalo en papel encerado, guardándolo en el refrigerador durante dos horas. Corte esta masa en forma de galleticas, colóquelas en tarteras engrasadas y hornéelas durante 12 minutos.

DELICIAS DE ALMENDRAS

1¼ taza de harina. ¼ lb. mantequilla
1 cdta. de crémor. ¼ taza azúcar blanca
½ cdta. bicarbonato. 1 yema de huevo.
¼ cdta. de sal. 1 cda. de agua.

Cubierta:
1 clara de huevo. ½ cdta. de vainilla.
¾ taza azúcar en polvo. ½ taza almendras tostadas
   picaditas.

Cierna la harina con el crémor, bicarbonato y sal. Bata la mantequilla hasta que esté cremosa, añadiéndole poco a poco el azúcar y luego la yema de huevo disuelta en el agua. Agregue los ingredientes secos cernidos. Amáselo hasta unirlo todo y deje reposar la masa durante media hora en el refrigerador hasta que esté firme. Encienda el horno a 350°F. y engrase dos tarteras de aluminio con mantequilla. Extienda la masa con el rodillo sobre una tabla enharinada. Déle a la masa forma de rectángulo y espesor de un octavo pulgada. Bata la clara a punto de nieve. Añádale el azúcar y la vainilla. Extienda esta mezcla sobre la masa y polvoréelo todo con las almendras muy picaditas. Corte la masa en rectángulos de 1x3 pulgadas. Coloque los rectángulos sobre las tarteras, dejando una separación de una pulgada entre uno y otro. Hornéelos aproximadamente 10 minutos o hasta que estén doraditos. Déjelos enfriar sobre una parrilla de alambre antes de guardarlos en lata o pomo. Salen aproximadamente 32.

GALLETICAS DE PACANAS

½ lb. mantequilla
2½ tazas azúcar prieta.
2 huevos
2¼ tazas de harina.

½ cdta. de bicarbonato.
¼ cdta. de sal.
1 taza de pacanas picaditas.

NOTA: Estas galleticas también pueden hacerse con nueces en lugar de pacanas.

Encienda el horno a 350°F. Bata la mantequilla añadiéndole poco a poco el azúcar. Bata bien los huevos y añádalos al azúcar y mantequilla. Agréguele los ingredientes secos cernidos y las pacanas picaditas. Vierta la mezcla por cucharaditas en tarteras de aluminio engrasadas. Deje unas dos pulgadas de separación entre una y otra para que no se peguen. Hornéelas 12 a 15 minutos. Salen aproximadamente 60.

TORTICAS DE COCO

2 claras.
1 taza azúcar blanca
2 tazas Corn Flakes.
½ taza nueces picaditas.

1 taza hebras de coco seco
picaditas.
½ cdta. de vainilla.

Encienda el horno a 325°F.

Bata las claras a punto de nieve. Añádale poco a poco el azúcar y luego los demás ingredientes. Póngalo por cucharaditas en tarteras bien engrasadas. Hornéelas a 325°F. durante 15 ó 20 minutos. Al sacar las tarteras del horno colóquelas sobre un paño húmedo e inmediatamente quite las torticas con una espátula antes que se enfríen. Salen aproximadamente 36 torticas.

LUNITAS DE NAVIDAD
(Croissants Avec Pignons)

2¼ tazas de harina.
1 cdta. polvos Royal.
2 cdtas. de canela.
½ cdta. de sal.
¼ lb. mantequilla
½ taza azúcar blanca

½ taza azúcar prieta fina.
1 huevo
4 cdas. crema de leche.
1 cdta. de vainilla.
1½ taza de piñones.

Cierna la harina con los polvos Royal, canela y sal. Bata la mantequilla con el azúcar blanca y prieta. Añada el huevo, la crema y la vainilla. Cuando todo esté bien mezclado, añada los ingredientes secos y únalo todo bien. Deje la masa en el refrigerador por lo menos dos horas. Tome la masa por cucharaditas y déle forma de cilindros de unas dos pulgadas de largo. Afine las puntas como si fuera para hacer cangrejitos. Envuelva cada uno en los piñones. Colóquelos sobre tarteras sin engrasar. Doble las puntas a cada uno para darle la forma de lunita o "croissant". Hornéelas a 375°F. aproximadamente 8 ó 10 minutos. Salen unos 75 croissants.

La receta original se hace con piñones, pero en su lugar puede usar almendras, ajonjolí, maní o cualquier otra semilla picadita. El maní tostado sin sal es lo que más se parece en sabor a los piñones.

Se llama "Croissant" a cualquier tipo de confitura, galletica o panecito que se haga en forma de "croissant" o creciente de la luna.

TORTICAS DE NAVIDAD

2¼ tazas de harina.
1 cdta. polvos Royal.
½ cdta. de bicarbonato.
½ cdta. de sal.
¾ taza mantequilla
1 taza azúcar blanca
2 huevos
2 cdas. de leche

1 cdta. de vainilla.
1 tazas nueces picaditas.
1 taza dátiles picaditos.
⅓ taza guindas picaditas.
2½ tazas Corn Flakes.
Aproximadamente 15 guindas para adornar.

Antes de medir los Corns Flakes tritúrelos con el rodillo para que queden más chiquitos.

Encienda el horno a 375°F. Cierna la harina con los polvos Royal, bicarbonato y sal. Bata la mantequilla con el azúcar hasta que todo esté cremoso. Añada los ingredientes secos y únalo todo bien. Agregue las nueces, dátiles y guindas. Unalo todo, tome la masa por cucharaditas y envuélvala en los Corn Flakes triturados. Póngales al centro un pedacito de guinda. Colóquelas en tarteras engrasadas y hornéelas a 375°F. durante 10 ó 12 minutos. Salen aproximadamente 60.

BASTONES DE NAVIDAD

½ lb. mantequilla
1 taza azúcar en polvo.
1 huevo
1 cdta. de vainilla.

2½ tazas de harina.
1 cdta. de sal.
½ cdta. colorante rojo.

Encienda el horno a 375°F. Bata la mantequilla hasta que esté cremosa. Añádale poco a poco el azúcar en polvo. Agregue el huevo entero batido con la vainilla y por último la harina cernida con la sal. Amáselo hasta que esté todo unido. Divida la masa en dos partes y a una de ellas añádale el colorante rojo. Tome pequeñas porciones de la masa de cada color y forme con cada una un cordón del grueso aproximado de un dedo y de unas seis pulgadas de largo. Enrosque una parte en la otra para que se vean los dos colores en forma de espiral. Colóquelos en una tartera y doble uno de los extremos para formar un bastoncito. Repita esta operación hasta que la masa esté terminada. Hornéelos a 375°F. durante 10 minutos.

BARRITAS DE NOEL

1 latica de hebras de coco seco.   ½ taza azúcar blanca
1 taza nueces picaditas.   1 huevo
½ lb. dátiles picaditos.

Una todos los ingredientes. Déle forma de barritas de dos pulgadas de largo por una de ancho. Colóquelas en una tartera de aluminio engrasada con mantequilla. Hornéelas a 350°F. durante 10 ó 12 minutos.

ROSQUILLAS Y PALITROQUES DE YEMA

6 yemas.   3 tazas de harina.
1 cda. ralladura de naranja.   1 taza azúcar blanca
2 cdas. vino seco.   1 cdta. polvos Royal.
¼ lb. mantequilla   ⅛ cdta. de sal.

Bata bien las yemas con la ralladura de naranja y el vino, añádales la mantequilla derretida (que debe estar fresca) y por último los ingredientes secos cernidos. Amáselo bien hasta que esté unido. Déle forma de rosquillas y palitroques de aproximadamente un centímetro de espesor, úntelos de yema de huevo (una yema adicional) y hornéelos a 375°F. en una tartera engrasada durante 15 minutos aproximadamente. Salen aproximadamente 50.

PETIT COEURS DE LISIEUX
(Galleticas de Santa Teresa)

½ taza almendras crudas.   ¾ taza azúcar en polvo.
1½ taza de harina.   1 clara de huevo.
¼ lb. mantequilla   1 cdta. de vainilla.

1 yema.   1 cda. vino seco
                  Azúcar granulada.

Déle un hervor a las almendras, pélelas, déjelas secar y muélalas de modo que queden en pedacitos, no en polvo.

Cierna la harina y añádale la mantequilla cortándola con un estribo hasta que esté como una boronilla. Añádale las almendras, azúcar, clara de huevo sin batir y vainilla. Amáselo todo hasta que esté unido. Envuélvalo en papel encerado y déjelo un par de horas en el refrigerador. Extiéndalo entre papel encerado con el rodillo, quítele el papel de la parte superior y córtelo con un cortador de galleticas en forma de corazón. Colóquelas sobre una tartera ligeramente engrasada, barnícelas con la yema de huevo disuelta en el vino seco, polvoréelas con azúcar y hornéelas a 375°F. durante unos 15 minutos.

CUADRITOS DE CHOCOLATE Y PASAS

3 pastillas chocolate	1 cdta. de vainilla.
2 huevos	½ taza de harina.
¼ lb. mantequilla	1 taza pasas sin semillas.
½ taza azúcar blanca	

Encienda el horno a 350°F. Engrase un molde cuadrado de 8 pulgadas. "Osterice" el chocolate y póngalo al baño de María hasta que se haga una pasta. "Osterice" los huevos con la mantequilla (que debe estar a la temperatura ambiente), azúcar, vainilla y chocolate. Mézclelo todo bien. Añada a esta mezcla la harina con las pasas. Viértalo en el molde. Hornéelo 25 minutos. Déjelo refrescar. Córtelo en 16 cuadritos.

Cúbralos con el siguiente azucarado de chocolate:

1 pastilla chocolate	2 cdas. de leche
1 cda. mantequilla	1 taza de azúcar en polvo.

"Osterice" el chocolate y póngalo en una cacerola al fuego con la mantequilla y la leche. Cuando rompa el hervor añádale el azúcar en polvo y bátalo bien.

CUADRITOS DE NUECES Y DATILES

2 huevos	½ taza de harina.
½ cdta. de polvos Royal.	½ cdta. de sal.
½ taza azúcar blanca	1 tazas nueces picaditas.
½ cdta. de vainilla.	2 tazas dátiles picaditos.

Encienda el horno a 325°F. Engrase un molde cuadrado de pulgadas. Bata los huevos, añada la vainilla y el azúcar poco poco. Agregue los ingredientes secos cernidos y por último las nueces y los dátiles. Viértalo en el molde y hornéelo durante 25) 30 minutos. Córtelo en cuadritos antes que se enfríe y páselos por azúcar en polvo. Salen 16 cuadritos.

PRALINES

Dulces típicos de Nueva Orleans. Su receta original es con pacanas, pero también quedan sabrosos con nueces o almendras.

2 tazas azúcar prieta fina. 2 cdas. mantequilla
½ taza leche evaporada. 1 cdta. de vainilla.
⅛ cdta. de sal. 1 taza pacanas o nueces.

Ponga en una cacerola el azúcar con la leche y la sal. Muévalo de delante hacia atrás con una paleta o cuchara de madera, hasta que empiece a hervir. Cuando hierva no lo mueva más, pero déjelo hervir hasta que al echar un poco en una cacerolita con agua fría haga una bolita suave o hasta que el termómetro marque 235°F. Añada entonces la mantequilla y la vainilla. Déjelo refrescar hasta que pueda tocarlo con los dedos sin quemarse. Bátalo hasta que empiece a perder el brillo y añádale las pacanas picaditas. Viértalo por cucharadas sobre papel encerado y déjelo enfriar hasta que se endurezcan. Si lo desea puede ponerle media pacana a cada uno como adorno, pero debe ponerlas cuando aún estén calientes. Salen aproximadamente 25 pralines.

MARAVILLAS DE COCO

Primera parte:
¼ lb. mantequilla 1 taza de harina.
  ½ taza azúcar prieta fina.

Segunda parte:
2 huevos 2 cdas. de harina.
1 taza azúcar prieta fina. 1 cdta. polvos Royal.
1¼ cdta. de vainilla. ½ cdta. de sal.
  1 lata hebras de coco seco.

Tercera parte:
½ lb. chocolate
2 ó 3 cdas. de leche

Encienda el horno a 350°F. Engrase ligeramente un molde rectangular de 9x13x2 pulgadas.

Primera parte: Bata la mantequilla añadiéndole el azúcar poco a poco hasta que esté cremosa. Añádale la harina uniéndolo todo bien. Extienda esta mezcla en el fondo del molde. Hornéelo durante 10 minutos.

En lo que se hornea la primera parte prepare la segunda.

Segunda parte: Bata los huevos con el azúcar y la vainilla. Añádale la harina cernida con el Royal y sal. A los diez minutos de estar la primera parte en el horno sáquela el tiempo necesario para verterle por encima la segunda parte. Cúbralo todo con las hebras de coco. Póngalo nuevamente al horno durante 25 minutos más.

Tercera parte: "Osterice" el chocolate. Póngalo al baño de María añadiéndole leche hasta que esté cremoso. Cubra con esto las maravillas de coco al sacarlas del horno.

Déjelas refrescar ligeramente. Córtelas en cuadritos cuando estén aún tibias. Salen 28 maravillas de coco.

CONFITURAS DE LICOR

1½ taza galleticas María molidas.	½ taza azúcar en polvo.
	3 cdas. sirope Karo (blanco).
½ taza nueces picaditas.	3 cdas. de Añejo Bacardí.

Una todos los ingredientes. Amáselos suavemente y forme pequeñas bolitas. Páselas por azúcar en polvo. Coloque en el centro de cada una un pedacito de nuez o guinda. Ponga cada confitura en un capacillo de papel. Consérvelas en un lugar fresco hasta el momento de servirlas. Salen aproximadamente 60.

DATILES RELLENOS

1 lb. de dátiles sin semillas.
¼ lb. turrón de yema.
½ lb. de nueces.

Rellene cada dátil con una cucharadita de turrón y adórnelo con un pedacito de nuez.

ALFAJORES CON DULCE DE LECHE

¾ taza mantequilla	2 cdtas. ralladura de limón.
1 taza azúcar blanca	1½ taza de maicena.
1 huevo	½ taza de harina.
2 yemas.	1 cdta. polvo Royal.
1 cdta. de vainilla.	1 cda. de cognac.

Bata la mantequilla con el azúcar. Añada la vainilla, limón, los huevos y las yemas batiéndolo hasta que esté bien unido todo. Añada la maicena cernida con la harina y polvos de hornear. Agregue el cognac y únalo todo bien. Deje reposar la masa diez minutos. Extienda la masa a media pulgada de espesor. Córtela con un cortador redondo. Colóquelos sobre tarteras engrasadas y hornéelos a 325°F. aproximadamente 20 minutos o hasta que estén ligeramente doraditos. Déjelos refrescar y únalos de dos en dos poniéndole en el centro dulce de leche. (Latas de leche condensada hervidas aproximadamente hora y media o treinta minutos en olla de presión.)

Panes

En la actualidad la mayoría de las amas de casa compran el pan o los panecitos ya horneados en cualquier panadería. La vida moderna permite ahorrar mucho tiempo confiando esta tarea a los panaderos, porque hay en el mercado una gran variedad de panes listos para comer con los cuales complacer todos los gustos. Hay, además, panecitos congelados que sólo requieren un corto tiempo al horno para tener toda la frescura y sabor del pan acabado de hacer.

Algunas veces nos gusta meternos en la cocina y preparar sabrosos panecitos para la familia, y para esas ocasiones debemos saber que, de acuerdo con la forma en que se preparan, existen dos tipos de panes: los panes de levadura y los panes de tipo rápido que son los que se hacen con polvos de hornear.

Los panes de tipo rápido son muy fáciles de preparar y resultan deliciosos para el desayuno, merienda o para la comida. En este grupo podemos incluir algunos como las rosquillas, los waffles, etc., que por estar elaborados con harina y otros ingredientes similares a los de los panecitos rápidos y ocupar el mismo lugar de éstos en el menú, pueden considerarse también como panes de tipo rápido.

Para la mejor nutrición de su familia le recomendamos que use harina enriquecida en la elaboración de cualquier tipo de pan casero. Y cuando compre pan o galleta recuerde que los que se elaboran con harina enriquecida tienen cantidades adicionales de vitamina B y hierro que lo mantendrán más saludable. El pan llamado de leche es todavía más nutritivo porque además de harina enriquecida se usan sólidos de leche en su elaboración.

Cuando sobre pan, no lo desperdicie. Aprovéchelo como relleno para aves, para hacer pudín o como pan rallado para empanizar. Los cuadritos de pan viejo tostados y polvoreados con queso son muy sabrosos para añadir a las sopas. También en torrejas y tostadas a la francesa se puede aprovechar el pan sobrante. En este libro encontrará usted varias recetas que le permitirán aprovechar el pan viejo.

El pan tostado tiene el mismo valor nutritivo que el pan sin tostar. Si quiere que todas las rebanadas de pan queden tostaditas no ponga las tostadas una sobre otra mientras estén calientes. Cuando sirva panecitos o tostadas calientes llévelas a la mesa envueltas en una servilleta o en una canastica apropiada para evitar que se enfríen.

PAN DE JENGIBRE

2¼ tazas de harina.	½ taza azúcar blanca
1 cdta. bicarbonato.	1 huevo
1 cdta. de jengibre.	¾ taza melado de caña.
1 cdta. de canela.	½ taza de leche
½ cdta. de sal.	½ taza vino seco
¼ lb. mantequilla	

Encienda el horno a 350° F. Engrase un molde cuadrado de 8 pulgadas.

Cierna los ingredientes secos. "Osterice" la mantequilla con el azúcar, huevo, melado, leche y vino seco. Añada esta mezcla a los ingredientes secos revolviéndola hasta que estén unidos. Viértalo en el molde. Hornéelo durante 45 ó 50 minutos. Da 16 raciones.

PAN VOLTEADO DE MANI

Cubierta:

2 cdtas. mantequilla	1 taza de maní.
4 cdas. azúcar prieta fina.	1 cda. vino seco

Masa:

1 huevo	1 cda. vinagre
1 taza azúcar prieta.	2 tazas harina.
2 cdas. mantequilla de maní.	1 cdta. polvos Royal.
2 cdas. mantequilla	½ cdta. de bicarbonato.
½ taza de leche	½ cdta. de sal.

Encienda el horno a 350°F. Para hacer la cubierta, vierta la mantequilla en el fondo de un molde de pan engrasado. Cúbrala con el azúcar, el maní picado en pedacitos grandes y vino seco.

"Osterice" el huevo, con las mantequillas, azúcar y la leche cortada de antemano con el vinagre. Añada esto a los ingredientes secos cernidos, revolviéndolo suavemente. Viértalo en el molde y hornéelo durante una hora. Da 16 raciones.

PANECITOS DE ARROZ

1 taza de leche	1½ taza de harina.
	1 cda. azúcar blanca
2 huevos	½ cdta. de sal.
5 cdas. mantequilla	3 cdtas. polvos Royal.
1 taza arroz cocinado.	

Encienda el horno a 400°F. Engrase un molde para panecitos o doce moldecitos individuales.

"Osterice" la leche con los huevos y la mantequilla derretida. Añádale el arroz y los ingredientes secos cernidos uniéndolo suavemente. Viértalo en los moldecitos. Hornéelos durante 25 minutos Salen 12 panecitos. Sírvalos con mantequilla y mermelada de fresa.

PANECITOS DE MAIZ

1 taza harina de maíz fina.	1 huevo
1 taza de harina.	1 taza de leche
½ cdta. de sal.	
2 cdas. azúcar blanca	2 cdas. mantequilla
4 cdtas. polvos Royal.	

Encienda el horno a 400°F. Engrase un molde para panecitos o doce moldecitos individuales.

Cierna las harinas con los polvos Royal, sal y azúcar. Bata el huevo con la leche y la mantequilla derretida. Añada esto a los ingredientes secos revolviéndolo sólo hasta que los ingredientes secos estén húmedos. Viértalo por cucharadas en los moldecitos. Hornéelos durante 25 minutos.

PANECITOS DE SOPA DE POLLO

2 tazas de harina.	¼ taza mantequilla
1 cda. azúcar blanca	derretida.
1 cda. polvos Royal.	
½ cdta. de sal.	1 huevo batido.
	1 lata sopa crema de pollo.

Encienda el horno a 400°F. Engrase con mantequilla 12 moldecitos de panecitos individuales.

Cierna la harina con el azúcar, Royal y sal. Una la sopa con el huevo y la mantequilla. Viértalo todo en el centro de los ingredientes secos y revuélvalo hasta que esté unido solamente. Póngalo por cucharadas en los moldecitos. Llene sólo los moldecitos hasta las dos terceras partes. Hornéelos durante 20 minutos. Sírvalos calientes con mantequilla.

PANQUECITOS DE ALMENDRAS

¼ lb. mantequilla	1 cdta. de vainilla.
½ taza azúcar blanca	2¼ tazas de harina.
1 huevo	½ cdta. de sal.

Relleno:

1 huevo	¼ lb. de almendras.
⅓ taza azúcar blanca	½ cdta. ralladura de limón.
¼ cdta. de sal.	¼ cdta. extracto almendras.

Encienda el horno a 325°F. Engrase un molde para panecitos o doce moldecitos individuales.

Bata la mantequilla añadiéndole poco a poco el azúcar, luego el huevo, la vainilla y por último la harina cernida con la sal. Vierta esta masa por cucharadas en moldecitos individuales (aprox. una y media a dos cucharadas para cada uno). Hágale una hondonada en el centro y póngale una cucharada de relleno a cada uno. Hornéelos durante 25 ó 30 minutos. Salen aproximadamente 12 panquecitos.

Relleno: Bata el huevo hasta que esté espumoso, añádale poco a poco el azúcar y la sal batiéndolo constantemente; añádale las almendras peladas y molidas (¾ taza), la ralladura de limón y el extracto de almendras.

PANQUECITOS DE NARANJA Y PASAS

2 tazas de harina.	2 huevos
1 cdta. polvos Royal.	⅓ taza de leche
1 cdta. de bicarbonato.	
1 cdta. de sal.	⅓ taza vino seco
¼ lb. mantequilla	2 cdas. de ralladura de naranja.
1 taza azúcar blanca	2 tazas pasas sin semillas.

Encienda el horno a 350°F.

Cierna los ingredientes secos. "Osterice" la mantequilla con el azúcar, huevos, leche, vino seco y ralladura de naranja. Añada esto a los ingredientes secos revolviéndolo suavemente hasta que esté unido. Agregue las pasas, las cuales debe polvorear de antemano con una cucharada de harina. Viértalo en moldecitos individuales engrasados o provistos de capacillos de papel (llene sólo las dos terceras partes). Hornéelos unos 25 ó 30 minutos.

Déjelos refrescar y báñelos con el siguiente azucarado:

1½ cda. mantequilla	1 cda. jugo de limón.
2 cdas. jugo de naranja.	1½ taza azúcar en polvo.

Ponga al fuego la mantequilla con los jugos de limón y naranja, cuando rompa el hervor añádale el azúcar en polvo batiéndolo hasta que esté cremoso. Salen 15 panquecitos aproximadamente.

COFFEE CAKES

Con el nombre de "coffee cakes" (cakes de café), se designa una gran variedad de panecillos rápidos o de levadura que se sirven con el café a la hora del desayuno. Esta es una receta sencilla y rápida de este tipo de panecillos.

Masa:

3 tazas de harina.	2 huevos
½ taza azúcar blanca	½ taza mantequilla
¼ cdta. de sal.	⅔ taza de leche
3½ cdtas. polvos Royal.	

Relleno:

¼ taza mantequilla	1 cdta. de canela.
½ taza azúcar blanca	1 taza pasas sin semilla.

Encienda el horno a 375°F. Engrase un molde cuadrado de 8 pulgadas.

Cierna la harina con el azúcar, sal y Royal. Bata los huevos con la mantequilla y la leche. Añada los ingredientes líquidos a los secos y amáselos ligeramente con un poco más de harina (no más de un cuarto de taza). Extienda la masa con el rodillo en forma rectangular (más largo que ancho) con aproximadamente un cuarto pulgada de espesor. Unte la masa con la mantequilla del relleno. Polvoréela con azúcar y canela. Extienda las pasas sobre la masa. Enrolle la masa como si fuera brazo gitano. Selle bien los bordes del rollo para que no se salga el relleno. Córtelo en nueve pedazos. Colóquelos en el molde de modo que la parte cortada quede hacia arriba. Hornéelos aproximadamente 30 minutos. Salen 9 coffee cakes.

Azucarado para los "coffee cakes":

Mezcle media taza de azúcar en polvo con una cucharada de agua o jugo de fruta. Cubra con estos los "coffee cakes" después de sacarlos del horno.

"Coffee cakes" individuales:

En vez de ponerlos todos en un solo molde, colóquelos en moldecitos individuales. Hornéelos aproximadamente 25 minutos.

"Coffee cakes" acaramelados:

Después de engrasar el molde de 8 pulgadas, ponga en el fondo la siguiente mezcla: 1 taza de azúcar prieta, un cuarto taza de mantequilla derretida y un cuarto taza de nueces picaditas. Hornéelos del mismo modo. Los acaramelados no se cubren con azucarado. Deben sacarse del molde antes que se enfríe el caramelo.

PANCAKES Y HOTCAKES
(Arepas)

Deliciosas tortas de harina propias para el desayuno, merienda o comida informal.

1¼ taza de harina.	1 huevo
1½ cdta. polvos Royal.	1¼ taza de leche
1 cda. azúcar blanca	
½ cdta. de sal.	2 cdas. mantequilla

Cierna la harina con el Royal, azúcar y sal. Bata el huevo con la leche y mantequilla derretida. Añádalo a la harina y mézclelo todo bien. Vierta la mezcla por cucharadas sobre una plancha caliente engrasada con mantequilla. Cuando empiece a burbujear vírela para que se dore del otro lado. Use aproximadamente un cuarto taza de mezcla para cada torta. Si desea que queden más finitas aumente la cantidad de leche. Salen aproximadamente 16. Sírvalas calientes con mantequilla y almíbar, melado o sirope de maple.

Si desea dejar la mezcla preparada de antemano aumente la cantidad de polvos Royal a dos cucharaditas.

Variaciones:

Arepas esponjosas:

A la receta básica añada media cucharadita de bicarbonato con los ingredientes secos. Use sólo una taza de leche a la cual debe añadir un cuarto taza de vino seco para que se corte. Bata la clara a punto de nieve y añádala como último ingrediente.

Arepas de nueces:

Añada a la receta básica un cuarto taza de nueces picaditas.

Arepas de arroz:

Añada a la receta básica media taza de arroz cocinado remojado desde la noche anterior en leche.

Arepas de queso:

Añada a la receta básica media taza de queso Patagrás Hacienda rallado.

Arepas de jamón:

Añada a la receta básica media taza de jamón dulce molido.

MAPLE SYRUP

El almíbar o sirope de arce conocido generalmente en nuestro medio como "sirope de maple" es usado en los Estados Unidos para servir con los waffles y hot cakes, también con las tostadas a la francesa. Es muy sabroso para servir con frituritas, torrejas y buñuelos.

2 tazas de agua.	1 cdta extracto de Maple
2 tazas azúcar blanca.	
1/8 cdta. de sal	1/2 cdta. vainilla.
1/8 cdta. jugo de limón.	

Ponga en una cacerola el agua, azúcar, sal y limón. Cocínelo durante unos cinco minutos o hasta que al tomar un poco con los dedos, peque ligeramente (230° F.). Bájelo del fuego. Añada extracto y vainilla. Da aproximadamente 3 tazas de sirope.

PAN DE PLATANO

1 taza pulpa de plátanos.	½ cdta. de sal.
1 cdta. jugo de limón.	½ cdta. de bicarbonato.
3 cdas. de leche	¼ lb. mantequilla
	1 taza azúcar blanca
2 tazas de harina.	2 huevos
1 cdta. polvos Royal.	½ taza nueces picaditas.

Para este pan puede usar plátanos Johnson o manzanos. Pele los plátanos, ábralos a la mitad, quíteles el corazón y aplástelos con un tenedor. Añádales el jugo de limón para que no se oscurezcan. La cantidad de platanitos que se necesitan para hacer una taza de pulpa, varía de acuerdo con el tamaño.

Encienda el horno a 350°F. Engrase un molde para pan de 9 x 5 x 3 pulgadas. "Osterice" la pulpa de plátano con la leche. Cierna la harina con Royal, sal y bicarbonato. Bata la mantequilla y añádale poco a poco el azúcar, después los huevos uno a uno y por último los ingredientes secos alternándolos con la mezcla de plátano y leche. Mézclelo todo bien sin batirlo. Añada las nueces, polvoreadas con una cucharadita de harina. Viértalo en el molde y hornéelo aproximadamente una hora, o hasta que al introducirle un palillo, salga seco.

PAN DE CIRUELAS

Hágalo como el pan de plátano, pero use una taza de ciruelas pasas cocinadas y picaditas en lugar de la pulpa de plátano. Use tres cuarto taza del agua o jugo de las ciruelas en lugar de leche.

WAFFLES

2 tazas de harina.	3 huevos
3 cdtas. polvos Royal.	1½ taza de leche
1 cdta. de sal.	
2 cdas. azúcar blanca	5 cdas. mantequilla

Cierna los ingredientes secos. Bata las yemas con la leche y la mantequilla derretida. Añádalas a los ingredientes secos. Mézclelo bien. Agregue las claras batidas a punto de nieve y envuelva bien la mezcla hasta que quede unida. Cocine esta mezcla en una plancha de waffles, siguiendo las instrucciones del fabricante. Sírvalos con mantequilla y almíbar, melado o sirope de maple. Da 6 raciones.

Variaciones a la Receta Básica:

Los waffles se pueden variar de distintas maneras, añadiendo a la receta básica otros ingredientes.

Waffles de chocolate:

Antes de añadir las claras, añádales a la mezcla dos pastillas de chocolate La Estrella ralladas y fundidas al baño de María y aumente la cantidad de azúcar de la receta a tres cucharadas.

Waffles de chocolate y nueces:

A la mezcla de waffles de chocolate añada media taza de nueces picaditas y media cucharadita de vainilla antes de añadir las claras.

Waffles de jamón:

Antes de añadir las claras, añádale a la mezcla básica media taza de jamón en dulce picadito.

Waffles de queso:

Antes de añadir las claras, añada a la mezcla básica una taza de queso Patagrás Hacienda rallado.

Waffles de bacon:

Fría cuatro tiras de bacon hasta que queden bien tostaditas. Sustituya dos cucharadas de mantequilla por dos cucharadas de la grasa del bacon y añada el bacon picadito a la mezcla básica, antes de añadir las claras.

PAN DE NARANJA

2¼ tazas de harina.	½ taza de pasas.
2 cdtas. polvos Royal.	2 cdas. mantequilla
1 cdta. de sal.	1 huevo
¾ taza azúcar blanca	1 cda. ralladura de naranja.
½ cdta. de bicarbonato.	¾ taza jugo de naranja.
½ taza nueces picaditas.	

Encienda el horno a 350°F. Engrase un molde para pan de 9x5x3 pulgadas. Cierna los ingredientes secos. Derrita la mantequilla. Mezcle la mantequilla con los huevos batidos, jugo y ralladura de naranja. Añada las pasas y las nueces a los ingredientes secos. Revuélvalo para que se mezclen bien. Agregue los demás ingredientes mezclados y revuélvalo hasta que los ingredientes secos estén húmedos pero *no los bata ni trate que la mezcla quede suave.* Viértalo todo en el molde. Hornéelo aproximadamente 1 hora y 10 minutos hasta que al introducir un palillo en el centro salga seco.

BISCUITS

2 tazas de harina.	4 cdas. mantequilla
3 cdtas. polvos Royal.	¾ taza de leche
1 cdta. de sal.	

Encienda el horno a 450°F. Engrase una tartera de aluminio. Cierna los ingredientes secos. Añada la mantequilla y córtela con un estribo hasta que esté como una boronilla. Agregue la leche y revuelva hasta que todo esté húmedo. Vierta esta masa sobre una tabla y amásela *muy ligeramente con la menor cantidad de harina posible* hasta que no pegue a los dedos. Extienda la masa con el rodillo hasta que tenga media pulgada de espesor. Corte la masa en redondeles de 1½ pulgada de diámetro usando un cortador polvoreado con harina. Coloque los biscuits en la tartera. Hornéelos aproximadamente 12 minutos. Salen 15 biscuits aproximadamente.

Biscuits de queso:

Antes de añadir la leche agregue a la receta básica media taza de queso Patagrás Hacienda rallado.

Biscuits de queso, aceitunas y pimientos:

Antes de añadir la leche agregue un cuarto taza de aceitunas rellenas con pimientos bien picaditos.

Biscuits de jamón:

Antes de añadir la leche agregue a la receta básica media taza de jamón dulce picadito.

Biscuits de bacon:

Fría tres tiras de bacon. Use una cucharada de grasa del bacon en lugar de una de las cucharadas de mantequilla y añádala con la leche. Antes de añadir la leche con la grasa del bacon, añada el bacon picadito.

Estas variedades de biscuits pueden cortarse con un cortador más chico y servirlas como saladitos. Cuando se cortan muy chiquitos hay que cuidar que no se quemen en el horno porque mientras más chicos, menos tiempo necesitan hornearse.

PANECITOS A LA CREMA

1 huevo	1⅓ taza harina
2 cdas. azúcar blanca	1 cda. polvos Royal.
1 cda. mantequilla	½ cdta. de bicarbonato.
1 taza de crema agria.	½ cdta. de sal.

Bata el huevo, añada el azúcar, mantequilla derretida y crema agria. Agregue los ingredientes secos cernidos, revuelva sólo hasta mezclarlo todo. Vierta la masa en moldecillos individuales engrasados. Hornéelos a 400°F. aproximadamente 20 a 25 minutos. Salen 12 panecitos.

PAN DE LECHE

2 tazas de leche	2 tazas de agua.
	2 pqtes. levadura activa
4 cdas. azúcar blanca	
4 cdtas. de sal.	12 tazas harina
5 cdas. de Crisco.	

Caliente la leche sin dejar que hierva. Añádale azúcar, sal y Crisco. Déjelo refrescar hasta que esté tibio. Caliente el agua hasta que esté tibia y disuelva en ella la levadura. Agregue la mezcla de leche y la mitad de la harina. Bátalo hasta que esté suave. Añada el resto de la harina y amáselo bien. Vierta la masa en una taza bola engrasada, cúbrala con un paño y déjela reposar en un lugar tibio, cerrado y sin corrientes de aire hasta que duplique su tamaño. Amáselo nuevamente. Divida la masa en dos porciones, colóquela en moldes de pan engrasado. Cúbralos con un paño y déjelos reposar aproximadamente una hora más. Hornéelos a 400°F. aproximadamente 50 minutos. Da 2 panes.

TOSTADAS MELBA

Corte el pan en rebanadas de un octavo pulgada de espesor. Tuéstelo a 325°F. durante 15 minutos o hasta que se vea ligeramente doradito. Vírelas una vez mientras las esté horneando. Sírvalas calientes o frías con sopas ensaladas o como base para saladitos.

Las tostadas Melba se hacen siempre con el pan del día anterior por lo menos, ya que el pan fresco no puede rebanarse en lascas tan finas. Pueden conservarse después de tostadas durante varios días en lata o pomo.

TRIANGULOS DE FRESAS

3 tazas harina
3 cdtas. de polvos Royal.
1 cdta. de sal.
¼ cdta. nuez moscada
¼ cdta. de bicarbonato.
½ cdta. canela
¼ lb. mantequilla
3 cdas. crema de leche.

1 cda. vino seco
1 huevo
½ taza mermelada de fresas.
½ cdta. ralladura de limón.
⅓ taza miel de abejas.
⅓ taza azúcar blanca
1 cdta. canela

Encienda el horno a 400°F.

Cierna dos tazas de harina con el Royal, sal, nuez moscada, bicarbonato y media cucharadita de canela en polvo. Añádale la mantequilla cortándola con un estribo hasta que esté como una boronilla fina. Agregue la crema de leche (cortada de antemano con el vino seco), el huevo batido, la ralladura de limón y la mermelada de fresas. Revuélvalo todo bien. Amáselo suavemente añadiéndole el resto de la harina hasta que no se pegue a los dedos. Extiéndalo con el rodillo a un espesor de media pulgada. Córtelo en triángulos de unas dos pulgadas. Coloque los triángulos sobre una tartera engrasada con mantequilla. Barnícelos con miel de abejas. Polvoréelos con azúcar y el resto de la canela. Hornéelos a 400°F. durante unos 10 ó 12 minutos. Salen 20 triángulos.

Postres helados

Los postres helados son ideales para nuestro clima. Aquí en Cuba pueden servirse todo el año y resultan siempre una forma deliciosa de aprovechar las frutas de la estación o la leche. Recuerde siempre que su refrigerador sirve no sólo para conservar los alimentos, sino que es, además, un magnífico auxiliar en la elaboración de sabrosos platos.

Para hacer helados debe poner siempre primero el refrigerador en el punto más frío, y enfriar en él todos los utensilios que necesite usar. Una vez que empiece a preparar el helado, debe trabajar rápidamente para evitar que la mezcla pierda frío. Es importante que los helados queden cremosos y para ello necesitan siempre alguna sustancia que impida que se cristalicen. En algunas recetas esto se logra mediante la grasa de la leche o la crema. En otras el huevo, ya sea entero, las yemas o las claras, realizan esta función. También la gelatina y las féculas como harina o maicena sirven para dar al helado una textura cremosa y suave, así como la consistencia necesaria para que puedan servirse en forma moldeada. Los helados que llevan una proporción adecuada de estos ingredientes pueden muchas veces prepararse sin necesidad de batirlos después de congelados. En las recetas de este capítulo se indica siempre cómo debe batirse cada helado.

Las mezclas de helados y otros postres de refrigerador que tienen exceso de azúcar no cuajarán bien. Una buena proporción es la de una parte de azúcar por cada cuatro partes de líquido o jugo de frutas.

Muchas recetas de postres helados llevan crema en vez de leche, y algunas recetas especifican crema fresca al 30%, mientras otras requieren simplemente crema de leche. Para evitar confusiones queremos explicar la diferencia que existe entre las distintas cremas. La crema de leche puede ser crema ligera (no homogeneizada) o la que se compra para añadir a postres. Esta es la crema que preferimos emplear para los cereales y el café. Esta crema contiene un 10% ó 20% de grasa.

La crema de leche que se usa para batir y que después de batida queda espesa, con consistencia suficiente para usarla en la decoración y adorno de muchos postres, tiene un por ciento de grasa mucho más alto, generalmente un 30%. El contenido de grasa que necesita una crema para poderse batir debe ser por lo menos el 28%. Sin embargo, las cremas que tienen menos de este tanto por ciento, así como la leche evaporada, pueden batirse y ser usadas para mezclarlas con los ingredientes de los postres y helados de refrigerador, siempre que se enfríen bien antes de batirlas.

La manera más fácil de batir la leche evaporada es echándola primero en una gaveta del refrigerador y poniéndola en el congelador hasta que esté congelada aproximadamente media pulgada de la leche alrededor del borde de la gaveta. Vierta entonces esta leche en una taza bola bien fría y bátala con un batidor de mano o batidora eléctrica hasta que se espese.

Le recomendamos ponga a enfriar la taza bola donde va a batir la leche evaporada o la crema y también el batidor o los batidores de la mezcladora eléctrica. En los días de excesivo calor, a la hora de batir la leche o la crema, póngala dentro de un recipiente de aluminio y colóquelo dentro de otro mayor que tenga pedazos de hielo. Así la crema o leche evaporada se mantendrá fría durante el tiempo que la esté batiendo. Esto es especialmente importante si usted bate la crema o la leche evaporada con un batidor de mano, ya que las mezcladoras eléctricas baten mucho más rápidamente y no dan tanto tiempo a que la crema o leche pierda frío.

La crema de leche para batir puede comprarse fresca en algunas lecherías. También hay en el mercado crema de leche esterilizada que puede conservarse en el mismo pomo durante muchos meses, siempre que se guarde en el refrigerador, y aun después de abierto el pomo se conserva aproximadamente diez días. Esta crema se puede usar exactamente igual que la crema fresca. Bate perfectamente y tiene el mismo sabor. Siempre debe agitar el pomo antes de usarla. No la guarde nunca en el congelador.

De estas cremas esterilizadas hay en el mercado dos tipos: una que tiene 30% de grasa y por lo tanto sirve para batir, y la otra que tiene un porcentaje menor y es del tipo llamado crema ligera. Cuando usted compre crema para batir, fíjese bien en el porcentaje de grasa que ésta tiene.

También hay en el mercado cremas que ya vienen batidas. Estas se envasan en recipientes metálicos cerrados a presión y cuando se oprime la parte de arriba del envase, la presión hace que la crema salga ya batida. Estas cremas tienen menos de un 30% de grasa y es precisamente la presión la que les da la consistencia que tienen al salir del envase. Resultan buenas para adornar postres y son muy prácticas para convertir cualquier postre corriente en uno más atractivo y sabroso. La pieza plástica que traen las latas de esta crema, así como la parte superior de la lata deben siempre lavarse cada vez que se usa la crema. Como las demás, debe guardarlas siempre en el refrigerador.

Existen muchos postres de refrigerador que se hacen a base de gelatina. Las gelatinas sin sabor deben usarse en proporción de un sobrecito (una cucharada) por cada dos tazas de líquido. Si se usan jugos de frutas ácidas en la preparación de las gelatinas, la proporción de líquido debe ser menor y se obtiene mejor resultado si se usa sólo 1¾ taza de líquido por cada sobre de gelatina.

Las gelatinas ya preparadas con sabor como las de fresa, frambuesa, naranja, etc., se preparan en esta misma proporción de dos tazas de líquido por cada paquete de gelatina, pero si el líquido incluye jugo de frutas ácidas, la gelatina cuajará mejor si usa sólo 1¾ taza de líquido.

Como regla general, recuerde que mientras mayor sea el molde, mayor deberá ser la concentración de gelatina y más tiempo requerirá para cuajarse.

Para que la gelatina cuaje más pronto, caliente sólo la mitad del líquido para disolverla y añada después el resto del líquido frío. Recuerde que tanto la piña fresca como su jugo deben calentarse antes de mezclarlos con gelatina, ya que la piña fresca contiene una sustancia que impide que cuaje la gelatina.

Para desmoldar cualquier gelatina, desprenda los bordes con un cuchillo afilado, sumerja el molde en agua tibia, no caliente, durante medio minuto aproximadamente. El agua debe llegar casi hasta el borde del molde. Voltée entonces la gelatina sobre el plato o fuente que desee. Para poder mover la gelatina después que se ha volteado sobre el plato, si ésta no quedó en el mismo centro, humedezca primero la superficie del plato antes de voltear la gelatina. De este mismo modo se desmoldan muchos postres de refrigerador como las charlotas, cakes helados, etc., que se preparan a base de gelatina.

También pueden considerarse como postres de refrigerador los llamados pasteles chiffón y similares que se preparan en conchas hechas con galleticas molidas y que tienen relleno a base de cremas, helados o gelatinas.

Para estos pasteles la proporción de ingredientes para la concha fría es de 1¼ taza de galleticas molidas por ½ taza de mantequilla derretida y de dos a cuatro cucharadas de azúcar, de acuerdo con la clase de galletas que se emplee. Estas cantidades alcanzan para un molde de pastel de nueve pulgadas.

Los postres de refrigerador resultan mucho más sabrosos si se les permite estar por lo menos una hora o dos más en el refrigerador después que estén cuajados. Esto permite que el sabor de los distintos ingredientes se acentúe más.

MANTECADO

6 yemas.
1 taza azúcar blanca
1 taza de leche

2 cdas. de harina.
¼ cdta. de sal.
⅛ cdta. de canela.

2 cdas. de vainilla.

3 claras.
4 cdas. azúcar blanca

1 lata leche evaporada.

Ponga a enfriar la leche evaporada en una gaveta del refrigerador. Bata las yemas con el azúcar hasta que estén bien espesas. "Osterice" la leche con la harina, sal y canela. Añádala a las yemas. Cuélelo todo y póngalo al baño de María revolviendo constantemente hasta que espese. Añádale la vainilla y déjelo refrescar. Bata las claras a punto de nieve añadiéndoles poco a poco el azúcar. Agrégueles poco a poco la crema de huevo ya fresca. Viértalo todo en una gaveta del refrigerador y déjela enfriar. Cuando ya la leche evaporada esté bien congelada viértala en una taza bola y bátala hasta que esté bien espesa y cremosa. Añádale la otra mezcla fría y bátalo hasta unirlo todo. Viértalo en dos gavetas de refrigerador y déjelo enfriar nuevamente hasta que cuaje. Aproximadamente 2 horas. Da 8 raciones.

HELADO DE CHOCOLATE

½ lb. chocolate tipo francés de | ¼ cdta. de sal.
1½ taza azúcar blanca | 2 tazas de leche
2 cdas. de maicena. | 1 cda. de vainilla.
2 yemas. | 1 lata leche evaporada.

Ponga a enfriar la leche evaporada en el congelador.

Ralle el chocolate y mézclelo con el azúcar, maicena, yemas y sal. Añada la leche de vaca. Cuélelo todo y póngalo en una cacerola al fuego revolviendo constantemente hasta que espese. Añada la vainilla y déjelo enfriar bien. Bata la leche evaporada hasta que esté espesa. Añádale la crema de chocolate y bátalo todo hasta unirlo. Viértalo en dos gavetas de refrigerador y déjelo enfriar hasta que cuaje, aproximadamente dos horas. Da 12 raciones.

HELADO DE FRESAS

1 lata leche evaporada. | 1 taza mermelada de fresas.
1 pqte. gelatina de fresas Royal. | 1 taza crema para batir.
½ taza de agua. | 1 taza fresas frescas o congeladas.

Vierta la leche evaporada en una gaveta del refrigerador y déjela enfriar hasta que esté congelada una pulgada alrededor del borde. Mientras se enfría la leche, caliente el agua y disuelva en ella la gelatina y la mermelada de fresas. (Si usa fresas congeladas puede usar el líquido de las mismas). Cuando ya la leche evaporada esté bien fría, bátala hasta que esté espesa. Añádale la mezcla de fresas *que ya debe estar a la temperatura ambiente.* Póngalo en las gavetas del refrigerador y déjelo aproximadamente media hora. Sáquelo de las gavetas, vuélvalo a batir y añádale la crema batida y las fresas. Viértalo nuevamente en las gavetas y déjelo enfriar hasta que cuaje. Aproximadamente 2 horas. Da 4 tazas.

HELADO DE CARAMELO

¾ taza azúcar blanca | ⅛ cdta. de sal.
2¼ tazas de leche | 1 cdta. de vainilla.
 | 1 lata leche evaporada.
2 cdas. de maicena. |

Ponga el azúcar al fuego en una cacerola, moviéndola constantemente hasta que se derrita y tome color de caramelo. Añádale 2 tazas de leche caliente, poco a poco, revolviendo constantemente. Agregue la maicena y la sal disueltas en ¼ taza de leche fría. Déjelo al fuego revolviéndolo hasta que tome espesor de crema. Agregue la vainilla y déjelo enfriar. Bata la leche evaporada y añádale la mezcla anterior. Póngalo en el congelador durante 2 horas por lo menos a la temperatura más fría.

HELADO DE NARANJAS

2 cdtas. gelatina sin sabor.	½ taza jugo de limón.
¼ taza de agua.	2 tazas jugo de naranja.
1¼ taza azúcar blanca	1½ cdta. ralladura de naranja.
1 taza de agua.	2 claras de huevo

Remoje la gelatina en un cuarto taza de agua. Ponga al fuego el resto del agua con el azúcar y unas gotas de jugo de limón. Déjelo hervir cinco minutos. Agregue la gelatina revolviendo hasta que se disuelva. Añada los jugos de frutas y la ralladura. Déjelo enfriar en el congelador hasta que cristalice. Sáquelo de la gaveta. Bátalo bien. Añada las claras batidas a punto de nieve. Unalo todo bien. Póngalo a enfriar nuevamente en las gavetas del refrigerador durante un par de horas. Puede hacerse sin añadir las claras y quedará como sorbete o granizado. Da 6 raciones.

HELADO DE PIÑA

Hágalo como el anterior. Use jugo de piña en vez de jugo de naranja y limón. Si usa jugo de piña fresca, debe calentarlo primero.

HELADO DE NARANJA-PIÑA

Hágalo del mismo modo. Use partes iguales de jugo de naranja y piña. Caliente primero el jugo de piña.

HELADO MERENGADO

1½ taza helado de vainilla, fresa, chocolate, etc.	3 claras.
	6 cdas. azúcar blanca

Haga un merengue con las claras y el azúcar. Mézclelo con el helado. Vuélvalo a poner en la gaveta hasta que endurezca.

MAMEYES GLACE

3 tazas pulpa de mamey.	1 cda. gelatina sin sabor.
1 taza azúcar blanca	¼ taza de agua.

Utilice aproximadamente seis mameyes chiquitos. Córtelos a la mitad. Quíteles la pulpa con cuidado de no romper las cáscaras.

Pase la pulpa de mamey por un colador. Haga un almíbar con el azúcar y ¼ taza de agua. Remoje la gelatina en el agua. Mezcle la pulpa de mamey con el almíbar. Añádale la gelatina derretida a baño de María. Puede disminuir o aumentar la cantidad de azúcar con el sabor del mamey. Rellene con esto aproximadamente 6 mitades de cáscara. Póngalos en el congelador hasta que cuaje el relleno. Da 6 raciones.

HELADO DE CHOCOLATE RAPIDO

1 pqte. pudín chocolate Royal.   2 latas leche evaporada.
¼ taza azúcar blanca

Ponga a enfriar una lata de leche evaporada en el congelador. Prepare el pudín con el azúcar y una lata de leche evaporada, siguiendo las instrucciones del paquete. Déjelo enfriar. Bata la leche evaporada hasta que espese. Añádale el pudín de chocolate frío. Bátalo hasta unirlo y viértalo en dos gavetas de refrigerador. Déjelo enfriar hasta que cuaje. Da aproximadamente 12 raciones. Este helado puede servirse batido antes de volverlo a cuajar en copas altas como frozen.

PARFAIT DE CHOCOLATE

¾ taza azúcar blanca   3 pastillas chocolate
¾ taza de agua.   2 tazas crema para batir.
3 claras de huevo   2 cdtas. de vainilla.
⅛ cdta. de sal.

Ponga el agua y el azúcar al fuego hasta que el termómetro de almíbar marque 238°F.

Vierta este almíbar poco a poco sobre las claras batidas a punto de nieve y continúe batiendo hasta que se refresque. Añada la sal mientras esté batiendo. Agregue el chocolate "osterizado" y fundido al baño de María, únalo bien. Añada la crema batida y la vainilla uniéndolo todo y póngalo en la gaveta del refrigerador al punto más frío.

Sírvalo en copas altas con sirope de chocolate y crema batida, adornado con guinda. Da 4 raciones.

PARFAIT DE CARAMELO Y CAFE

1½ taza de leche   2 yemas de huevo
                                ⅛ cdta. de sal.
1 cda. café fuerte ó 1 cdta. de 1 cdta. de vainilla.
                                1½ taza crema para batir.
1 taza azúcar blanca

Ponga media taza de azúcar en una cacerola. Revuélvala hasta que se haga caramelo. Añádale la leche caliente y el café (si usa Nescafé, disuélvalo primero en la leche). Déjelo al fuego hasta que el caramelo se derrita. Bata las yemas con el resto del azúcar y la sal. Añádale poco a poco la mezcla caliente. Póngalo todo nuevamente al fuego, revolviéndolo constantemente hasta que espese ligeramente. Bájelo del fuego y échele la vainilla. Déjelo refrescar. Viértalo en la gaveta del refrigerador. Cuando empiece a cuajar, échelo en una taza bola *bien fría*. Bátalo y añada la crema batida. Mézclelo todo bien. Vuélvalo a poner en el refrigerador hasta que esté cuajado.

Sírvalo en copas altas. Da 4 raciones.

PANETELA ALASKA

1 panetela o cake de ½ pulg. de espesor.	¾ cdta. cremor
	12 cdas. azúcar blanca
1 pinta de helado.	1 cdta. vainilla
6 claras de huevo	

Encienda el horno a 450°F.

Corte la panetela o cake de modo que resulte aproximadamente una pulgada más ancho que el pedazo de helado. Bata las claras con el crémor y añádale poco a poco el azúcar hasta lograr un merengue de buen punto. Añada la vainilla.

Coloque la panetela sobre una tabla forrada con papel de estraza. Ponga el helado (debe estar muy duro) sobre la panetela. Cúbralo todo con el merengue. Hornéelo todo hasta que el merengue se dore ligeramente. Sírvalo inmediatamente. Da 10 raciones.

La Panetela Alaska es un postre muy fácil de hacer. Sólo es necesario recordar que el helado debe estar muy frío, casi congelado para que no se desbarate en el horno.

La panetela Alaska se puede hacer con cualquier sabor o combinaciones de helado. Si lo desea puede bañarlo todo con licor y prenderle un fósforo. También puede hacerse en forma individual y resulta más fácil de servir. Debe servirse siempre inmediatamente.

Variaciones de la Panetela Alaska

Use panetela de chocolate. Ponga el helado entre dos capas de panetela, cúbralo todo con merengue. Polvoréelo con almendras picaditas y hornéelo como el anterior.

Use panetela de naranja con helado de vainilla. Añádale dos cucharadas de jugo de naranja al merengue. Después de horneado, báñelo con Apricot Brandy.

ROLLO HELADO DE CHOCOLATE

1 taza azúcar en polvo.
4 cdas. de harina.
3 cdas. cocoa amarga
½ cdta. de sal.
5 yemas.
5 claras.

1 cdta. de vainilla.
1 pinta de helado de chocolate o vainilla. (Una pinta es aproximadamente lo que cabe en una gaveta de refrigerador de tamaño corriente, o sea, 2 tazas).

Encienda el horno a 400°F. Engrase un molde de panetela de 15½x10½x1 pulgada. Cubra el fondo del molde con papel encerado y engrase el papel:

Humedezca un paño de cocina limpio.

Cierna el azúcar en polvo con la harina, cocoa y sal. Bata las yemas hasta que estén espesas y de color amarillo clarito (aproximadamente 5 minutos). Añada a las yemas los ingredientes secos y envuélvalo todo suavemente, *sin batir*. Bata las claras a punto de nieve. Añádalas a la mezcla anterior envolviendo suavemente *sin batir*. Agregue la vainilla y viértalo en el molde. Hornéelo 15 minutos. Al sacar la panetela del horno, voltéela sobre el paño húmedo. Desprenda con cuidado el papel encerado. Recorte los bordes de la panetela y enróllela en el paño. Déjela así hasta que se refresque.

Cuando esté fresca, desenvuélvala y extienda el helado sobre la panetela. Vuélvalo a enrollar y envuélvalo en papel de aluminio o papel encerado. Póngalo en el congelador durante un par de horas hasta que el helado se endurezca nuevamente. Sírvalo cortado en ruedas. Da 8 raciones.

NOTA: El helado debe tener consistencia cremosa para que sea fácil extenderlo. La capa de helado debe ser de media pulgada de espesor por lo menos.

ROLLO HELADO DE FRESAS

Haga una panetela igual a la del rollo helado de chocolate, pero en lugar de la cocoa use dos cucharadas más de harina, o sea, seis cucharadas de harina en total.

Use helado de fresas y a la hora de servirlo vierta una cucharada de fresas frescas o en conserva sobre cada porción y si lo desea también crema batida.

Estos rollos helados pueden combinarse de diferentes formas variando los helados y los acompañantes de frutas o siropes.

SALSA DE ALTEA

½ taza azúcar blanca   24 pastillas de altea.
1 taza de agua.   ½ cdta. de vainilla.

Ponga al fuego el agua y el azúcar durante cinco minutos. Añádale las pastillas de altea. Revuélvalo hasta que estén derretidas. Bájelo del fuego y añádale la vainilla. Da 2 tazas aproximadamente.

SALSA DE CHOCOLATE Y ALTEA

½ taza de leche   ⅛ cdta. de sal.
     32 pastillas de altea.
3 pastillas chocolate

"Osterice" la leche con el chocolate y la sal. Póngala al fuego con las pastillas de altea hasta que estén derretidas. Sírvala tibia sobre los helados. Da 2 tazas aproximadamente.

SIROPE DE CHOCOLATE
(Para batidos, chocolate caliente o para servir con helados)

½ lb. chocolate   1 taza azúcar blanca
1 taza de agua.   ½ cdta. de sal.

"Osterice" el chocolate con el agua, azúcar y sal. Póngalo todo al fuego unos cinco minutos, moviéndolo constantemente de un lado a otro, pero no lo revuelva. Déjelo enfriar y guárdelo en pomos. Para hacer batidos añádale leche fría, azúcar, hielo picado y helado de chocolate si lo desea. Para preparar una taza de chocolate añádale una taza de leche caliente y una o dos cucharadas de sirope. Agregue más azúcar, crema batida o altea a gusto. Para servirlo sobre helados úselo tal y como está.

SIROPE DE CARAMELO PARA SERVIR CON HELADOS

1½ taza azúcar blanca   8 ó 10 gotas de limón.
¾ taza de agua.

Ponga media taza de azúcar al fuego, revolviendo hasta que tome color de caramelo y esté derretida. Agregue el agua, el resto del azúcar y las gotas de limón. Déjelo hervir hasta que tenga punto de hebra (230°F.). Sírvalo frío sobre el helado.

SALSA DE MARSHMALLOW

1 taza azúcar blanca
½ taza de agua.
16 pastillas de altea (¼ lb.).

1 cdta. vainilla
2 claras de huevo

Ponga al fuego el agua con el azúcar y déjela hervir cinco minutos (230°F.). Añada las pastillas de altea picaditas y revuélva hasta que las pastillas se derritan. Añada esta mezcla caliente a las claras batidas a punto de nieve batiéndolo constantemente. Añada la vainilla. Sírvala caliente o fría sobre postres, pudines o helados. Puede guardarse en el refrigerador durante varios días. Si con el frío se endurece demasiado, déjela un rato a la temperatura ambiente o suavícela con unas gotas de agua o leche caliente. Da aproximadamente 2 tazas.

SALSA DE CHOCOLATE

3 pastillas chocolate
2 tazas de leche

1½ cda. de harina.

⅔ taza azúcar blanca
⅛ cdta. de sal.
2 cdas. mantequilla
1 cdta. de vainilla.

"Osterice" el chocolate con la leche, harina, azúcar y sal. Póngalo al baño de María y revuélvalo constantemente hasta que espese. Añada la mantequilla y la vainilla. Revuelva hasta que se derrita la mantequilla. Sírvala fría o caliente sobre pudines, helados, panetelas, etc. Puede guardarse en el refrigerador durante varios días. Da aproximadamente 2 tazas.

CAKE HELADO DE QUESO

2 cdas. gelatina sin sabor.
¾ taza azúcar blanca
¼ cdta. de sal.
2 yemas de huevo
1 taza de leche

1 cdta. ralladura de limón.

1 cdta. de vainilla.
1 cda. jugo de limón.
1½ lb. queso crema (tres tazas).

1 taza crema para batir.
2 claras.
4 cdas. azúcar blanca

Cubierta:

¼ taza galletas María molidas.

¼ taza galletas chocolate molidas.

2 cdas. mantequilla
1 cda. azúcar blanca
¼ cdta. de canela.
¼ cdta. nuez moscada.

Forre un molde de aro movible de 8 pulgadas con papel encerado.

Una la gelatina con el azúcar y la sal, añádale las yemas batidas con la leche y póngalo al baño de María revolviéndolo constantemente hasta que espese (10 minutos). Bájelo del fuego, añádale la ralladura de limón y déjelo refrescar. Añádale la vainilla y el jugo de limón. Bata el queso y añádale poco a poco la mezcla anterior ya fresca, batiendo bien hasta que esté todo cremoso. Añádale la crema batida alternando con las claras batidas a punto de nieve con las cuatro cucharadas de azúcar. Al añadir las claras y la crema, doble suavemente la masa para que no pierda el aire. Viértalo en el molde.

Para la cubierta una la mantequilla derretida con la canela en polvo, la nuez moscada y azúcar, añádale la mitad de esta mezcla al polvo de galletas de chocolate y el resto al polvo de galletas de María. Cubra el cake con estas dos mezclas de galletas en forma alterna de manera que queden cuatro triángulos de chocolate y cuatro de María. Da 16 raciones.

MOUSSE DE CHOCOLATE

½ lb. chocolate tipo francés	6 huevos
	1 taza azúcar blanca
½ lb. mantequilla	½ cdta. de vainilla.

Ralle el chocolate y póngalo al baño de María con la mantequilla. Bata las claras a punto de nieve, añádale poco a poco el azúcar, yemas y vainilla. Siga batiendo hasta que la mezcla esté bien espesa. Añada la mezcla de chocolate y mantequilla, pero no lo bata, envuélvalo suavemente. Viértalo todo en una dulcera y déjelo enfriar bien antes de servirlo. Puede adornarlo con crema batida, almendras, etc., si lo desea. Da aproximadamente 8 raciones.

GELATINA DE QUESO

| 1 pqte. gelatina Royal de fresas. | 2 tazas de agua caliente. |
| ½ taza azúcar blanca | 2 quesos crema de 2 onzas |

Disuelva la gelatina y el azúcar en el agua caliente. Bata la gelatina con el queso crema hasta que todo esté bien mezclado. Vierta la mezcla en moldes o copas individuales y déjela enfriar hasta que cuaje. Sírvala adornada con frutas y crema batida al gusto. Da 6 raciones.

CAKE HELADO DE PIÑA

1 cda. gelatina sin sabor.	1/4 taza almendras picaditas.
1/4 taza de agua.	3 claras de huevo.
1 lata No. 2 piña triturada.	2 tazas crema para batir.
1 taza azúcar blanca	1 panetela ó 24 polcas.
1/2 taza guindas picaditas.	

Forre un molde cuadrado de 8 pulgadas con papel encerado y cubra el fondo con polcas o panetela.

Remoje la gelatina en el agua. Escurra el almíbar a la piña y póngalo a calentar. Disuelva la gelatina y el azúcar en el almíbar caliente. Déjelo refrescar hasta que tenga consistencia de clara de huevo *sin dejar que se cuaje*. Añádale las guindas, almendras tostadas y piña escurrida. Agregue las claras batidas a punto de nieve y por último la crema también batida. Al añadir las claras y la crema, envuélvalo todo *sin batir*. Vierta la mezcla en el molde. Cúbrala con el resto de las polcas o panetela. Si lo desea puede poner polcas o panetela a los lados del molde o entre dos camadas de la mezcla. Déjelo en el refrigerador hasta que cuaje. Desmóldelo. Quítele el papel y adórnelo con ruedas de piña. Da 12 raciones. Resulta más sabroso si se prepara de un día para otro de modo que esté 24 horas en el refrigerador.

PASTEL CHIFFON DE CHOCOLATE

Concha:

1 taza galletas María molidas.	2 cdas. azúcar blanca
1/2 taza nueces molidas.	3 cdas. mantequilla derretida.

Relleno:

1 cda. gelatina sin sabor.	3 huevos
1/4 taza de agua.	1/8 cdta. de sal.
3 pastillas chocolate	1/2 taza azúcar blanca
1 taza de leche	1 cdta. de vainilla

Prepare primero la concha: Una el polvo de galletas con las nueces, el azúcar y la mantequilla, póngalo en un molde de 9 pulgadas y déjelo enfriar bien.

Relleno: Remoje la gelatina en el agua. Ponga al baño de María el chocolate "osterizado" con la leche. Cocínelo hasta que el chocolate esté derretido y bien unido a la leche. Añada la gelatina y revuélvalo hasta que se disuelva. Bata las yemas con un cuarto taza de azúcar y añádales la mezcla de chocolate. Déjelo refrescar hasta que empiece a cuajar. Añádale las claras batidas con el otro cuarto taza de azúcar y la vainilla. Viértalo en la concha y póngalo en el congelador hasta que cuaje. Sírvalo adornado con crema batida. Da 8 raciones.

CHARLOTA RUSA

2 tazas de leche	1 taza azúcar blanca
	¼ cdta. de sal.
1 rama de canela.	4 yemas.
2 cdas. gelatina sin sabor.	6 cdas. apricot brandy.

24 bizcochos (aproximadamente).

2 tazas crema para batir.	4 claras.

Caliente la leche con la canela hasta que empiece a hervir. Mezcle la gelatina con el azúcar, sal y yemas. Añádale poco a poco la leche caliente. Cuélela y cocínela al baño de María sobre agua caliente, *no hirviendo*. Revuelva constantemente hasta que espese ligeramente. Añádale tres cucharadas de apricot brandy. Déjela refrescar hasta que empiece a cuajar y al tomar un poco con la cuchara monte ligeramente. *No lo deje cuajar demasiado porque entonces no se mezclará bien con los demás ingredientes.*

En lo que se refresca la crema de huevo, prepare el molde. Puede usar un molde de 9x4 pulgadas de fondo movible o un molde de gelatina que tenga capacidad para dos litros aproximadamente. Si usa un molde de fondo movible cúbrale el fondo con papel encerado. Coloque parte de los bizcochos en el fondo del molde, formando un diseño atractivo. Ponga el resto de los bizcochos alrededor del molde. Bañe los bizcochos con el resto del apricot brandy.

Cuando ya la crema de huevo esté fresca y *ligeramente cuajada*, bata la crema de leche hasta que esté espesa. Bata las claras a punto de nieve con cuidado de no batirlas demasiado para evitar que se sequen. Añada a las claras la crema de huevo y envuelva ambas suavemente. Añada por último la crema batida también envolviendo o doblando la mezcla suavemente, *sin batir*. Viértalo todo en el molde y póngalo en el refrigerador durante una hora aproximadamente o hasta que cuaje. Desmóldela y si lo desea adórnela con más crema batida. Da 12 raciones.

NOTA: Para colocar bizcochos o polcas alrededor del molde, córteles un pedacito de la punta para que quede una superficie plana y se paren mejor. La crema de charlota rusa queda también muy sabrosa si se coloca en un molde entre camadas de cake o panetela y se deja enfriar para cortarla como cake helado.

BAVAROIS
(Receta Básica)

Crema bávara o bavarois son unas cremas ligeras que cuajan con gelatina. Al igual que los demás postres de gelatina pueden combinarse con frutas frescas o en conserva, añadiéndolas siempre cuando ya se añade la crema batida para evitar que se vayan al fondo. También pueden moldearse estas cremas entre camadas de bizcochos, panetela o galleticas dulces molidas. Si desea moldearlas entre camadas de panetela o bizcochos forre el molde con papel encerado para que sea más fácil desmoldarlas.

1½ cda. gelatina sin sabor.	2 huevos
¼ taza de agua.	1 taza azúcar blanca
2 tazas de leche	1 cdta. de vainilla.
	1 taza crema para batir.
¼ cdta. de sal.	

Remoje la gelatina en el agua. Caliente la leche con la sal. Separe las claras de las yemas. Bata las yemas con el azúcar. Añádale a las yemas la leche caliente y póngalo todo nuevamente al fuego lento revolviendo constantemente hasta que espese ligeramente y la crema pinte la cuchara. Agregue la gelatina y revuelva hasta que se disuelva. Añádale la vainilla. Déjelo enfriar hasta que empiece a cuajar. Bata las claras a punto de nieve y añádalas envolviéndolas suavemente. Agregue por último la crema batida. Viértalo en un molde de gelatina o en moldecitos individuales. Déjelo enfriar bien hasta que cuaje. Desmóldelo y adórnelo con frutas y crema batida si lo desea.

Bavarois de chocolate:

Añádale dos tercios taza de cocoa amarga al azúcar antes de batirla con las yemas. Aumente media taza de azúcar a la receta anterior.

Bavarois de fresa:

Añádale una taza de mermelada de fresas en lugar de azúcar. Use sólo una cucharadita de vainilla.

Bavarois praliné:

Añádale una taza de polvo praliné de almendras (vea pág. 290) y dos cucharadas de Kirsch al agregar la crema batida.

Sandwiches

S on tantas las variedades de sandwiches y bocaditos que se pueden hacer, que casi podemos asegurar que las recetas suman miles y miles. Pero a la hora de prepararlos, debemos aprovechar los ingredientes que tenemos en casa, especialmente si esos sandwiches son para una merienda o comida informal donde habrá pocos comensales.

A veces nos sobra un pedazo de carne o pescado de alguna comida, y se pasa uno o dos días en el refrigerador, sin que nadie se lo coma; después, ya reseco y viejo, acabamos por botarlo. Eso no debe sucederle a usted. Aprovéchelo, muélalo y mézclelo con mayonesa o queso crema, añádale un poco de mostaza o salsa de tomate, quizás algún pepinillo picadito o un poco de cebolla picadita y ya tiene una sabrosa pasta para untarle al pan o a las galletas cuando lleguen los muchachos del colegio. Y por supuesto, guárdele un poco a su esposo para cuando llegue del trabajo... le encantará esa pasta con galleticas y una Hatuey bien fría.

Si muchas son las combinaciones de pastas que se pueden hacer en la casa, más quizás son las pastas ya preparadas que podemos comprar y tener a mano para una ocasión imprevista: jamón del diablo, pasta de anchoas, foie-grás, pastas de queso de variados sabores, embutidos, sardinas, etc.

Además de los bocaditos salados que se sirven de aperitivos y de los sandwiches más sustanciosos, hay una gran variedad de bocaditos y sandwiches dulces que resultan especialmente del agrado de los muchachos para tomar con leche fría y de los mayores para saborear con refrescos, jugos de fruta, té o café.

Cuando usted prepare bocaditos, tenga en cuenta que los bocaditos que se preparan con pastas a base de mayonesa deben ser los que se vayan a comer dentro de una hora, porque si no la mayonesa ablanda demasiado el pan. Si los bocaditos se preparan con mucha anticipación es mejor hacer una pasta a base de queso crema o mantequilla que con el frío del refrigerador se endurece y no ablanda el pan.

Cuando haga pastas de bocaditos con queso crema o mantequilla, use éstos a la temperatura ambiente para que resulte más fácil mezclarlos con los otros ingredientes. Si usa pepinillos, aceitunas o cebolla picadita, escurra bien el vinagre o jugo de los mismos antes de añadirlos a la pasta, para evitar que el exceso de líquido afloje demasiado la pasta.

Use siempre un cuchillo bien afilado para cortar los bocaditos y para quitarle la corteza al pan, si lo desea.

Si va a servir la pasta con galleticas, es mejor dejar que cada comensal se sirva a sí mismo, porque las galleticas pierden su consistencia tostadita si se dejan mucho rato untadas con pasta. Coloque la pasta en un pozuelito y rodéelo de galleticas de modo que cada uno se sirva a su gusto.

BOCADITOS DE BONITO

1 lata bonito en aceite	1 cdta. de aceite.
½ taza salsa de tomate catsup.	2 quesos crema Hacienda de 6 oz.
2 cdtas. de mostaza.	2 lbs. pan de molde.
2 cdas. de leche	

"Osterice" el bonito con la salsa de tomate, mostaza, leche y aceite. Bata el queso hasta que se ablande y agregue los demás ingredientes. Untelo en el pan y forme los bocaditos.

PASTA DE SARDINAS

1 lata de sardinas.	1 cdta. de vinagre.
1 taza mayonesa	2 huevos duros picaditos.
1 cda. de mostaza.	

Aplaste las sardinas con un tenedor y añádales los demás ingredientes. Unalo todo bien hasta obtener una pasta suave. Untela en el pan o sírvala con galleticas.

PASTA DE JAMON DEL DIABLO Y ACEITUNAS

12 aceitunas.
⅛ lb. mantequilla
2 laticas jamón del diablo.

2 quesos crema
½ taza mayonesa

Pique bien las aceitunas. Una todos los ingredientes y sírvala con galleticas o úntela en pan de molde y forme bocaditos.

PASTA DE QUESO Y ALMENDRAS

¼ taza almendras saladas.
2 tiras bacon fritas.
1 cdta. cebollitas encurtidas.

½ taza mayonesa
¼ cdta. de sal.
1 taza queso rallado.

Pique bien las almendras, el bacon y las cebollitas. Una bien todos los ingredientes hasta formar una pasta y úntela en rebanadas finas de pan para formar bocaditos.

PASTA DE QUESO

½ lb. queso
4 cdas. mantequilla
2 tazas de leche

4 cdas. de harina.

1 cdta. de sal.
¼ cdta. de mostaza.
¼ cdta. de pimienta.
1 cdta. salsa inglesa.
2 huevos

Muela el queso en la Osterizer.

Derrita la mantequilla en la parte superior de una cacerola para baño de María, añádale la leche osterizada con la harina, sal, mostaza, pimienta y salsa inglesa. Cocínela al baño de María, revolviendo constantemente hasta que espese ligeramente. Bata los huevos y échele poco a poco la salsa caliente. Ponga en la Osterizer la mitad de la salsa con la mitad del queso y osterícelo hasta que el queso esté completamente desleído en la salsa. Haga lo mismo con el resto de la salsa y el queso. Vuélvala a poner al baño de María y cocínela sobre agua caliente, no hirviendo, revolviendo constantemente hasta que espese bien. Déjela refrescar tapada y guárdela en pomos en el refrigerador. Puede durar aproximadamente una semana. Da 3 tazas.

Esta pasta se puede servir fría para untar en galleticas, o caliente como una salsa de queso sobre tostadas o vegetales.

PASTA DE QUESO Y JAMON

Añádale a la pasta anterior taza y media de jamón dulce molido.

BOCADITOS DE HUEVO

Pasta:

6 huevos duros picaditos.
2 quesos crema de 6 oz.
3 cdas. mayonesa

½ cdta. de sal.

1 lb. pan de leche.

Mezcle todos los ingredientes de la pasta y unte las rebanadas de pan uniéndolas de dos en dos. Córtelos en triángulos. Da 16 bocaditos grandes ó 32 pequeños.

BOCADITOS ENROLLADOS

2 lbs. pan de molde.

2 quesos crema de 6 oz.
1 lata bonito en aceite
¼ cdta. de sal.

2 cdas. de catsup.
1 cdta. de mostaza.

1 pomo grande de aceitunas rellenas con pimientos (aproximadamente 1 lb.).

Corte el pan a la mitad, quítele la corteza y corte cada mitad en lascas largas que tengan aproximadamente un cuarto pulgada de espesor. Mezcle los ingredientes de la pasta. Extienda la pasta sobre cada lasca de pan. Coloque tres aceitunas en el extremo de cada lasca y enrolle el pan sobre las aceitunas como si fuera un brazo gitano. Coloque los rollitos de tres en tres en papel encerado. Envuélvalos y guárdelos en el congelador un par de horas por lo menos. Quite el papel a los rollitos. Córtelos en rueditas de aproximadamente un cuarto pulgada de espesor. Salen aproximadamente 125 bocaditos.

NOTA: El pan podrá cortarse mejor en una rebanadora eléctrica como las que se utilizan para rebanar quesos y jamón. Pida que le corten el pan en el mismo establecimiento donde lo compra ya que le será más fácil que tratar de hacerlo con un cuchillo. El pan debe ser muy fresco y si usted no hace los bocaditos en el momento de comprar el pan, procure mantenerlo bien envuelto en papel encerado para que no se endurezca. Si el pan se endurece puede humedecerse ligeramente con agua o leche pero es mejor hacer los bocaditos con el pan fresco.

Puede variar el relleno haciéndolo de otras pastas propias para bocaditos. Use una pasta que no sea blanca como el pan, para que al cortar los bocaditos se vea contraste de color.

BOCADITOS LINDOS

1 taza masa de pollo cocinado.
½ taza mayonesa
1 pepino encurtido picadito.
2 huevos duros picaditos.

2 quesos crema de 6 oz.

24 panecitos.
1 lata pimientos morrones.

Una todos los ingredientes hasta formar una pasta. Abra una cavidad a cada panecito y rellénela con la pasta. Adorne cada uno con dos tiritas de pimientos morrones formando una cruz.

CANAPES DE LANGOSTA

2 cdas. mantequilla	6 aceitunas picaditas.
1 lata langosta al natural.	¼ cdta. de pimienta.
1 cdta. de mostaza.	1 lb. pan de molde.

Muela la langosta. Bata la mantequilla y añádale la langosta, la mostaza, aceitunas y pimientas. Unalo todo bien hasta formar una pasta. Corte cada rebanada de pan con un cortador de doughnuts para formar los canapés. Unte cada rebanada con esta pasta y adórnela con aceitunas o con huevo rallado.

SORPRESAS DE JAMON

8 rebanadas pan de molde.	¾ taza mayonesa
8 lascas de jamón.	2 cdtas. de mostaza.
2 claras de huevo.	

Encienda el horno a 450°F.

Coloque una lasca de jamón sobre cada rebanada de pan. Bata las claras a punto de nieve, añádales la mayonesa y la mostaza, envolviéndolo todo suavemente. Ponga esta mezcla por cucharadas sobre el jamón. Hornéelos aproximadamente 5 minutos hasta que estén doraditos. Sírvalos inmediatamente. Da 8 raciones.

SARDINAS EN ACEMITAS

8 acemitas.	¾ taza mayonesa
1 lata grande sardinas en aceite.	3 cdas. cebolla picadita.
1 clara de huevo.	2 cdas. mantequilla

Abra las acemitas a la mitad. En la parte de abajo de las acemitas coloque las sardinas (sin espinas). Bata la clara a punto de nieve y añádale la mayonesa. Cubra con esto las sardinas y salpíquelo con la cebolla picadita. Unte la otra parte de la acemita con la mantequilla. Ponga las acemitas bajo el gratinador hasta que estén doraditas. Sírvalas con Hatuey bien fría.

BOCADITOS TOSTADOS DE BONITO Y QUESO

2 latas bonito	2 cdas. mantequilla
4 huevos duros.	24 rebanadas pan de leche.
½ taza aceitunas rellenas con pimientos.	1 pomo pasta de queso con pimientos (5 oz.)
1 cebolla chica.	¼ lb. mantequilla
⅔ taza mayonesa	

Encienda el horno a 400°F.

Pique las aceitunas en rueditas, desmenuce el bonito, pique los huevos en pedacitos y muela la cebolla, una todo esto con la mayonesa.

Quite la corteza al pan y úntelo con la pasta y mantequilla (2 cucharadas).

Una la pasta de queso con el cuarto de libra de mantequilla, unte esta pasta sobre los bocaditos y hornéelos durante unos 5 ó 10 minutos. Sírvalos calientes. Salen 12 bocaditos.

CESTICOS DE BONITO

1 lata bonito	¼ cdta. de sal.
1 lata sopa de champignon.	¼ cdta. de pimienta.
3 ramitas perejil picaditas.	2 cdas. jugo de cebolla.
1 cdta. jugo de limón.	3 huevos duros.
	8 rebanadas pan de leche.

Escúrrale el aceite al bonito y desmenúcelo bien. Mézclelo con la sopa y añádale los demás ingredientes. Unalo todo bien hasta formar una pasta. En moldes de panecitos individuales coloque las rebanadas de pan y rellénelas con esta pasta. Polvorée cada bocadito con los huevos duros rallados. Procure que las cuatro puntas de cada lasca de pan queden unidas como formando un cestico. Colóquelo en el horno a 400°F. o bajo el gratinador hasta que se doren. Sírvalos calientes. Da 8 raciones.

CESTICOS DE LANGOSTA

6 rebanadas pan de leche.	1 diente de ajo.
1 cda. mantequilla	1½ taza masa langosta hervida.
	¼ taza vino seco
¼ taza de aceite.	⅓ taza catsup.
½ cebolla.	½ cdta. de sal.
½ ají de ensalada.	¼ cdta. de pimienta.

Unte las rebanadas de pan con la mantequilla y coloque cada una de ellas en moldes de panecitos individuales. Hornéelas hasta que se tuesten.

Caliente el aceite y sofría en él la cebolla, ajo y ají. Agregue la langosta, vino seco, catsup, sal y pimienta y déjelo todo al fuego unos minutos. Rellene los cesticos de pan con este picadillo y sírvalos calientes. Da 6 raciones.

BOCADITOS DE BERRO CON MANTEQUILLA

1 macito de berro.   1 lb. pan de molde.
¼ lb. mantequilla

Pique bien el berro. Unalo con la mantequilla. Corte el pan en rebanadas y úntelo con la pasta de berro y mantequilla.

BOCADITOS DE BERRO Y MAYONESA

1 macito de berro.   1 lb. pan de molde.
½ taza mayonesa

Pique bien el berro. Unalo con la mayonesa. Corte el pan en rebanadas y úntelo con la pasta de berro y mayonesa para formar los bocaditos.

BOCADITOS REBOZADOS

1 lata bonito   1 huevo
¼ taza apio picadito.   ½ taza de leche
2 huevos duros.   ½ cdta. de sal.
6 pepinillos encurtidos dulces.   ⅛ cdta. de pimienta.
¼ taza mayonesa   ¼ lb. mantequilla
1 cdta. jugo de limón.
8 rebanadas pan de leche.

Desmenuce el bonito después de escurrirle el aceite. Pique los huevos duros y los pepinillos. Unalo todo con el apio, mayonesa y jugo de limón. Unte con esta pasta los panes de manera que queden cuatro bocaditos. Amarre cada bocadito con hilo para que no se abran. Bata el huevo con la leche, sal y pimienta. Pase los bocaditos por esta mezcla. Fríalos en la mantequilla caliente aproximadamente dos minutos de cada lado para que queden doraditos. Quíteles el hilo y sírvalos calientes. Da 4 raciones.

Pueden usarse otros rellenos de pollo, jamón, mermelada, etc.

STRATTA DE QUESO

8 rebanadas pan de leche.   2 tazas de leche
½ lb. queso proceso
¼ lb. jamón dulce.   3 huevos
⅛ lb. mantequilla   ½ cdta. de sal.
     ¼ cdta. de pimienta.

Quite la corteza al pan y úntelo con mantequilla. Haga cuatro sandwiches de queso y jamón. Coloque los sandwiches en un molde Pyrex rectangular engrasado con mantequilla. Cúbralos con la leche batida con los huevos, sal y pimienta. Déjelo reposar en el refrigerador por lo menos media hora. Hornéelo a 350°F. aproximadamente 45 minutos. Sírvalo inmediatamente.

Para los días de vigilia puede hacerse sin el jamón.

CHEESEBURGERS

½ lb. carne de res.   1 cda. de mostaza.
½ lb. carne de puerco o jamón.   6 lascas queso proceso
1 cebolla chica.   6 panecitos.
1 diente de ajo.   Mostaza, sal, pimienta y catsup.

Muela las dos carnes con la cebolla y el ajo. Añada una cucharada de mostaza y forme pequeñas fritas. Unalas de dos en dos poniéndole una lasca de queso en el centro. Fríalas en aceite caliente hasta que estén cocinadas por ambos lados. Sírvalas en panecitos y sazónelos al gusto con mostaza, sal, pimienta y catsup.

PAN RELLENO

1 lb. pan de molde (cortado en   ⅓ taza salsa catsup.
     cuatro lascas horizontales).   8 aceitunas rellenas picaditas.
½ lb. queso proceso   ¼ cdta. de sal.
1 lata bonito en aceite   ⅛ cdta. de pimienta.
3 huevos duros picaditos.   ⅛ lb. mantequilla

Encienda el horno a 325°F. Unte el pan con mantequilla. Desmenuce el bonito y añádale los huevos duros, aceitunas, catsup, sal y pimienta. Ponga una lasca de pan sobre una tartera engrasada. Coloque sobre el pan una lasca de queso y la tercera parte de la pasta de bonito.

Repita esta operación de manera que queden capas alternas de pan, queso y bonito. Sobre la última lasca de pan coloque una lasca de queso y hornéelo hasta que el queso se derrita y el pan se tueste ligeramente, aproximadamente 25 minutos. Sírvalo caliente adornado con aceitunas, pepinos encurtidos y vegetales preferiblemente crudos como tomates, lechuga, berros, etc. Da 8 raciones.

CORONITAS DE FRESA Y QUESO

1 queso crema de 6 oz.
¾ taza de mermelada de fresas o guayaba.
1 lb. de pan de leche.

Corte el pan en redondeles con un cortador de rosquillas. Untele a la mitad de los redondeles queso crema. Sobre el queso unte la mermelada. Al resto de los redondeles quíteles el centro para que queden como un aro o coronitas. Untele queso crema. Cubra los bocaditos. Salen 8.

BOLITAS DE QUESO Y MANI

¼ taza de harina.
¼ cdta. de pimentón.
1 cdta. de sal.
2 tazas de queso Patagrás rallado.

4 cdtas. pimientos morrones picaditos.
2 claras de huevo.
½ taza maní picadito.

Mezcle la harina con el pimentón, sal, queso y pimientos. Añádale las claras batidas a punto de nieve. Haga pequeñas bolitas. Envuélvalas en maní picadito y fríalas en aceite caliente a 375°F.

SANDWICH LOAF FRIO

1 lb. pan de molde.
3 cdtas. mantequilla

2 cdtas. de mostaza.

Pasta de huevo:
1 taza huevos duros picaditos.
2 cdas. cebolla cruda picadita.

¼ cdta. de sal.
2 cdas. mayonesa

Pasta de jamón:
1 taza jamón dulce molido.
2 cdas. pepinillo picadito.

2 cdas. mayonesa

Pasta de pollo:
1 taza masa de pollo cocinada.
¼ taza apio picadito.

2 cdas. aceitunas picaditas.
2 cdas. mayonesa

Crema para la cubierta:
2 quesos crema de 6 oz.

2 cdas. de leche
¼ cdta. sal de ajos.

Corte el pan a lo largo en cuatro rebanadas. Unte las rebanadas con mantequilla y mostaza. Monte las rebanadas de pan una sobre otra poniéndole entre cada una las distintas pastas. Cúbralo todo con el queso crema batido con la leche y sal de ajos. Adórnelo con pimientos, huevos duros, etc. Da. 8 raciones.

PERROS RELLENOS

1 lata perros calientes.	Panes alargados para perros.
½ lb. queso proceso	Papitas fritas.
½ lb. bacon o tocineta.	Salsa catsup y mostaza.

Abra los perros a lo largo y póngales en el centro una tira de queso, enrolle cada perro en una lasca de bacon, préndalo con palillos y horńeelos 5 minutos en un horno caliente. Vigílelos para que el queso no se derrita demasiado y se salga de los perros. Sírvalos inmediatamente en panes con las papitas, catsup y mostaza.

ROLLITOS DE JAMON Y QUESO

4 lascas finas de jamón en dulce.	⅛ lb. queso Roquefort.
1 queso crema Hacienda de 6 oz.	

Mezcle bien los dos quesos hasta formar una pasta. Unte esta pasta en las lascas de jamón. Enrolle cada lasca y envuélvala en papel encerado. Póngalas en el congelador para que se endurezcan bien. Sáquelas y córtelas en trocitos. Sírvalos sobre galleticas. Salen unos 40 rollitos.

CANAPES DE QUESO Y BACON

1 lb. pan de molde.	½ lb. de bacon o tocineta.
½ lb. queso Proceso	Mostaza.

Quite la corteza al pan y corte cada pedazo en dos rectángulos. Unteles mostaza y coloque sobre cada pan una lasca de queso (que debe ser del tipo que se derrite fácilmente) y un pedacito de bacon. Colóquelos sobre una tartera y horńeelos a 400°F. hasta que el pan y el bacon estén tostados y el queso derretido, aproximadamente 10 minutos.

BOLITAS DE QUESO

1 queso crema de 6 oz.
1 latica almendras tostadas y
      saladas.

2 pepinitos dulces.
10 aceitunas rellenas con
      pimientos.

Bata el queso hasta que se suavice y échele los pepinitos bien picaditos y las aceitunas igualmente picaditas. Muela las almendras sin pulverizarlas. Forme bolitas con la pasta del queso y páselas por las almendras. Coloque cada bolita en un capacillo pequeño de papel. Salen aproximadamente 20 bolitas.

CAMARONES A LA ITALIANA

3 lbs. de camarones.   Aceite

Salsa:

4 dientes de ajo.
2 cdtas. de sal.
½ taza aceite de oliva.

8 ramitas de perejil.
2 cdtas. de orégano.

Limpie los camarones crudos, lávelos y séquelos con un paño o papel absorbente. Fríalos durante dos minutos en grasa profunda a 375°F. Ponga en una cacerolita al fuego lento durante cinco minutos los ajos machacados con el orégano, sal, aceite y perejil. Coloque los camarones en un molde, viértales por encima esta salsa y hornéelos a 300°F. durante 25 minutos.

Brinde estos camarones como saladitos, acompañados de una deliciosa Hatuey bien fría.

PESCADO FRITO ESPECIAL

1 lb. filetes de pargo.
1 cebolla.
¼ taza salsa catsup.
⅓ taza jugo de tomate.
3 cdas. jugo de limón.
½ cdta. salsa inglesa.

½ cdta. de sal.
¼ cdta. de pimienta.
2 huevos
1½ taza galleta molida.
Aceite para freir en grasa
      profunda.

Limpie el pescado y córtelo en trocitos de una pulgada. Muela la cebolla, añádale el catsup, jugo de limón, salsa inglesa, sal, jugo de tomate y pimienta. Ponga todo esto al fuego unos minutos y después cubra con esta salsa el pescado crudo. Tápelo y póngalo en el refrigerador unas cinco o seis horas. Pasado ese tiempo, escurra el pescado, páselo por huevo batido y galleta molida y fríalo en aceite caliente a 375°F.

El recipiente en que se pone el pescado con el tomate en el refrigerador no debe ser de aluminio, sino de cristal, barro, etc.

YANKEE PIZZA

6 acemitas.	3 cdas. aceite de oliva.
½ lb. queso Proceso	Salsa catsup.
2 dientes de ajo.	1 latica de anchoas, sardinas,
½ cdta. de orégano.	bonito Comodoro, tiras de ba-
¼ cdta. de pimienta.	con, jamón, etc.
1 cdta. de sal.	

Machaque en el mortero los dientes de ajo con la sal, pimienta y orégano. Añádale el aceite y unte este mojo en las acemitas abiertas a la mitad. Ponga en cada mitad de las acemitas una cucharadita de catsup, un pedazo de queso (que debe ser del tipo que se derrite fácilmente) y pedacitos de aceitunas, anchoas, sardinas o lo que se desee. Hornéelas a 350°F. hasta que el queso esté ligeramente derretido. Da 12 raciones. Sírvalas calientes con cerveza

FONDUE SUIZO

1 lb. queso gruyere.	1 cda. cherry brandy.
¾ taza vino blanco	

Ralle el queso y póngalo al baño de María con el vino, revolviendo constantemente hasta que se derrita. Añádale el cherry brandy y sírvalo caliente con pan de flauta o panecitos·

FONDUE

1 lb. queso gruyere.	¼ cdta. de sal.
3 cdas. de harina.	⅛ cdta. de pimienta.
2 dientes de ajo.	4 cdas. kirsch o brandy.
2 tazas vino blanco	

Ralle el queso y polvoréelo con la harina. Frote los dientes de ajo en el fondo de la cacerola en que va a hacer el fondue. Ponga el vino en la cacerola y cuando empiece a hervir añada poco a poco el queso, revolviendo constantemente. Debe cocinarse a fuego muy lento o a baño de María. El queso debe estar siempre bien disuelto en el vino antes de añadir otro poco. Sazónelo a gusto y anádale el kirsch o brandy. Sírvalo caliente.

INDICE

A